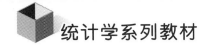

统计学系列教材

（第二版）

# 国民经济统计学

# National Economic Statistics

主编 向蓉美 黎春

 西南财经大学出版社

图书在版编目(CIP)数据

国民经济统计学／向蓉美,黎春主编. —2 版. —成都:西南财经大学出版社,2014.8

ISBN 978 - 7 - 5504 - 0728 - 2

Ⅰ. ①国…　Ⅱ. ①向…②黎…　Ⅲ. ①国民经济—经济统计学—高等学校—教材　Ⅳ. ①F222. 33

中国版本图书馆 CIP 数据核字(2013)第 139469 号

## 国民经济统计学(第二版)

主编:向蓉美　黎　春

责任编辑:李　雪
封面设计:杨红鹰
责任印制:封俊川

| | |
|---|---|
| 出版发行 | 西南财经大学出版社(四川省成都市光华村街55号) |
| 网　址 | http://www. bookcj. com |
| 电子邮件 | bookcj@ foxmail. com |
| 邮政编码 | 610074 |
| 电　话 | 028 - 87353785　87352368 |
| 照　排 | 四川胜翔数码印务设计有限公司 |
| 印　刷 | 郫县犀浦印刷厂 |
| 成品尺寸 | 185mm×260mm |
| 印　张 | 14 |
| 字　数 | 295 千字 |
| 版　次 | 2014 年 8 月第 2 版 |
| 印　次 | 2014 年 8 月第 1 次印刷 |
| 印　数 | 1— 3000 册 |
| 书　号 | ISBN 978 - 7 - 5504 - 0728 - 2 |
| 定　价 | 28. 00 元 |

# 第二版前言

　　国民经济的运行无一不表现为数量规模和数量联系,这就要求有一套反映国民经济统计数据的体系。国民账户体系(SNA)是世界各国采用的核算国民经济统计数据的体系。SNA 在整个统计体系中处于中心地位,为国民经济核算提供了几乎全球普遍适用的指导,是协调其他国际统计标准的基础,如国际收支核算、货币金融核算等。

　　由于国民经济核算方法的研究和应用取得了很多成果,经济统计的可比性和国际标准、准则有了很大的发展,联合国、欧盟委员会、经济合作与发展组织、国际货币基金组织、世界银行组成的国民账户秘书处工作组(ISWGNA)共同更新了 SNA1993,颁布了SNA2008。联合国统计委员会在第四十次会议上通过将 SNA2008 作为国民经济核算的国际统计标准,并鼓励所有国家都尽可能按照 SNA2008 来编辑并报告其国民账户。中国国家统计局也根据 2008 年 SNA 对我国国民经济核算体系进行了修订。

　　此次修改尽量反映 SNA2008 的新变化,如介绍了 SNA2008 的新面貌,对 SNA 的框架和具体用途的总结;使各章的内容与 SNA2008 相应内容的一致,如金融资产的分类等。

　　全面更新了统计数据和统计图表,如把 2002 年的投入产出数据更新为 2007 年投入产出表数据,把资金流量表数据更新为国家统计局《中国统计年鉴 2012》中的数据等等。

　　此外,对第 8 章的章节名称作了一些调整。

作　者

2014 年 7 月于西南财经大学

# 前　言

国民经济核算与宏观经济统计分析是对国民经济进行统计研究的车之两轮、鸟之两翼，二者关系密切。

国民经济的运行无一不表现为数量水平和数量联系，这就要求有一套生产和表现国民经济统计数据的体系。联合国国民账户体系 SNA（The System of National Accounts）正是这样一个体系，它规范了各种流量核算和存量核算的内涵和外延、提供了表现流量和存量的方法，是世界各国采用的国民经济核算体系。为了反映国民经济运行的状况和质量，还要进行宏观经济统计分析。国民经济核算体系是宏观经济统计分析的基础；宏观经济统计分析促进国民经济核算体系的发展，二者相辅相成，构成了对国民经济进行统计研究的主要内容。

本教材以联合国 1993 年 SNA 为蓝本，介绍国民经济统计的基本理论和基本方法，包括流量和存量核算的理论方法、宏观经济统计分析的理论和方法。

本教材由西南财经大学统计学院几位长期从事经济统计学教学的教授和副教授共同编写而成。作者具体分工如下：第 1 章由向蓉美编写、第 2 章由苏远琳编写、第 3 章由黎春编写、第 4 章由向蓉美编写、第 5 章由聂富强编写、第 6 章由雷敏编写、第 7 章由聂富强和向蓉美编写、第 8 章由徐浪编写、第 9 章由王青华编写。书稿由黎春进行初审，最后由向蓉美对全书进行总撰定稿。

随着国民经济的不断发展和统计理论的不断完善，我们将适时根据其发展变化情况修订本教材，也恳请读者将使用本教材的建议和意见及时反馈给我们，对此我们表示衷心的感谢。

编者

2009 年 5 月于西南财经大学

# 目录

MULU

第1章　总论 ······················································ （1）

　§1.1　国民经济循环及其核算框架 ································ （2）

　§1.2　国民经济核算体系的产生和发展 ······························ （6）

　§1.3　国民经济统计学及其方法体系 ································ （18）

　本章小结 ························································ （25）

　思考题与练习题 ·················································· （26）

第2章　国民经济分类 ·············································· （27）

　§2.1　国民经济分类的基本问题 ···································· （28）

　§2.2　产业部门分类与机构部门分类 ································ （31）

　§2.3　国民经济客体分类 ·········································· （34）

　本章小结 ························································ （36）

　思考题与练习题 ·················································· （36）

第3章　国内生产总值核算 ·········································· （37）

　§3.1　国民经济核算中的生产 ······································ （38）

　§3.2　国内生产总值统计方法 ······································ （39）

　§3.3　其他相关经济总量指标 ······································ （51）

　§3.4　国内生产总值统计的相关问题 ································ （53）

　本章小结 ························································ （60）

　思考题与练习题 ·················································· （60）

第4章　投入产出核算 ·············································· （63）

　§4.1　投入产出核算概述 ·········································· （64）

　§4.2　基本的技术经济系数和投入产出模型 ·························· （77）

　§4.3　投入产出表的编制和修订方法 ································ （86）

　§4.4　投入产出法的应用和拓展 ···································· （95）

　本章小结 ························································ （105）

　思考题与练习题 ·················································· （105）

第5章　资金流量核算 ································· (109)

　§5.1　经济交易与资金流量 ····················· (110)

　§5.2　资金流量表 ····························· (114)

　§5.3　资金流量分析 ··························· (123)

　本章小结 ································· (128)

　思考题与练习题 ······························ (129)

第6章　国际收支核算 ································· (131)

　§6.1　国际收支核算的意义 ····················· (132)

　§6.2　国际收支平衡表 ························· (134)

　§6.3　国际投资头寸统计 ······················ (145)

　本章小结 ································· (148)

　思考题与练习题 ······························ (149)

第7章　资产负债核算 ································· (151)

　§7.1　经济存量与资产负债 ····················· (152)

　§7.2　资产负债表 ····························· (158)

　§7.3　资产负债分析 ··························· (165)

　本章小结 ································· (168)

　思考题与练习题 ······························ (169)

第8章　国民经济核算动态比较与国际对比分析 ············· (171)

　§8.1　国民经济中的价格形式 ···················· (172)

　§8.2　国民经济指数的编制 ····················· (175)

　§8.3　总产出和国内生产总值指数 ················· (180)

　§8.4　经济水平的国际对比方法 ·················· (184)

　本章小结 ································· (189)

　思考题与练习题 ······························ (190)

第9章　国民经济速度和效益的分析 ····················· (193)

　§9.1　国民经济速度分析 ······················ (194)

　§9.2　国民经济效益分析 ······················ (202)

　本章小结 ································· (213)

　思考题与练习题 ······························ (213)

# 第1章

## 总论

　　国民经济统计研究的主要问题是如何对国民经济系统进行定量的描述和综合的分析。国民经济是一个巨大的经济系统,定量地反映其规模和水平,不是几个指标能奏效、完成的,必须用一个体系来反映,这就是国民账户体系(SNA)[①]。自国民账户体系由联合国[②]颁布实施以来,国民经济核算数据一直是各国政府及其决策机构把握国民经济运行状况、制定宏观经济政策的主要依据。

---

[①] 我国曾经将 System of National Accounts(SNA)译为国民经济核算体系,遵照联合国相关机构的要求,2008 年 SNA 译为"国民账户体系"。本教材统一将 SNA 称为"国民账户体系",其余对国民账户体系与国民经济核算不作区分,同时由于国民经济统计与国民经济核算的研究对象和目的是一致的,本教材对二者也不作区分。

[②]1953、1968 年版 SNA 由联合国制定,1993、2008 年版 SNA 由联合国、欧盟委员会、经济合作与发展组织、国际货币基金组织、世界银行制定。

# 1.1 国民经济循环及其核算框架

## §1.1.1 国民经济及其循环流程

国民经济是一个国家或一个地区所有的部门及其进行的所有活动组成的有机整体,这个有机整体具有多因素、多系统、多层次的特点。从横向看,国民经济由各个部门——货物生产部门(农业、工业、建筑业)和服务生产部门(运输邮电、商业、生活服务、金融保险、文教、卫生、广播电视、国家管理等部门)构成,各个部门相互依赖、相互制约,存在着错综复杂的横向联系;从纵向看,国民经济由各种活动——生产(包括流通)、分配、使用等再生产环节的活动构成,这些活动依次继起,周而复始,存在着错综复杂的纵向联系。这些纵横交错的联系,构成了复杂的国民经济整体。再生产各个环节的活动是由国民经济各个部门进行的,国民经济的运行过程就是国民经济各个部门实现再生产各个环节的活动的过程。

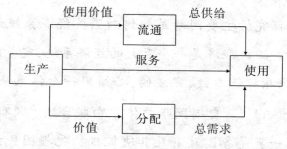

图 1-1　国民经济循环简图

社会产品一经生产出来,就具有价值和使用价值,由此产生了两种相对应的运动——实物运动和价值运动(见图1-1)。一方面,一部分社会产品货物(另外一部分社会产品为服务,其生产与使用不能分离,一旦生产出来即被消费)的实物由运输部门将其送到消费地,再由批发零售贸易业、物资供销业或集市贸易把货物送到其他生产者或消费者手中,完成社会产品的实物运动。社会产品的实物运动形成社会总供给。另一方面,社会产品以价值形态进入分配过程,各个部门通过出售社会产品而取得货币收入,在扣除了用于补偿生产过程中消耗的货物和服务的价值后,要在生产部门内部进行初次分配,初次分配以后还要进行再分配,形成各个部门的可支配收入,以购买所需要的社会产品,从而完成了社会产品的价值运动(资金运动)。社会产品的价值运动形成社会总需求。

可见,在市场经济条件下,国民经济活动表现为产品实物运动和货币资金运动的对立统一、使用价值和价值的对立统一、社会总供给与社会总需求的对立统一。实物运动体现在生产、使用过程中,在这两个过程中,社会产品的价值和使用价值是统一的;社会产品一旦离开生产过程,使用价值和价值就发生分离,在使用过程中社会产品的价值和使用价值重新统一起来,但是这一次的统一在量上和质上都与生产过程的统一不一样了。如果生产过程与使用过程的使用价值和价值统一或基本统一,即社会产品全部都能售出,同时各个部门又能用其收入购买到所需要的产品,就意味着社会总供给与社会总需求基本平衡,就形成国民经济的良性循环。国民经济的运行过程就是社会产品的两种形态从统一到分离再到统一的周而复始、不断更新的过程;国民经济的良性运行就是各个部门和社会再生产各个环节按比例地协调发展,社会总供给与总需求保持平衡地协调发展的过程。

### §1.1.2 国民经济核算及其框架

国民经济运行过程和结果无一不表现为一定的数量和数量联系,这就要求有一套生产国民经济统计数据的体系。国民账户体系是世界各国采用的生产国民经济统计数据的体系,这是对国民经济运行进行实证分析的工具。

国民经济核算是以整个国民经济为对象的全面的、系统的核算,是一个宏观经济信息系统,是整个经济信息系统的核心。国民经济核算以市场经济为基础,以国民经济循环理论为指导,综合运用统计、会计和数学等方法和具有内在联系的指标体系对一个经济总体(国家、地区)在一定时期的经济活动及特定时点的活动结果的各种重要总量及其组成部分进行测定,以描述国民经济的结构和内在联系。这些经济理论、方法体系、指标体系就构成了国民经济核算体系。

国民经济运行过程包括生产过程、收入分配过程、消费过程、投资过程和对外交易过程。生产过程就是生产者运用劳动手段转换或消耗货物和服务投人,创造新的货物和服务的产出过程。收入分配过程,就是生产过程所创造的收入在参与生产过程的要素之间进行分配和收入在不同的单位、部门之间的转移过程。消费过程,就是居民和政府对货物和服务的最终使用过程,该过程与生产过程不同,生产过程结束后一般要产生新的产品(货物和服务),而消费过程结束后一般不产生新的产品。投资过程就是非金融投资和金融投资过程以及相应的资金筹集过程。对外交易过程就是对外实物往来和资金往来过程。一定时期的国民经济运行过程以一定的经济存量为基础,又以一定的经济存量为结果,后者又构成下一时期国民经济运行的基础。由此,国民经济核算的基本框架是由流量核算和存量核算构成,其内容和相互关系如图1-2所示。

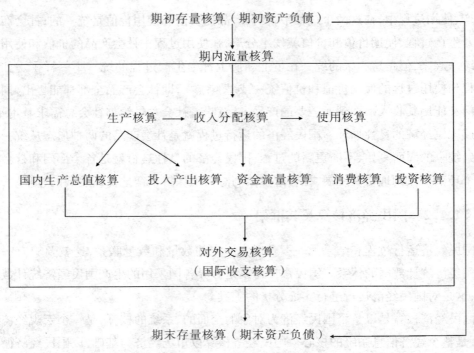

**图1-2 国民经济核算基本框架图**

国民账户体系(SNA)是一套按照基于经济原理的严格核算规则进行经济活动测度的国际公认的标准建议。这些建议的表现形式是一套完整的概念、定义、分类和核算规则,其中包含了测度诸如国内生产总值(GDP,用来衡量经济表现最常用的指标)之类项目的国际公认的标准。通过SNA的核算框架,经济数据得以按照经济分析、决策和政策制定的要求以一定程式予以编制和表述。这些账户本身以凝缩的方式提供了根据经济理论和理念组织起来的有关经济运行的大量详尽信息。它们详细而全面地记录了经济体内发生的复杂的经济活动,以及在市场或其他地方发生的不同经济主体之间、不同经济主体组之间的相互作用。

在SNA的框架中,整个账户体系具有以下特性:

a. 全面性。因为,一个经济体中所有设定的活动和所有经济主体运行的结果都包含在其中了。

b. 一致性。因为,在度量一项特定活动对于所有参与主体产生的结果时,使用了相同的核算规则,形成了一致的价值。

c. 完整性。因为,某经济主体之特定活动所产生的所有结果都在对应的账户中得到了反映,包括对资产负债表中财富度量的影响。

SNA账户不仅反映某一个时点上的经济情况,实践中此套账户要在一段连续时期内编制,因此就为监测、分析和评估一经济体在不同时间上的表现提供了必不可少的连续信息流。SNA 不仅提供一段时期内发生的经济活动的有关信息,还提供一定时点上一经济体之资产和负债规模以及其居民之财富规模的信息。另外,SNA 还包括一个对外账户,以展示该经济体和国外的联系。

某些关键总量统计指标,如广泛应用于反映经济总体经济活动情况的国内生产总值,是由 SNA 界定的,但这些总量的计算早已不是编制该套账户的主要目的。要了解一个经济体的运作状况,至关重要的是能够观察和分析发生在该经济体中不同部门之间的相互作用。SNA 可以在以下不同的总量层次上实施:单个经济主体或本体系所称机构单位层次;这些单位组或机构部门层次;经济总体层次。

SNA 是为经济分析、决策和政策制定而设计的,无论一国的产业结构如何,其经济发展处于何种阶段。SNA 的基本概念及定义是以一套经济逻辑和原理为基础的,这些逻辑和原理应该具有普适性,不会因具体经济环境不同而改变。类似地,它所遵循的分类和核算规则也是普遍适用的。比如说,没有理由认为,在一个欠发达国家,其 SNA 的组成应该不同于那些发达国家,类似地,对于一个相对封闭的大国和一个相对开放的小国,一个高通胀的经济体和一个低通胀的经济体,也不应该对应不同的 SNA。SNA 中确立的某些定义或者核算规则在某些情形下可能是多余的(例如在没有通货膨胀的情形下),但作为一个综合体系,SNA 有必要将适用于所有情况的定义和规则都包含在内。

——《国民账户体系》(2008 年 SNA)第一章绪论 p. 1

### §1.1.3 国民经济核算的功能

1. 反映和监测国民经济运行状况

国民经济是一个极其复杂的运行系统,不同部门、不同环节之间存在着复杂的经济联系。要准确地了解和把握这个系统是不容易的,需要借助一种行之有效的工具,国民账户体系就是这样一种工具。SNA 中的某些关键总量指标,比如 GDP 和人均 GDP 等,作为衡量经济活动和福利的综合性、全局性指标已获得广泛认可,为分析人员、政治家、媒体、商业界和大众所广泛使用。这些总量指标的变动和与之相关的价格和物量测度,常被用于评估经济总体的表现,判断政府所采取经济政策的相对成败。

国民经济核算数据所提供的信息涵盖了不同类别的经济活动和经济中的不同部门,从而可以从价值和物量角度动态监测诸如生产、居民消费、政府消费、资本形成、出口和进口等主要经济流量指标的变化情况。

2. 宏观经济分析和管理

SNA 是非常灵活的,适应不同经济理论或模型的需要,如国民经济核算框架编制的现价和不变价的时间序列数据,可以为计量经济模型估算不同经济变量之间函数关系参数。

社会主义市场经济条件下的宏观经济管理主要是通过一系列宏观经济政策来引导和协调国民经济持续、稳定、快速地发展。国民经济核算提供的有关生产、收入分配、消费、投资、对外经济往来等方面的基础数据,是关于整个国民经济运行状况的系统而详细的资料,是制定宏观经济政策的重要依据。

3. 国际比较

SNA 建议以一种标准的、国际通行的概念、定义和分类形式向世界报告其国民经济核算数据,这样产生的数据可广泛应用于主要总量之物量的国际比较。例如 GDP 和人均 GDP、投资、税收和政府支出占 GDP 的比重,被广泛应用于国家之间的比较。

国际组织还使用各国 GDP 或人均国民收入(GNI)数据来决定其是否有资格得到贷款、援助或其他资金,或决定一国得到此类贷款、援助或其他资金的条件。

4. 协调经济统计数据

国民经济核算就是这样的基本框架,它对各种不同类型经济统计的基本概念、基本分类和指标设置提出了统一的要求,从而使得这些经济统计在满足国民经济核算要求的同时,亦实现了彼此之间的相互衔接,使整个经济统计形成一个统一的整体,增强了其应用功能。SNA2008 使用的概念和分类与其他国际统计标准和手册是协调一致的,其协调程度比 SNA1993 有过之而无不及。特别需要指出的是,《国际收支》手册的修订与 SNA 的更新是同步进行的,两个过程之间存在密切协作。

## §1.2 国民经济核算体系的产生和发展

### §1.2.1 两大核算体系

从整体上对国民经济运行过程进行全面的、系统的、综合的核算是社会化大生产的共同要求。国民经济核算体系就是伴随着社会化大生产的发展,国家经济管理职能的加强而逐步产生发展起来的。世界曾经并存过两大核算体系——国民账户体系(System of National Accounts,简称 SNA。我国曾将其翻译为“国民经济核算体系”,并称其为“西方体系”)和物质产品平衡表体系(System of Material Product Balance, 简称 MPS,我国曾将其称为“东方体系”。)

1. SNA 的产生和发展

SNA 的产生源于国民收入的估算和完善。1984 年,对国民账户体系先驱性研究做出重要贡献的英国剑桥大学教授理查德·斯通,在接受诺贝尔经济学奖金时发表讲演说:“为了追踪国民经济核算的起源,我们必须回到 17 世纪的英国,那是伟大的智力发展,科学好奇心和发明能力的时代。威廉·配第,医生、化学家、土地测量家、制图家、航海工程师、皇家学会的创始人之一,克伦威尔政府并在复辟后成为理查二世的顾问以及首先是政治算术学家,是那个令人注意的世纪的比较更令人注意的产物之一。"他的同时代人查理·大卫南把政治算术定义为"对有关政府的事情用数字推理的技术"。威廉·配第使收入等于支出,第一次公布了他根据劳动收入、财产和租金估计的英国的国民收入。配第的计算具有重大意义,不仅因为这是统计学史上计算国民收入的首次尝试,而且也为整个资本主义时期计算国民收入提供了方法,直至今天,配第所用的方法仍然依稀可见。

自威廉·配第的估算开始至 1919 年,国民收入的计算基本上是基于学者个人的兴趣进行的。1919 年以后,国民收入的计算发展比较快,但是把国民收入统计推进到官方国民收入统计是 1928 年,那一年,国际联盟举办了一次有关经济统计的国际会议,会议最终决议经济统计的数据应具有可比性,特别是在统计体系发达的国家之间。决议敦促各国考虑扩大官方统计的范围,从而促进定期国民收入估计的编制。

国民账户体系建立的契机是 20 世纪 20 年代末那场世界经济大危机和宏观经济理论的发展。1929 年开始的世界经济大危机深刻地表明:日益迅猛发展的生产力打破了传统的经济学关于资本主义可以自由放任,市场作用可以自行调节经济的梦呓,要求政府的职能由过去的维持秩序扩大为经济发展的主导力量和组织力量,乞求国家来干预和调节经济。凯恩斯理论应运而生,他在 1936 年出版的《就业、利息和货币通论》为国民账户体系的建立作了理论和方法论的准备。

1939 年国际联盟在《世界经济概览》庆刊中,首次公布了 26 个国家 1929—1938 年的国民收入估计。其中一半国家的国民收入估计是官方编制的,其余是作为学术研究而编制的。同年,国际联盟统计专家委员会认为有必要把国民收入的测算纳入它的工作计划,对其进行指导,以增进统计数据的国际可比性。特别是第二次世界大战结束后,各国际组织迫切需要可比的国民收入作为摊派费用的依据。为此,在国际联盟统计专家委员会下成立了国民收入统计分会。1945 年国际联盟情报局长需要一篇关于定义和测量国民收入和有关总数的论文,以便国际联盟统计专家委员会考虑,他请斯通承担这项工作。1947 年国民收入统计分会公布了英国剑桥大学理查德·约翰·斯通(R. J. Stone)撰写的《国民收入的测量和国民账户的编制》和附录,定义了国民收入及有关总量,为机构部门设置了有关账户,这是 SNA 的雏形,即第一个版本。该分会希望这个报告及其附录中的指导原则和建议应当最大限度地用于计算每个国家的国民收入和编制有关的账户,以便具有更大的国际可比性。20 世纪 40 年代后期,在巴黎成立了欧洲经济合作组织,斯通与欧洲同事们进行了许多富有成果的交流,他认为国民账户对于评审成员国的进展可能提供一种有用的框架。为此他们在剑桥大学成立了国民账户研究专家小组,分别在 1950 年和 1952 年公布了研究成果:《一个简化的国民账户体系》和《一个标准化的国民账户体系》。

理查德·斯通在 20 世纪 40 年代初参加了凯恩斯的政治经济学俱乐部,凯恩斯理论成为他研究的出发点。他认为"会计思想在经济生活中最为发达"、"借助账户的形式组织数据,我们能够得到我们感兴趣的任何流量和存量变量"。1940 年 12 月他完成了一套有三张表的估计,凯恩斯看后提议作为《战争财源分析以及 1938 和 1940 年国民收入和支出估计》白皮书的第二部分,并因理查德·斯通对大量统计材料系统加工的实验感动地惊呼:"我们在一个通过统计的快乐时代中"。此后理查德·斯通成为凯恩斯的助手,在凯恩斯的动议下,继续负责研究,使他设计的表格能够形成一套国民账户。

无论是账户的结构,还是账户的内容,SNA 都与凯恩斯的宏观经济理论的基本思想息息相关。事实上,即使西方经济学者也从不隐讳 SNA 与凯恩斯宏观经济理论之间的内在联系。例如,英国牛津大学教授布朗曾对中国经济学家说,SNA 最初是以凯恩斯的总量分析方法为根据发展起来的;英国经济学家戴维·沃尔斯维克认为,SNA 的形式能够"适当地表现"凯恩斯理论;日本一位经济学家把 SNA 称为"凯恩斯经济理论同用借贷方法记录国民经济指标的会计体系相结合的理论混合物";被称为"国民经济核算之父"的理查德·斯通自己则说:"社会核算涉及综合的、连贯的经济生活事实,它所用的概念、定义和分类适应于实际测算的需要,并尽量与经济理论中所出现的相一致,以便能够用于经济分析。"1984 年,瑞典皇家科学院爱立克·伦德伯教授在宣布授予理查德·斯通诺贝尔经济学奖的讲话中说"……主要是经济学中的'凯恩斯革命'促进国民账户体系的设计,今天那些体系在分析和意识形态两方面可以描写为'中性的'。它们被经济学中一切分析学派和一切类型的国家中使用。……例如通过这些账户创造了一种系统性的数据库,用于很多不同的经济分析。"

——诺贝尔经济学奖金获得者讲演集(中)[C]. 王宏昌编译. 北京:中国社会科学出版社,1997.

20 世纪 50 年代初,联合国非常强调建立国际标准,以使其广大的成员国有一个统一的报告基础。1952 年斯通被联合国统计局召往纽约,并被秘书长指定为国民账户专家委员会主席进行研究。其研究目标是:①国民收入和生产的概念和计算以及账户的体系化;②反映产业部门之间商品流量结构的投入产出表及其与国民收入和生产账户的联系;③反映国民经济中的金融流量结构的资金流量表及其与国民收入和生产账户的联系;④建立国民经济及各部门的资产负债表;⑤价格和数量统计。

1953 年联合国公布了专家委员会研究成果——《国民经济核算体系及其辅助表》,这就是 1953 年 SNA。这个体系包括 6 个标准账户:国内生产账户、国民收入账户、国内资本形成账户、住户和私人非盈利机构账户、一般政府账户和对外交易账户以及 12 个标准表式。1953 年 SNA 实际上只反映了第(1)方面的研究结果,因为对其余几方面的概念和方法"舆论和实践尚未达到使国际标准的采用成为切实可行的程度"①。

1953 年 SNA 称其"目的在于制定一套标准的国民经济核算体系,以便提供一个具有普遍适用性的报告国民收入和生产统计的框架。"不仅如此,1953 年 SNA 还十分强调国民经济核算体系与有关经济和金融统计的协调一致,注意与国际货币基金组织和欧洲经济合作组织所采用的或推荐的定义和分类相一致。在实行 1953 年 SNA 的过程中,联合国统计委员会向实际采用 1953 年 SNA 的国家征求意见,一些国家对其国际标准的普遍适宜性提出了质疑,并且要求考虑处在不同发展水平上的国家的需要。1960 年联合国统计委员会对 1953 年 SNA 作了一些小修改,以保持或改进与有关的国际统计标准的可比性,公布了第二版 1953 年 SNA。1964 年又作了小的修改,以与国际货币基金组织编制的《国际收支手册》更加协调一致,公布了第三版 1953 年 SNA。

SNA 为适应新形势在不断地进行修订。50 年代~60 年代,在以原子能、电子计算机、宇航为代表的第三次科学技术革命的影响下,西方国家的劳动生产率大大提高,生产的社会化程度进一步提高,国民经济各个部门之间、流量与存量之间的联系越来越紧密。要对这些网络式的关系进行定量分析,已不是单靠国民收入和生产统计的资料所能奏效的了,迫切需要各个部门之间商品流量、金融流量、财富存量等方面的资料。因此需要对 1953 年 SNA 进行全面的修改和补充了。

1964 年,联合国又组织了一个以理查德·斯通和阿伯拉罕·爱登诺夫为首的专家小组,花了四年时间,总结了不同社会制度和不同发展阶段国家进行国民经济核算工作的经验和发展,于 1968 年公布了新的国民经济核算体系——1968 年 SNA。它除了仍然包括国民收入和生产核算外,并以其为中心,还把投入产出核算、资金流量核算、国际收支核算、资产负债核算扩展进了体系;不仅为整个国民经济设置了账户,也为机构部门设置了账户;不仅设置了与货币收支有关的账户,也设置了与货物、服务有关的账户;还将货物和服务的不变价数据纳入体系。它共包括了 20 个标准账户、26 个标准表式、1 个反映整个体系的矩阵。与 1953 年 SNA 相比,1968 年 SNA 不仅坚持了 SNA 的标准作用,即主要目标仍然是国际报告的基础,而且在使用上更加灵活,被认为适用于经济和社会发展处在不同阶段的国家。

自 1968 年以来,世界经济发生了很大的变化。一些原来实行计划经济的国家在向市场经济推进,通货膨胀成为各国经济政策所关心的重要问题,服务活动在经济生活中越来越重要,金融机构和金融市场日益复杂,金融派生手段大量涌现,一些国家已建立了增值税制,环境和经济相互渗透令人注目等等,所有这些都要求国民经济核算体系作出反应。

1975 年,联合国开始对有关各国实行 1968 年 SNA 的经验进行总结。1979 年联合国统计委员会指示组织一个由欧州共同体统计局、国际货币基金组织、经济合作和发展组

---

① 联合国. 国民经济核算体系(1993 年 SNA)[S]. p. 9

织、联合国统计处和秘书处地区委员会、世界银行五个组织组成的联合工作组,对 1968 年 SNA 进行修订。

在 1982 年至 1985 年之间,联合工作组召开了几次会议,以发现问题所在,并将它们集中起来进行讨论,随即组织修订。1986 年至 1989 年间,联合工作组召开了一次有关 SNA 结构的专家小组会议、七次有关专题的专家小组会议。1989 年以后,来自 36 个国家的 65 位专家进行了讨论,提出了建议,形成了一套最初方案,再逐章修订,然后发给全世界 200 多位专家,广泛征求意见,最终形成了 1993 年 SNA。

联合国经济和社会理事会在 1993 年 7 月 12 日的决议中,建议成员国考虑将 1993 年 SNA 作为编制本国国民经济核算统计的国际标准加以应用,以促进经济统计和相关统计的一体化,而且还将它作为可比的国民经济核算数据的国际报告的标准。作为国民经济核算发展的又一阶段,1993 年 SNA 保留了 1968 年 SNA 的长处,同时适应新的形势,更新、澄清和简化了 1968 年 SNA,从而使 1993 年 SNA 与其他国际统计标准更加协调一致,更加适合不同发展阶段的国家使用。

"自 1990 年代前期 SNA1993 发布以来,许多国家的经济环境发生了显著变化,而且,过去十余年间,针对该账户体系中一些比较困难的组成部分,相关的方法论研究在核算方法改进方面业已取得很多成果";"进一步看,与相关统计手册－比如国际收支统计、政府财政统计、货币金融统计—保持一致",需要对 1993 年 SNA 实施更新。所以联合国、欧盟委员会、经济合作与发展组织、国际货币基金组织、世界银行受联合国统计委员会委托,对国民账户体系 1993 版——也是由上述五大组织联合负责下形成的——的更新。与早期各个版本一样,SNA2008 是一个统计框架,它为决策、经济分析研究提供了一套具备综合、一致、灵活等特性的宏观经济账户,反映了用户不断提高的需求、经济环境的新变化、方法论研究方面的新进展。

SNA2008 的新面貌主要体现在五个方面:重新审视了资产的一般定义,引入了资本服务这一分析性概念等;更新了有关金融部门的建议,使其能够反映这一在许多经济中都显示出快速变化的领域的进展。特别地还对金融服务提供了一个更加综合的概括;澄清并详细解释了针对那些显示经济全球化特征的存量和流量的处理方法;为了开发政府的核算标准,澄清并改进了若干条原则,澄清了政府和公共部门与经济体其他部门之间的界限;设置了一章来阐述如何测量在住户内部进行的非正规活动(即所谓非正规部门)和游离于正规统计测量之外的活动(即所谓未观测经济)有关的问题。

SNA2008 意在为所有国家所应用,其设计包容了处于不同发展阶段的各个国家的需求。它还为其他经济统计领域的标准提供了一个连接框架,以便于这些统计体系实现一体化,并与国民账户体系达于一致。统计委员会在第四十次会议上通过将 SNA2008 作为国民经济核算的国际统计标准。我们鼓励所有国家都尽可能按照 SNA2008 来编辑并报告其国民经济账户。[①]

SNA 的产生和发展始终遵循了两条主线：第一是国民经济核算的发展和统计业务的"国际化"，第二是经济统计的可比性和国际标准的发展。正是因为"发展"和"可比"使得 SNA 为越来越多的国家和地区所采用，以至取代了 MPS。确实，SNA 给我们很大的启示：社会经济在不断发展和前进，作为反映社会经济数量方面的核算制度和方法也必须随之而发展、完善。核算要变被动（事后核算）为主动（信息、服务、监测、预警），就要自觉地提出问题、发现问题、解决问题。一种核算制度的可比性不仅要贯穿在各门核算之间，也要体现在与其他核算的关系上。

2. MPS 的产生和消亡

MPS 的产生与发展史就是原苏联国民经济平衡表的编制史。列宁在 1918 年召开的俄共（布）第七次代表大会上提出："过渡阶段上的主要任务就是统计国民经济所生产出来的东西，并实行监督一切产品的消费。"这些表明了列宁把国民经济作为一个整体进行经济核算的思想。

1919 年 1 月，苏联中央统计局局长帕·依·波波夫提出，统计局每年都要编制整个国民经济和各个部门的国民经济平衡表的任务。1920 年苏联中央统计局设立了国民经济平衡处。1924 年 7 月 21 日苏联劳动和国防委员会做出一项决议，委托中央统计局编制 1923—1924 年度的国民经济报告平衡表和 1924—1925 年度的计划平衡表。1925 年，中央统计局完成了 1923—1924 年度报告平衡表的编制，并于 1926 年公布。这是苏联的第一张平衡表，这张表实质上是产品的周转明细表，是以实物表现的物质产品的生产和使用。经过约 30 年的时间，逐步形成了物质产品平衡表体系[②]。

物质产品平衡表体系：

第 1 表：国民经济综合平衡表
　　　　附表：国民财富平衡表

第 2 表：国民经济劳动资源平衡表
　　　　附表：各物质生产部门实际工作时间

第 3 表：社会产品生产、消费和积累平衡表（物资平衡表）
　　　　附表：国民收入分配
　　　　　　　国民经济各部门的生产联系

第 4 表：社会产品分配

第 5 表：社会产品和国民收入生产、分配和再分配平衡表（财政）
　　　　附表：居民货币收支平衡表

① ——《国民账户体系》（2008 年 SNA）序 p51
② 联合国统计机构在 1971 年颁布其标准文件时称之为"国民经济平衡表体系（System of Balances of the National Economy）"。

劳动者的收入

第 6 表:国民经济基本部类社会产品再生产

第 7 表:国民经济固定资金平衡表(净值)

　　附表:国民经济固定资金平衡表(原值、可比价)

　　　　基本建设投资平衡表

　　附表:按人口平均计算的主要产品产量

　　　　居民文化增长和生活条件改善的主要指标(每 100 居民)

原苏联中央统计局编制的平衡表主要都是物资平衡表,这是与当时计划管理体制的基本特点分不开的。苏维埃政权成立后不久,苏联面临着外国武装干涉和国内战争的双重挑战。为了集中一切人力、物力和财力来对付敌人,采取了军事共产主义政策。另外,如何组织社会主义经济,在历史上还没有先例,因此苏维埃一成立就把马克思、恩格斯设想的社会主义是在单一的全民所有制的范围内实行计划经济作为苏联当时的经济模式,实行并排斥商品货币的自然经济。从计划上看,实行高度的指令性计划;从分配上看,物资统收统配,消费品统包统销,财务上统收统支。因此统计主要表现产品的实物运动,生产范围只包括工业、农业、建筑业、生产性邮电和货物运输、商业所谓的五大物质生产部门。MPS 主要为原苏联和东欧经互会国家所采用。

20 世纪 90 年代初期,原苏联和东欧国家的政治、社会和制度发生了根本的变革,没有了 MPS 赖以生存的计划经济土壤,同时 MPS 自身存在重大缺陷,于是这些国家纷纷抛弃 MPS,转而实行 SNA。1993 年联合国统计委员会第 27 届会议通过了取消 MPS,通用 1993 年版 SNA 的决议。自此 MPS 消亡了。

3. 两大国民经济核算体系的差异

两大核算体系最根本的区别是生产范围不同。MPS 采用限制性生产概念,认为创造物质产品和直接增加物质产品价值的劳动才是生产劳动,因此只把物质产品作为生产成果,把非物质生产部门提供服务得到的收入看作是物质生产部门新创造的国民收入再分配。SNA 采用综合性生产概念,认为凡是取得合法收入的部门都是生产部门,凡是创造效用的活动都是生产活动,因此,SNA 把物质产品和服务都作为生产成果核算。

MPS 产生于计划经济土壤。在计划经济为主的社会中,国家不仅集中了宏观经济活动的决策权,也集中了微观经济活动的决策权,在极广的范围内实行计划管理体制。而计划的绝大部分是以实物形式制定的,因此,MPS 是一个跟踪控制物质产品的体系,它的内容包括物质产品生产的条件、过程和结果。这就是它的四部分平衡表。

SNA 产生于市场经济的土壤。市场经济是一种完全由市场机制和市场原则支配的经济,无论宏观决策还是微观决策都依赖于市场。因此,SNA 从钱和物两方面来跟踪和控制全社会的货物和服务,它的内容不仅有货物和服务的流量,也有货币流量;不仅有各种流量,也有各种存量。这就是 SNA 的五大核算系统。

在核算方法形式上,MPS 主要采用单式记账的平衡表;SNA 除了采用复式记账的账户和矩阵形式外,也采用了单式记账的平衡表。

为了更清楚地表明两大核算体系的区别,我们列表对照(见表 1 - 1)。

表 1-1　　　　　　　　　　　　　　两大核算体系的综合比较

| 比较项目 | MPS | SNA |
|---|---|---|
| 生产部门和非生产部门的划分 | 创造物质产品和增加物质产品价值的劳动是生产劳动;工业、农业、建筑业、商业和物资供应、货运和生产邮电部门是生产部门。 | 创造货物和一切服务的活动都是生产劳动;凡是取得收入的部门都是生产部门,包括所有生产货物和服务的部门。 |
| 总产出 | 物质产品价值 | 货物和服务价值 |
| 中间投入 | 物质生产部门消耗的物质产品 | 货物和服务部门消耗的货物和服务 |
| 最终使用 | 非物质生产部门和居民消费的物质产品,以及净出口和资本形成 | 政府和居民消费的货物和服务、净出口和资本形成 |
| 初次分配 | 净产值(国民收入)在物质生产部门内的分配 | 增加值(GDP)在货物和服务部门内的分配 |
| 再分配 | 物质生产部门对非物质生产部门的支付<br>非物质生产部门之间的支付<br>转移收支 | 转移收支 |
| 主要总量指标 | 社会总产值 | 国内生产总值 |
| 方法依据 | 单式记账 | 会计复式记账的借贷原理 |
| 主要核算形式 | 单式记账的平衡表 | T字形账户<br>矩阵账户<br>单式记账的平衡表 |

### §1.2.3 中国国民经济核算体系的基本框架

新中国成立以来,我国国民经济核算体系经历了与高度集中的计划经济体制相适应的物质产品平衡表体系(MPS)建立和发展阶段,从 MPS 体系向市场经济国家普遍采用的 SNA 体系的转轨阶段和 1993 年 SNA 的全面实施阶段。最后一阶段的依据 1993 年 SNA 制定的《中国国民经济核算体系(2002)》,这一标志性文件对我国国民经济核算的内容和基本框架作了规范。

1. 中国国民经济核算体系的内容

中国国民经济核算体系利用科学的核算原则和核算方法,全面、完整、系统地反映国民经济运行过程及其内在联系和规律性。

我国国民经济核算体系包括五大核算内容:国内生产总值核算、投入产出核算、资金流量核算、国际收支核算和资产负债核算。在表现这五大核算内容时,既用了平衡表,又用了平衡账户。

2. 社会再生产核算表

"国内生产总值表"是国内生产总值核算(增加值核算)的最综合的表式,它是对社会最终使用(或最终产品)的核算。该表以国内生产总值为核心指标,并设置与此有关的最终使用指标,科学地反映国民经济发展规模以及社会最终消费和固定资本投资和存货增加的情况。社会生产的目的就是要最大程度地满足社会的最终需求,因此,国内生产总值

第 1 章

总论

核算在国民经济核算体系中处于中心地位。该表中的总量指标是国民经济的基本总量指标,对其他表中的有关总量起着控制作用。

国内生产总值及其使用表很概括地反映中间使用部分。而任何生产最终产品的过程中都要有社会产品消耗,即中间使用(或中间产品、中间消耗),通过中间使用,使国民经济各个部门之间发生了相互提供产品的关系,即各个部门的投入与产出关系。"投入产出表"就是从社会生产过程中的中间消耗的角度,对国内生产总值核算进行补充和扩展。

国内生产总值及其使用表和投入产出表都反映以货币度量的社会产品的实物流量,与社会产品的实物运动同时发生、方向相反的还有表现为资金运动的价值运动。从全社会的角度看,社会产品总量与社会资金是相等的,但从各个部门看,它们又往往不相等,这就必然要引起资金在各个部门之间流动,形成金融资产和金融负债。"资金流量表"以国内生产总值为起点,对社会资金进行核算,反映全社会非金融资金和金融资金在各个部门之间的流向和流量。

以上三张表是对国内流量的核算,流量总是与存量联系在一起的,流量要以存量为基础(再生产条件),存量的增加(再生产结果)又有赖于流量的增加。再生产条件表现为期初的人、财、物力,再生产过程结束后,又会增加期末财力、物力总量,提高人的质量和素质。"资产负债表"是从价值方面对社会再生产的基本条件和结果进行核算,从存量方面补充和完善国内生产总值的及其使用。

只要不是封闭经济,在实物和资金的流动过程中,一国经济都会与外部经济发生关系,随着我国对外开放的发展,对外交往会越来越多,有必要对其进行详细的核算。"国际收支平衡表"就是从对外交易的角度,把上述四种核算中高度概括的项目加以详细的核算。

以上五大核算反映了社会再生产的全貌和主要过程,但国民经济是一个非常复杂的总体,要对它进行全面的描述,还需要对基本表作一些补充。比如,人口、劳动力、自然资源与资产负债一样,是社会再生产的基本条件,应该包括在核算体系中,但是它们不好用价值表现,难于与资产负债进行同度量的核算,故将它们放在补充表中核算。

3. 国民经济账户

社会再生产是一个循环往复、不断运动的过程。从纵向看,生产、流通、分配、使用依次继起,从横向看,生产、流通、分配、使用同时存在。社会再生产核算表是从横的方面,或者说从静态方面反映社会再生产过程。作为对国民经济进行全面系统反映的国民经济核算体系,当然也应该从纵的方面,或者说从动态方面反映社会再生产过程,并且进一步同时把纵的方面与横的方面联系起来。这个任务由经济循环账户来完成。

国民经济账户采用本章介绍的复式记账方法和 T 字账户形式。由复式记账项目的对应关系,可以把各个账户从横向方面联系起来,从经济意义上说,是从静态方面把社会再生产的各个环节联系起来了;由各个账户的平衡项目,可以把各个账户从纵向方面联系起来,从经济意义上说,是从动态方面把社会再生产的各个环节联系起来了。同时由于复式记账,要求社会再生产各个环节、国民经济各个部门的口径范围、指标解释、指标数字等都完全协调统一,这就有利于宏观核算与微观核算的统一,有利于核算工作的统一化、标准化、规范化,也有利于会计核算与统计核算的协调一致。

国民经济账户分为三类:第一类是国民经济总体的账户,由各个部门的对应账户汇总得到,各个账户的关系如图1-3所示。第二类是机构部门的账户,机构部门要从生产中得到收入(增加值),然后进行分配和使用,因此应为机构部门设置生产账户、收入分配及支出账户、资本账户、金融账户、调整账户、资产负债账户。为了记录各个机构部门的对外交易情况,把所有的非常住单位归为"国外",设置"国外账户",包括"经常往来账户"和"资本往来账户"。第三类是产业部门的账户,产业部门是作为生产货物和服务的主体,它是具有生产决策权的基层单位的集合体,所以只设置生产账户。

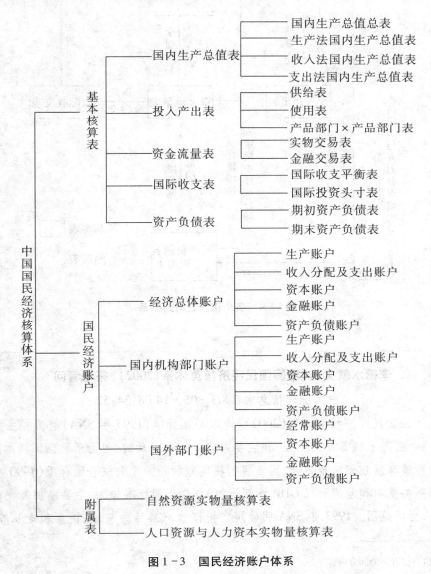

图1-3 国民经济账户体系

国内生产总值核算(表、账户)是核心,其余核算是在国内生产总值核算基础上的扩展和补充。各个核算之间的关系如图1-4所示。

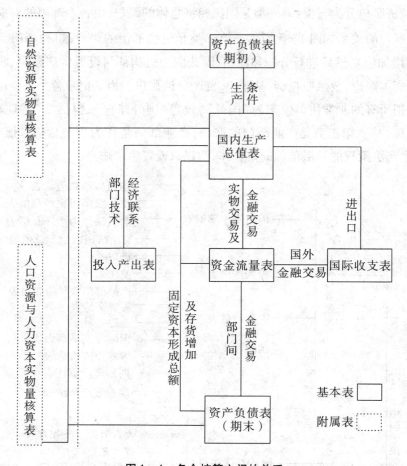

图1-4 各个核算之间的关系

---

**李德水就实施《中国国民经济核算体系(2002)》答记者问[①]**

中国统计信息网 2003-05-14 08:34:52

问:《中国国民经济核算体系(2002)》与联合国标准(1993年SNA)有哪些主要差别?

答:两者在基本核算原则、方法和主要内容方面是一致的,但由于我国国情的不同,加上国民经济核算基础还比较薄弱,因而我国将实施的新方案与联合国标准(1993年SNA)相比还有一些差别和差距。以GDP核算为例,与联合国标准相比,主要差别表现在:

第一,生产范围。1993年SNA明确规定把诸如麻醉品的制造、销售和走私等非法生

---

① 引用答记者问的部分内容。

产活动包括在生产范围之内。新方案没有明确要求包括这些非法生产活动,主要原因是这类活动资料的搜集太困难。

第二,统计单位。联合国推荐的 GDP 核算单位是基层单位,指"位于一个地点、只从事一种或主要从事一种类型生产活动"的单位。但目前我国 GDP 核算依据的基础资料主要是以法人企业为统计单位,它可能包括多种类型的生产活动,从而我国 GDP 行业分类中同一产业部门的产品同质性还有一定差距。

第三,增加值估价。SNA 推荐按基本价格计算增加值,以消除不同产业部门总产出支付产品税和获得产品补贴的差异对增加值所产生的扭曲。虽然按基本价格计算增加值很科学,但我国尚不具备条件,目前仍按生产者价格计算增加值。

以上说明,我国将要实施的新方案是从我国的实际情况出发,又尽最大努力向联合国标准靠拢的方案,与后者相比,它确实还存在一定差距,但随着我国统计基础工作的不断改进和完善,这些差距将会逐步缩小。

问:我国国民经济核算有哪些薄弱环节?

答:由于我国国民经济核算的历史较短,目前国民经济核算工作中还有一些薄弱环节。主要体现在以下几个方面:

第一,核算范围不够完整。从理论上讲,生产范围包括所有货物的生产和所有对外提供服务的生产,但受资料来源的限制,一些部门核算的并不完整,如房地产业中,非房地产开发经营单位从事的以赢利为目的的房屋出租活动尚未核算进来。最终使用核算的范围也不全,如固定资本形成中非生产的非金融资产的转移费用没有全部包括进来。另外,目前还没有很好地估算非正规经济部门的活动。

第二,目前的季度核算是累计的季度核算,还没有进行分季核算。

第三,不变价的计算由于受资料的限制,还存在一些薄弱环节,比如,由于我国还没有编制服务进出口价格指数,不变价服务进出口不得不借用有关的价格指数进行推算。

问:现在公众能获得哪些国民经济核算资料?

答:适应对外开放和增加透明度的需要,我们已经建立了相对规范的统计资料公布制度,公众一般可以通过以下渠道获得相关资料:

国内生产总值核算资料:我国按季度和年度计算国内生产总值。季度数据包括国内生产总值总量及增长速度,按三次产业划分的增加值及增长速度,一般在季后二十天左右公布。季度国内生产总值历史数据可在《中国经济景气月报》上查阅。年度国内生产总值数据分为初步统计数和核实数,初步统计数在《中国统计公报》上公布,核实数在《中国统计年鉴》上发表。此外,专门出版了比较详细的国内生产总值年度历史数据。

投入产出核算资料:我国每逢 2、7 年份进行全国投入产出调查,编制基本表,每逢 0、5 年份编制延长表,2、7、0、5 年份的全国投入产出表都有专门的出版物。

资金流量核算资料:我国按年度编制资金流量表,相应的资料在《中国统计年鉴》和

《中国金融年鉴》上发表。

国际收支核算资料：我国按季度和年度编制国际收支平衡表，国家外汇管理局负责编制和数据发布，国际投资头寸表正在试编，尚未公开发布。

资产负债核算资料：我国正在试编年度资产负债表，资料尚未对外公布。

随着社会经济体制的变化，宏观管理需求的变化和 2008 年 SNA 颁布即国际标准的修订，我国国民经济核算体系也要修订，以使核算体系适应新的体制、新的情况、新的需求，也使核算原则、核算方法、核算指标、核算数据具有国际可比性。国家统计局组织力量对 2008 年 SNA 的重要修订进行了研究，并结合我国经济社会发展和核算制度方法改革的实际情况，制定了修订《中国国民经济核算体系(2002)》的计划。目前已经初步完成新的国民经济核算修订方案，拟在 2014 年底或 2015 年初形成最终文本，并按程序对外公布。采用新的核算方法计算出来的 GDP 等重要指标数据，以及这些指标修订后的历史数据，拟于第三次全国经济普查之后按程序对外发布。修订的主要内容是：引入知识产权产品概念，将研究与开发支出等计入 GDP；引入"经济所有权"概念，核算实际最终消费、改进城镇居民自有住房服务价值核算方法、将土地承包经营权流转收入计入财产收入，使核算结果更加反映实际；将雇员股票期权计入劳动者报酬。[1]

##  §1.3　国民经济统计学及其方法体系

### §1.3.1　国民经济统计学

国民经济统计是一门研究搜集、表现、分析、解释国民经济运行中的数量表现和数量联系，从而认识国民经济数量规律的方法论科学。

国民经济统计学既然以国民经济为研究对象，因此它的内容就是根据上述国民经济运行过程设置的。首先，要对生产成果进行统计，最重要的生产成果指标是国内生产总值；在国内生产总值的生产过程中，各个部门之间会发生经济技术联系，这种联系由投入产出统计来反映；在生产和消费中，货币资金起着重要是作用，由于有的部门的资金有余，有的部门资金不足，资金会在各个部门之间流动，由此会发生金融资产和金融负债，这些资金运动由资金流量统计反映；只要不是封闭经济，一国常住单位会与非常住单位发生经济交往，这些经济交往由国际收支统计反映；任何生产都要有一定的人、财、物力条件，生

---

① 新华网 2013 年 11 月 18 日"统计局：将对中国现行国民经济核算体系进行修订"；中国财经信息"统计局年内出新 GDP 核算办法 总量或大增"

产过程结束又会增加国民的财富,反映这部分数量的是资产负债统计;最后需要利用各种统计指标和统计分析方法,把再生产统计的资料加以综合分析,以对国民经济运行状况作出判断说明,这些内容由国民经济统计综合分析反映。

### §1.3.2　国民经济核算的方法

国民经济核算的众多指标必须要用一定的方法和表式表现出来。国民经济核算的主要方法是平衡法,平衡法是对国民经济现象的数量对等关系进行分析研究的方法。国民经济是一个不断发展、不断运动的总体,其发展变化常常表现为两个对应方面的数量对等关系,比如收入与支出、来源与运用、投入与产出等。国民经济核算以整个国民经济为研究范围,因此必然要从数量对等方面来描述和分析国民经济,也就必然要应用平衡法。

平衡法的基本原则是:有收必有支,收支必相等;要素对等,不重不漏。不管用什么形式来表现国民经济的数量对等关系,必须反映收支两方面,并且做到收支相等,而要做到这一点,所有的要素都要包括,且不能重复和遗漏。

### §1.3.3　国民经济核算的形式

与国民经济核算方法相适应,国民经济核算的表式主要有平衡账户和平衡表。

1. 平衡账户

平衡账户即会计复式记账的账户表式。复式记账要求把每一项经济活动用货币计量,分为来源与去向,分别在两个或两个以上账户的借方和贷方对应记录。国民经济活动过程是连续不断的流,每个部门都在这个流中发挥着作用。每一项经济活动都会涉及两个或两个以上的部门,其中一个部门表现为收入,另一个或若干个部门表现为支出,反之亦然,并且收入与支出必然相等。用复式记账的账户来反映国民经济活动,从方法论上讲,是对立统一规律在国民经济统计中的应用。

账户表式有两种,一种是 T 字形账户,另一种是矩阵账户。

(1)T 字形账户

这种账户形为 $\dfrac{\text{借}\quad|\quad\text{贷}}{\phantom{借}}$ ,贷方表示收入,借方表示支出。当一项经济活动计入一个账户后,在对应账户上必须保持量上的平衡。通过账户项目的对应关系,把所有单个账户联系起来,从而形成账户体系。

假如我们设置生产账户、消费(收入支出)账户、投资(资本交易)账户、国外(国际收支)账户来最概括地反映国民经济活动。某期发生了十项经济活动:

①消费品买卖　　　　　　　　　　　210

②资本物买卖　　　　　　　　　　　47

③出口　　　　　　　　　　　　　　52

④进口　　　　　　　　　　　　　54

⑤增加值(国内生产的最终成果)　　255

⑥提取固定资产折旧　　　　　　　19

⑦来自国外的要素收入净额　　　　5

⑧储蓄　　　　　　　　　　　　　27

⑨向国外的现期转移净额　　　　　4

⑩向国外贷出净额　　　　　　　　−1

采用复式记账方法,就要在这四个账户记录 20 次,如表 1−2 所示。

表 1−2　　　　　　　　　　　国民经济 T 字形账户

生产账户

| 1. 进口(18) | 54 | 3. 消费品出售(6) | 210 |
|---|---|---|---|
| 2. 增加值(9) | 255 | 4. 资本物出售(12) | 47 |
| | | 5. 出口(16) | 52 |
| 合　计 | 309 | 合　计 | 309 |

消费(收入支出)账户

| 6. 消费品购买(3) | 210 | 9. 增加值(2) | 255 |
|---|---|---|---|
| 7. 向国外的现期转移净额(19) | 4 | 10. 减:固定资产折旧(13) | −19 |
| 8. 储蓄(15) | 27 | 11. 来自国外的要素收入净额(17) | 5 |
| 合　计 | 241 | 合　计 | 241 |

投资(资本交易)账户

| 12. 资本物购买(4) | 47 | 15. 储蓄(8) | 27 |
|---|---|---|---|
| 13. 减:固定资产折旧(10) | −19 | | |
| 14. 向国外贷出净额(20) | −1 | | |
| 合　计 | 27 | 合　计 | 27 |

国外(国际收支)账户

| 16. 出口品购买(5) | 52 | 18. 进口品销售(1) | 54 |
|---|---|---|---|
| 17. 要素收入净支付额(11) | 5 | 19. 现期转移净收入额(7) | 4 |
| | | 20. 借入净额(14) | −1 |
| 合　计 | 57 | 合　计 | 57 |

各账项后边括号中的数字是该账项对应账项的编号。通过各账项和其对应账项从横向上把各个账户连接起来,比如,通过消费品买卖,把生产账户与消费账户连接起来了;通过资本物买卖,把生产账户与投资账户连接起来了……国内的每一个账户都有一个平衡项目,它们本身是很重要的总量指标,同时又起着从纵向上连接各个账户的作用。比如生

产账户中的增加值、消费账户中的储蓄就是这样的平衡项目。

（2）矩阵账户

把所有 T 字形账户排列在一个由横行、纵列交叉组成的棋盘式表中，就形成了矩阵账户。矩阵账户的横行和纵列按相同的名称和顺序排列各个 T 字形账户，横行排列 T 字形账户贷方的内容，即横行表示收入，纵列排列 T 字形账户借方的内容，即纵列表示支出。矩阵账户中每一个数值都至少是两个 T 字形账户中的对应项目，因此，每一个数值都有两层含义。这样每一项经济活动的数值虽然只登记了一次，但是又不失复式记账的原理，而且还简化了记账手续。表 1－3 中粗线中的数值是根据表 1－2 的四个 T 字形账户编制的矩阵账户，粗线外的数值是存量（资产负债）账户的数值。

矩阵账户既可以高度概括，又可以详细分解，始终把所要研究的问题放在总体的综合平衡中；它既可以包括流量（国内生产总值、投入产出、资金流量、对外交易）账户的数值，又可以包括存量账户（资产负债账户）的数值，将流量与存量有机地结合在一起，完整地反映再生产活动及其内在联系；由于采用了矩阵形式可以比较方便地建立数学模型。因此，矩阵账户是平衡法的最好形式。

表 1－3　　　　　　　　　　　　　国民经济矩阵账户

| | 期初资产1 | 生产2 | 消费3 | 积累4 | 国外5 | 估价调整6 | 期末资产7 |
|---|---|---|---|---|---|---|---|
| 期初资产1 | | | | 693 | | | |
| 生　产2 | | | 210 | 47 | 52 | | |
| 消　费3 | | 255 | | −19 | 5 | | |
| 积　累4 | 693 | | 27 | | | 44 | 764 |
| 国　外5 | | 54 | 4 | −1 | | | |
| 估价调整6 | | | | 44 | | | |
| 期末资产7 | | | | 764 | | | |

SNA 所使用的核算规则和程序是以工商会计长期使用的那些规则和程序为基础的。传统的复式记账原则，即一笔交易要在交易双方每一方的账户中做一对互相匹配的借方和贷方登录，这是经济核算或国民经济核算的一个基本原则。例如，对于产出的销售，不仅要在卖方的生产账户中有一笔登录，同时必须在卖方金融账户中也有一笔等值的登录，以记录因出售产出而收到的现金或短期金融信贷。由于这两笔等值登录也是买方所必须的，因此这项交易实际上在涉及卖方和买方两方的宏观经济账户体系中同时会有四笔等值的登录。一般说来，两个不同机构单位之间的交易，总是需要在 SNA 账户中同时作四笔等值的登录（即四式记账），即使该交易仅是一种转移而不是交换，甚至没有发生货币转手也是如此。多重记账使得不同机构单位和部门之间的交互作用能够得到记录和分

析。但是,一个机构单位的内部交易(例如单位对自身产出的消费)只需两笔记录即可,而且其交易价值需要估算。

SNA 的设计和结构高度依赖于经济理论和原则以及工商会计的核算惯例,例如生产、消费和资本形成等基本概念根植于经济理论。当工商会计的惯例与经济原理相冲突时,要优先考虑后者,这是因为,SNA 是为了经济分析和政策制定的目的而设计的。工商会计和经济理论之间的区别,可以通过 SNA 中所使用的生产成本的概念来说明。

工商会计通常(但不是一成不变)按历史基础来记录成本,从而在一定程度上保证其完全客观性。历史成本核算要求对生产中所使用的货物或资产按照获得时发生的实际支出估价,不管这些支出是在过去什么时候发生的。然而,SNA 所使用的是经济学中定义的机会成本概念。换句话说,在某一特定生产过程中使用或耗尽的某些现有资产或货物的成本,是通过将这些资产或货物以其他方式使用时能够获得的收益来衡量的。机会成本是以在使用资产或资源时放弃的机会为基础来计算的,它不同于为获得该资产或货物而发生的成本。在实践中,机会成本核算的最切实际的近似值是现期成本核算,为此要对生产过程中所使用的资产和货物按照该项生产活动发生时的实际或估算的当期市场价格进行估价。有时将当期成本核算称之为重置成本核算,尽管在使用该资产或货物后可能并没有实际替换它的打算。

SNA 与工商会计的一个区别在于,SNA 中所使用的平衡项并不采用工商会计中"利润"这个术语。企业收入近似于税前利润,可支配收入近似于税后利润。SNA 使用可支配收入这个术语是基于以下事实:住户部门的可支配收入反映住户在维持其净值(即按现价估计的资产减去负债后的价值)不变的情况下,可用于消费的最大数量。对于企业来说,由于它没有最终消费,因此其可支配收入等于可用于投资的数额。

与工商会计的另一个区别在于,SNA 在计算收入时不包括因那些仅仅由不同单位之间的财富再分配而产生的资本转移才得到或处置的资产,也不包括从与生产无关的事件(如地震、其他自然灾害或战争)中得到或处置的资产;同理,生产活动所得的收入中也不包括由于相对价格变化引起的资产或负债实际持有收益和损失。

——《国民账户体系》(2008 年 SNA) 第一章绪论 p. 12

(3)其他形式

平衡账户还可以用其他形式表述,如图示法、等式法。

图示法使用线条、箭头表示交易之间的联系。表 1-2 账户中各种交易的关系可以表示为图 1-5 的形式。

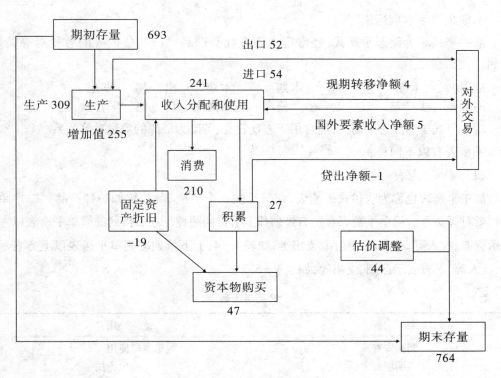

**图1-5 T字形账户的图解**

等式法是通过一系列等式来表示交易之间的联系。表1-2账户中各种交易的关系除了可以表示为借方等于贷方，还可以表示为下边一系列等式：

增加值＝生产最终收入－生产中消耗的进口产品

255＝309－54

净增加值＝增加值－固定资产折旧

236＝255－19

可支配净收入＝净增加值＋来自国外的要素收入净额－向国外的现期转移净额

237＝236＋5－4

净储蓄＝可支配净收入－消费

27＝237－210

净储蓄＝资本形成总额（资本物买卖）＋固定资产折旧（－）＋向国外贷出净额（－）

27＝47－19－1

2. 平衡表

平衡表是表现某种或某些现象的数量对等关系的表格。这种表格着眼于总量平衡，对构成总量的各个部分并不要求从两方面对等反映。平衡表依据下列平衡等式构造：

期初存量＋本期增加量＝本期使用量＋期末存量

本期来源 = 本期运用

前一个式子为动态平衡式,经常用于表现社会产品、资产、负债等的数量对等关系,比如:

$$\frac{期初}{库存量} + \frac{本期}{生产量} + \frac{进口}{} + \frac{其他}{} = \frac{本期}{生产使用} + \frac{本期}{生活使用} + \frac{出口}{} + \frac{其他}{} + \frac{期末}{库存量}$$

后一个式子为静态平衡式,经常用于表现收支、劳动力资源的数量对等关系。

平衡表有以下两种:

(1)简单平衡表

简单平衡表也称为收付式平衡表,它只反映一个单项事物(比如一种产品)、一个单位的数量对等关系。简单平衡表有左右排列和上下排列两种。左右排列的简单平衡表以左方表示资源、收入等,右方表示运用、支出等,如表1-4;上下排列的简单平衡表以上方表示资源、收入等,下方表示运用、支出等,如表1-5。

表1-4　　　　　　　　　　　　　　产品平衡表

| 来　源 | 使　用 |
| --- | --- |
| 期初库存<br>本期增加<br>　生产量<br>　进　口<br>　其　他 | 本期使用<br>　生产用<br>　生活用<br>　出　口<br>　其　他<br>期末库存 |

表1-5　　　　　　　　　　　　　　产品平衡表

| | 本　年 | 上　年 | 本年比上年增长 |
| --- | --- | --- | --- |
| 期初库存<br>本期增加<br>　生　产<br>　进　口<br>　其　他<br>本期使用<br>　生产用<br>　生活用<br>　出　口<br>　其　他<br>期末库存 | | | |

(2)并列式平衡表

把多个简单平衡表平行排列在一起,就形成了并列式平衡表。并列式平衡表可以表示多个事物(比如多种产品)、多个单位的数量对等关系,其表式如表1-6。

表1-6　　　　　　　　　　　　　　　　　主要商品资源与使用平衡表

| 商品名称 | 计量单位 | 资源 | | | | 使用 | | | | |
|---|---|---|---|---|---|---|---|---|---|---|
| | | 期初库存 | 生产 | 进口 | 其他 | 生产使用 | 生活使用 | 出口 | 其他 | 期末库存 |
| 粮　食 | | | | | | | | | | |
| 棉　花 | | | | | | | | | | |
| 钢　铁 | | | | | | | | | | |
| 原　油 | | | | | | | | | | |
| ⋮ | | | | | | | | | | |

## 【本章小结】

1. 国民经济是一个国家或一个地区所有的部门及其进行的所有活动组成的有机整体,这个有机整体具有多因素、多系统、多层次的特点。这决定了国民经济统计学研究对象的系统性、研究方法的多样性。

2. 国民经济核算是反映国民经济运行状况的有效工具,是宏观经济管理的重要依据,是制定和检验国民经济规划的科学方法,是规范经济统计的基本框架,是协调经济统计数据的重要手段。

3. 国民账户体系就是伴随着社会化大生产的发展,国家经济管理职能的加强而逐步产生发展起来的。世界曾经并存过两大核算体系——SNA 和 MPS。两大核算体系最根本的区别是生产范围不同。SNA 产生于市场经济的土壤,其发展始终遵循"发展"和"可比"两条主线,因而使得 SNA 为越来越多的国家和地区所采用,以至取代了 MPS。

4. 中国国民经济核算体系包括五大核算内容:国内生产总值核算、投入产出核算、资金流量核算、国际收支核算和资产负债核算。在表现这五大核算内容时,既用了平衡表,又用了平衡账户。

5. 国民经济核算的基本方法是平衡法。平衡法的基本原则是:有收必有支,收支必相等;要素对等,不重不漏。国民经济核算的形式主要有平衡账户和平衡表,用复式记账的账户来反映国民经济活动,从方法论上讲,是对立统一规律在国民经济统计中的应用。账户表式为 T 字形账户和矩阵账户,它们是进行国民经济核算的最好形式。平衡表着眼于总量平衡,依据动态平衡式和静态平衡式构建。

第1章

总论

## 【思考题与练习题】

1－1. 简述国民经济核算与国民经济的运行过程的关系。

1－2. 什么是国民账户体系？

1－3. 国民经济核算的基本框架是由哪些部分构成？它们之间有什么关系？

1－4. 简述国民经济核算的功用。

1－5. SNA 产生发展始终遵循的两条主线是什么？

1－6. 从 SNA 的产生和发展中，你得到什么启示？

1－7. SNA 与 MPS 的根本区别是什么？

1－8. 在核算方法形式上，SNA 与 MPS 有什么不同？

1－9. T 字形账户有哪些优点？

1－10. 矩阵形账户有哪些优点？

1－11. 国民经济统计学的内容有哪些？

1－12. 简述国内生产总值核算在国民经济核算中的地位。

# 第2章

## 国民经济分类

任何一门学科的分类都是这门学科中最基本的理论和实践问题。国民经济运行的性质、特点,可以通过国民经济的结构反映出来。国民经济有多种多样的结构,国民经济中的各个组成部分之间,在性质上相互区别,在数量上又有关系。对国民经济进行科学分类,是正确反映国民经济各个部分之间数量关系的前提。

## §2.1 国民经济分类的基本问题

### §2.1.1 国民经济分类的概念和意义

1. 国民经济分类的概念

国民经济是由成千上万的经济活动主体和千差万别的经济活动所组成的一个庞大而复杂的经济大系统。社会再生产各个环节、各个部门、各个地区之间既有自己的活动范围和特点,又通过经济结构的网络相互交错地构成国民经济这个有机整体。国民经济运行的性质、特点,通过国民经济的结构反映出来。国民经济结构就是国民经济的各种组成部分。国民经济有多种多样的结构,如产业结构、产品结构、分配结构、所有制结构、消费结构、投资结构、地区结构等等。国民经济分类就是对客观存在的国民经济结构的统计描述。对国民经济进行科学的分类,是正确认识国民经济及其各个部分之间数量关系的前提。对国民经济分类的理解应当掌握这样几个要点:

(1)国民经济分类要遵循统计分组的基本原则

统计分组是根据统计研究的目的,将总体按照一定标志划分为若干不同部分的一种统计方法。国民经济分类是统计分组法在国民经济统计中的运用。

(2)要将国民经济的各种分类相结合

国民经济是一个多分支、多层次、多方面的复杂系统。国民经济结构是实现社会物质生产和社会生活的各种具有不同功能的社会经济活动的有机结合。因而可以从不同角度按不同标志进行分类考察。每一种分类都是国民经济结构某一个侧面的统计描述,都有其独特的意义和作用。不能要求某种分类无所不包地再现国民经济的完整结构。同时,为了系统描述国民经济结构,国民经济的基本分类应该形成一个体系,各种分类在国民经济分类体系中相互结合、互相补充,但不能相互取代。

(3)国民经济分类必须具有可行性

国民经济分类是整个国民经济统计工作的基础,更是国民经济管理工作的基础。国民经济分类的标准化是国际对比的必要条件。因此在制定国民经济分类标准时,既要考虑与国外实际存在的差别,又要考虑分类的可转换性。

(4)国民经济结构是不断发展变化的

既然国民经济分类是对国民经济结构的反映,国民经济分类也必须是发展的,不是一成不变的。

2. 国民经济分类的意义

国民经济分类在国民经济统计中具有重要的作用,主要表现在以下几个方面:

（1）国民经济分类是进行国民经济分析的基础

一切社会经济现象都是相互联系、相互依存、相互制约的，必须采用科学的方法，才能正确了解、认识这些社会经济现象。通过对这些现象进行分类，可以深入分析现象的数量关系。对国民经济分类，是我们正确认识国民经济各个单位之间、各个部门之间、各个环节之间数量关系的基础，是进行国民经济统计分析的起点。

（2）通过分类整理，可以使零星分散的资料系统化、条理化，分析国民经济的运行规律

社会经济现象是复杂的，现象之间既相互联系、相互制约，又存在差异。通过分类，可以揭示国民经济各部分之间的差异，反映其本质和规律。

（3）通过分类，可以分析国民经济的结构

将国民经济按照某种标志分成若干部分，计算各个部分所占比重，揭示国民经济内部的构成状况，表明部分与整体、部分与部分之间的关系，是国民经济分析的一个重要内容。

3. 国民经济分类的原则

在对国民经济分类时，必须遵守以下基本原则：

（1）坚持以马克思主义理论为指导，与中国实际相结合的原则

马克思主义是指导我们经济活动的理论基础。国民经济分类要科学地反映国民经济结构的实质，必须以科学的思想方法体系为指导。马克思主义理论为我们科学地认识国民经济结构的实质指明了方向。因而，在进行国民经济分类时，必须以马克思主义理论为指导；同时，要结合中国的实际情况，分类要有利于反映我国国民经济结构中存在的问题，要与我国原有的经济分类相衔接，要适应我国经济管理的需要。

（2）系统性原则

由于国民经济结构的复杂性，在国民经济统计工作中不可能只采用一种分类，在进行某种分类时，也不能只采用一种标志。因此，国民经济分类要从系统思想出发，既要处理好不同分类的关系，又要处理好同一分类中不同标志的关系。同时要抓住重点，即基本分类和基本分类标志的选择。

（3）国际对比原则

为了便于我国国民经济的统计数据能够与国际比较，在进行国民经济分类时，要积极吸取国际上经济分类的经验。在明确中外国民经济结构差异的前提下，增强中国分类标准的可转换性，以适应国际对比的要求。

（4）动态化原则

在国民经济分类中，既要反映我国国民经济结构的现状，又要预见未来国民经济和社会发展的需要，如国民经济行业分类中，对于重点行业和新兴行业可适当增加细分类。

4. 国民经济活动分类的对象

国民经济是一个国家或地区全部经济活动的总和。从国民经济主体看，是由许许多多的企业、事业、行政单位组成；从国民经济的客体看，是由这些部门所从事的各种各样的

经济活动及这些经济活动的成果构成。因此,国民经济分类对象是组成国民经济实体的经济活动单位以及它们的生产要素和生产成果。对国民经济主体,即经济活动单位,包括根据生产性质划分的产业部门分类,和根据有无财务决策权划分的机构部门分类;对国民经济客体,根据经济活动进行的交易分类。

### §2.1.2 国民经济主体分类的基本单位

根据联合国的国民经济核算体系(SNA)的规定,基层单位和机构单位是国民经济两种基本的分类。结合中国的具体国情,国民经济主体分类的基本单位分成两类:一类是基层单位,一类是机构单位。

1. 基层单位

基层单位是指在一个场所从事或主要从事一种社会经济活动,相对独立地组织生产经营或业务活动,能够掌握收入和支出等业务核算资料的经济实体。从基层单位的定义可以看出,一个基层单位必须同时具备以下三个条件:

(1)生产地点的唯一性

如果一个企业在不同场所从事生产活动,即使是从事同一种类型的生产活动,也要划分为不同的基层单位。

(2)生产活动的单一性

尽管一个基层单位内可以包括一种或一种以上次要生产活动,但其规模必须小于主要活动。

鉴于市场在现代经济生活中发挥的重要作用,SNA 把基层单位进一步区分为市场生产者、为自己最终使用生产者和其他非市场生产者三种类型。市场生产者主要生产按经济意义显著的价格出售的货物和服务。为自己最终使用生产者主要生产供自己最终消费或固定资本形成的货物和服务。而其他非市场生产者则不收费或以经济意义不显著的价格提供其生产的大部分货物和服务。

2. 机构单位与常住单位

机构单位是指能以自己的名义拥有资产和承担负债,能够独立地从事经济活动并与其他实体进行交易的经济实体。机构单位的特点是:①有权独立拥有货物和资产,有权与其他机构单位交换货物或资产;②能够对经济生活的各个方面进行决策并从事相应的经济活动;③能够以自己的名义负债,承担其他义务或未来的承诺,并能签订契约;④在会计上独立核算,能够编制包括资产负债表在内的一套在经济和法律上有意义的完整账户。

在实际工作中,满足机构单位条件的单位可以分为两类:一类是住户,指共同居住、共享全部或部分收入和财产,并在一起消费的个人群体;一类是得到法律或社会承认的独立于其所有者的法人或社会实体,如公司、非盈利机构或政府单位。为了明确界定哪些经济主体构成本国的经济总体,哪些经济主体属于"国外",SNA 将机构单位进一步分为常住机构单位和非常住机构单位两种类型。

常住机构单位简称常住单位,是指在一个国家的经济领土内具有经济利益中心的机构单位。"经济领土"是由一国政府控制或管理的、其公民及货物和资本可以在其中自由流动的地理领土组成。一国的经济领土包括:大陆领地扣除国外的飞地;领海、领空和位于国际水域而本国具有捕捞和海底开采权的大陆架;在国外的飞地,即位于其他国家中,经所在国政府正式政治协议,由本国政府拥有或租用的用于外交、军事、科研等目的的地域;任何免税区或在海关控制下由境外企业经营的保税仓库或工厂。"经济利益中心"指时间超过一年,有一定的活动场所,从事相当规模的经济活动和交易。常住单位是国民经济核算的统计主体,常住单位的界定影响着流量的计算。国内生产总值是常住单位生产的,分配是常住单位对要素所有者的分配,消费和资本形成是常住单位的最终使用,进出口是常住单位与非常住单位之间的交易。非常住单位在国民经济核算中称为"国外"。

3. 两种单位的比较

基层型单位是按照生产经营活动决策权的性质来区分的,它强调的就是这种生产活动的同质性;机构型单位是按照财务决策权的性质来划分的,它强调的就是这种权利的同质性。机构单位和基层单位之间存在一种隶属关系,即一个机构单位可以包含若干个从事不同生产活动的完整的基层单位,而一个基层单位则必定从属于某个机构单位,且只能从属于一个机构单位。当机构单位只有一个场所并从事一种或主要从事一种生产活动时,该机构单位同时也是基本单位。

## §2.2　产业部门分类与机构部门分类

### §2.2.1　国民经济产业部门分类

产业部门分类的对象是产业活动单位。所谓产业活动单位,就是位于一个地点,从事或主要从事一种经济活动的单位。此外,产业活动单位还应该单独组织生产经营或业务活动,并在法人单位内部单独核算收支。

产业部门分类是将经济总体中全部常住单位下属的基层单位按其主要生产活动的同质性分类形成的。产业部门分类是从生产角度出发,通过将从事类似活动的基层单位加以归并而形成的国民经济主体分类。

1. 三次产业分类的概念和特点

国民经济可以按照产业发生的时序及其劳动对象的特点,划分为第一次产业、第二次产业、第三次产业。三次产业分类是社会经济发展到一定水平后,由现代宏观经济管理和分析的需要产生的一种对国民经济结构的分类方法。英国经济学家阿·费希尔

（A. Fisher）首先提出了这种划分。他认为，纵观世界经济史，可以发现人类生产活动有三个阶段：在初级生产阶段，生产活动以农业和畜牧业为主；第二阶段，以工业生产大规模发展为标志，纺织、钢铁和其他制造业的发展为就业和投资提供了广泛的机会；第三阶段始于 20 世纪初，其特点是以各种服务的提供为主。根据这三个阶段先导产业的发展变化，可以把国民经济分为三次产业。

三次产业划分在国际上是比较通用的分类方法，其特征是：①三次产业划分与人类生产活动的历史发展顺序相一致；②三次产业划分中的各次产业顺序与人类消费需求的紧迫程度有关，从而与人类消费结构变化相适应；③三次产业划分只是从一般意义上反映了国民经济的结构。

世界各国和国际组织对三次产业分类的基本框架大致相同，但在具体划分方法上有所差异。其主要分歧是：第一，矿业和采掘业属于第一产业还是第二产业的问题；第二，建筑业、交通、通信和煤气、电力、自来水等公用事业属于第二产业还是第三产业的问题。目前国际上对三次产业的划分没有统一的标准。但多数国家和国际组织划分的三次产业范围大体是一致的。即将农、林、牧、渔业划为第一产业；将采矿业，制造业，电力、燃气及水的生产和供应业，以及建筑业划为第二产业；将其他行业划为了第三产业。

2. 中国三次产业分类的标准

在我国，把国民经济划分为三次产业是极为必要和重要的。我国是根据社会生产活动发展的顺序划分为三次产业的。我国对三次产业的划分始于 1985 年，当时为了适应进行国民生产总值统计的需要而提出了三次产业的划分范围。随着社会经济的不断发展，我国国民经济行业变化较大。为了及时准确地反映我国三次产业的发展状况，同时更好地进行国际比较，在 2002 年修订的《国民经济行业分类》国家标准的基础上，2003 年，印发了《国家统计局关于印发〈三次产业划分规定〉的通知》（国统字〔2003〕14 号），对原三次产业的划分范围进行了调整，制定了新的《三次产业划分规定》。为更好地反映我国三次产业的发展情况，满足国民经济核算、服务业统计及其他统计调查对三次产业划分的需求，2012 年，根据国家质检总局和国家标准委颁布的《国民经济行业分类》（GB/T 4754—2011），国家统计局再次对 2003 年《三次产业划分规定》进行了修订。目前我国三次产业划分的标准是：

第一产业是指农、林、牧、渔业（不含农、林、牧、渔服务业）。

第二产业是指采矿业（不含开采辅助活动），制造业（不含金属制品、机械和设备修理业），电力、热力、燃气及水生产和供应业，建筑业。

第三产业即服务业，是指除第一产业、第二产业以外的其他行业。第三产业包括：批发和零售业，交通运输、仓储和邮政业，住宿和餐饮业，信息传输、软件和信息技术服务业，金融业，房地产业，租赁和商务服务业，科学研究和技术服务业，水利、环境和公共设施管理业，居民服务、修理和其他服务业，教育，卫生和社会工作，文化、体育和娱乐业，公共管理、社会保障和社会组织,国际组织,以及农、林、牧、渔业中的农、林、牧、渔服务业,采矿业中的开采辅助活动,制造业中的金属制品、机械和设备修理业。

### §2.2.2　国民经济机构部门分类

机构部门是指把某种相似的机构单位归并在一起的机构单位的总称。机构部门分类是与金融流量和收入支出核算账户相联系的,是对同一经济总体中能够独立地拥有收入的取得与支配、资金的筹集和资产的运用等决策权的经济行为主体所进行的分类。机构部门分类主要用于划分法定单位之间形成的部门资金流量(包括收入分配、投资、金融交易、货币运动等),编制资金流量表和部门收支平衡表,从宏观上把握经济总体的价值循环过程。

机构部门分类是关于经济总体中全部常住单位的分类,是把经济目的、功能和行为相似的机构单位归并在彼此不重叠的集合中。

(1)非金融企业部门

由从事市场货物和非金融服务生产的、以盈利为目的并在工商行政管理部门登记的所有机构单位构成的总体,包括具备法人资格的各种农业企业、工商企业、建筑企业、运输邮电企业及其他从事非金融活动的服务企业,不包括附属于行政事业单位的不具备法人资格的企业和个体经济。

(2)金融机构部门

由从事金融中介活动或辅助金融活动的所有机构单位构成的总体,包括中央银行(人民银行)、各商业银行(包括工商银行、建设银行、农业银行、中国银行、交通银行等)、政策性银行、信用社、保险公司、财务公司、信托投资机构等。

(3)政府部门

是指为社会公共需要服务的国家行政机关和从事生产和生活服务以及为提高人民科学文化素质服务的事业单位。它由各种行政事业单位所组成,其中包括军事单位和行政事业单位所属的非独立核算企业,但不包括行政事业单位办的独立核算企业,后者通常归入非金融企业部门。政府除负有政治责任和经济调节作用外,主要生产用于个人和公共消费的非市场服务,还通过税收和其他转移对收入和财富进行分配和再分配。

(4)住户

由所有常住居民所组成,其中包括为住户拥有的个体经营单位。住户的主要职能是提供劳动力,进行最终消费和作为非法人企业主的市场生产活动。

(5)国外

是所有与我国常住单位发生经济往来的非常住单位的集合。国外部门的核算内容与常住机构部门基本相似。为清楚简洁地反映对外经济往来关系,通常将其视为一个机构部门。

# §2.3  国民经济客体分类

## §2.3.1  社会产品分类

根据统计研究目的的不同,对各种社会产品可以从不同的角度进行分类。

### 1. 货物和服务

按表现形态,社会产品可以分为货物和服务。货物也叫实物产品、有形产品,是对其有某种需求且能确定其所有权的有形实体,可以用实物单位进行计量,生产和交换、生产与使用可以相分离,有些货物可以被买卖多次,而有些货物并不用于交换,比如自给性生产的货物。货物一般表现为农业产品、工业产品和建筑业产品。

服务(service)是不能确定其所有权的无形产品,其生产与销售、生产与使用是同时发生的,当服务的生产完成时,它们必定已经提供给了消费者,服务只能进行一次交换。服务表现为第三产业的活动,如流通部门的运输、邮电、商品销售服务,其他服务部门的食宿、医疗、美容、教育、信息、咨询、娱乐、金融、保险等活动。与此相对应,这些部门,即除农业部门、工业部门和建筑业部门以外的所有第三产业部门统称为服务部门。

### 2. 中间产品和最终产品

按当期是否需要进一步加工,社会产品分为中间产品和最终产品。中间产品是在一个生产过程生产出来然后又在另一个生产过程中被完全消耗掉或形态被改变的产品。

最终产品是指没有被其他生产过程所消耗,而被消费掉、增加资本形成或出口到国外的产品。

## §2.3.2  经济交易及其分类

交易是机构单位之间依共同协议的相互作用,或是一个机构单位内部的行为。在国民经济中,各种经济活动大致表现为两种类型:一类是两个经济活动主体之间依据相互协议而进行的经济活动;另一类是仅涉及一个经济活动主体的内部经济行为。

"交易"有交换、转移、内部交易三种形式。交换是一个机构单位以某项资源来换取对方的另一种资源,两个机构单位之间是对等的。转移是一个机构单位将自己的某项资源无偿的转让给另一个机构单位。内部交易是各单位内部发生的自产自用性质的经济活动(如农民自产自用农作物等)。交易可从多个不同的角度进行分类:

(1)按交易的性质分为货物交易和服务交易、分配交易、金融交易、其他积累交易

货物和服务交易是有关货物和服务的来源和使用的交易,通过交易实现货物和服务从供应到使用的流动。

分配交易对应着当期新创造价值的整个分配过程。是有关生产所创造的增加值,在劳动力、资本、政府之间的分配交易和经常性转移的交易。

金融交易也称金融手段交易,这是狭义的金融交易,是关于每一种金融手段产生的金融资产的净获得或负债的净发生的交易。

其他积累交易是改变资产和负债的数量和价值的交易,包括固定资本消耗和非被生产非金融资产的净获得,这是由于价格变化对资产和负债的影响。

(2)按是否以货币表示分为货币交易和非货币交易

货币交易是机构单位之间的相互作用,包括货物和服务消费支出、证券的获得、工资和薪金、利息、红利等双边的交易。在这种交易中,一方向另一方提供货物、服务、劳动或资产,作为回报得到货币对应物。在市场经济的条件下,这一类的交易在交易中占有较大的比例。非货币交易可能是双边交易,也可能是机构单位的内部交易。双边交易包括易货交易、实物报酬、实物报酬以外的实物支付和实物转移。

(3)按是否形成债权债务分为金融交易和非金融交易

金融交易是指机构单位之间和机构单位与国外之间引起金融资产所有权变化的交易,包括与金融债权的产生和清偿有关的交易。

进行交易的双方机构单位称为"交易者"。

### §2.3.3 经济流量和经济存量

经济流量(economic flow),是一定时期内的经济行为和所产生的成果,反映经济价值的产生、转换、交换、转移或消失,是一定时期测定的量,具有时间维度,经济流量的大小与时间的长短直接有关,时间越长,经济流量越大。国民经济统计体系中,国内生产总值统计、投入产出统计、资金流量统计和国际收支统计是对经济流量的统计。

经济存量(economic stock),是一定时点的资产和负债的状况或某一时点持有的资产和负债,反映经济行为在某一特定时点的历史积累状况。经济存量没有时间维度,其大小与时间间隔没有直接的联系。资产负债统计是对经济存量的统计。

经济流量与经济存量之间有密切关系。经济存量是以前经济流量的积累,而经济存量的变动(增加或减少)又是经济流量的一种表现形式,二者存在如下的平衡关系:

期末存量 = 期初存量 + 期内增加的流量 − 期内减少的流量

期末存量 − 期初存量 = 期内存量增加 − 期内存量减少

= 本期流量净变化量

任何经济存量都是过去经济流量的沉淀和积累,而经济存量的变化又表现为某种经济流量的变化。

所有的经济存量都有相应的经济流量与之对应,但是不是任何经济流量都有经济存量与之对应。无论哪种情况,经济流量与经济存量都有密切关系。如产品的生产量是流量,产品库存量是与之对应的存量;产品的进出口量是流量,却没有进出口存量,但是产品的进出口量会影响产品库存量。

经济存量和经济流量之间的这种联系，要求我们在开展国民经济核算时，既要使有关的经济存量和流量在核算内容、分类及核算方法上协调一致，又要使有关经济存量和流量的核算在经济主体的分类上尽量保持一致，或者至少能够相互匹配、相互转换。

## 【本章小结】

1. 国民经济分类是进行国民经济分析的基础，通过分类整理，可以使零星分散的分类系统化、条理化，便于分析国民经济的运行规律，分析国民经济的结构。

在进行国民经济分类过程中要遵守坚持以马克思主义理论与中国实际相结合的原则、系统性原则、国际对比原则、动态化原则。

2. 国民经济分类的对象是组成国民经济实体的经济活动单位，以及它们的生产要素和生产成果。国民经济主体分类的基本单位有基层单位和机构单位。基层型单位是按生产经营活动决策权的性质来区分的，机构型单位是按财务决策权的性质来划分的。

3. 以产业活动单位为对象，根据社会生产活动发展的顺序，将国民经济产业部门划分为第一产业、第二产业、第三产业。三次产业之间存在相互依存的关系。

把某种相似的机构单位归并在一起称为机构部门。机构部门分为非金融企业部门、金融机构部门、政府部门、住户、国外。

4. 根据研究目的不同，将各种社会产品从不同角度分为货物和服务、中间产品和最终产品。

5. 交易按是否以货币单位表示，可分为货币交易和非货币交易；按是否形成债权债务，可分为金融交易和非金融交易。

6. 经济流量是一定时期内的经济行为和所产生的成果，具有时间维度；经济存量是一定时点的资产和负债的状况或某一时点持有的资产和负债，没有时间维度。

## 【思考题与练习题】

2-1. 国民经济分类应该遵循的原则是什么？
2-2. 什么是国民经济的主体和客体分类？
2-3. 基层单位和机构单位各有何特点？二者的区别是什么？
2-4. 产业部门的分类有哪些？
2-5. 什么是"交易"？有哪些形式？
2-6. 什么是经济流量和经济存量，二者的区别与联系有哪些？

# 第3章

## 国内生产总值核算

国内生产总值是宏观经济最重要、最核心的指标,它反映一定时期内供社会最终使用的社会产品的价值总和,衡量一个国家或地区的经济发展水平,对经济研究和经济管理具有重要意义。相应地,国内生产总值统计在整个国民经济统计体系中居于中心地位,投入产出统计、资金流量统计、国际收支统计和资产负债统计都是国内生产总值统计的扩展和补充。本章我们将学习有关国民经济统计的基本范畴,国内生产总值的具体统计方法,指标体系等内容。

# §3.1 国民经济核算中的生产

## §3.1.1 生产概念

生产活动是国民经济最基本的活动。生产是在机构单位的负责、控制和管理下进行的一种物质过程。在这个过程中,劳动和资产用于将货物和服务的投入转换成另外的货物和服务的产出。作为产出,生产出来的所有货物和服务,应该是能够在市场上销售,或至少能够有偿或无偿地由一个单位向另一个单位提供。所以,一般地说,"生产"是企业利用投入的货物和服务进行另外的货物和服务的产出活动。

## §3.1.2 生产范围

SNA 对生产范围的界定比较严格,除自有住房服务和付酬的家务劳动外,住户为自身最终使用而进行的服务生产都不在 SNA 的生产范围之内。具体说来,SNA 的生产范围包括以下几类活动:

①生产者提供或准备提供给其他单位的所有货物和服务的生产,包括在生产这些货物或服务过程中消耗的货物和服务的生产;

②生产者为了自身的最终消费或资本形成所保留的所有货物的自给性生产;

③生产者为了自身的最终消费或资本形成所保留的知识载体产品的自给性生产,但(按照惯例)不包括住户部门的自给性产品生产;

④自有住房者的自给性住房服务;

⑤雇佣付酬家政人员提供的家庭和个人服务的生产。

可见,住户部门的大部分自给性服务不包括在国民经济核算范围之内。在大多数国家,相当多的劳动被用于生产这类服务,虽然这些活动对经济福利具有重要贡献,但是国民经济核算不仅仅是为了反映福利,更重要的是为满足经济分析和制定政策需要。并且,以上这些活动与市场相对分离和独立,没有确定的市场价格来估价这些服务的经济价值,同时这类活动既不受经济政策的影响也难以影响到经济中其他部门,因此 SNA 核算的生产范围没有包括住户部门的大部分自给性生产。

自有住房服务一直以来都包括在国民经济核算范围之内,其原因主要在于:在不同国家时间,或一个国家不同地区之间,甚至同一国家或同一地区的较短时期之间,自有住房与租用住房的比例都可能存在较大差异,如果不估算自有住房服务的价值,住房服务生产和消费的国家比较和跨期比较就会失实。基于此,国民经济核算包括了自有住房服务,以虚拟房租予以估算。

### §3.1.3 非法生产和隐蔽生产

从法律角度看,生产分为合法生产、非法生产和隐蔽生产。

非法生产指以下两类:一是法律规定禁止销售、分配或持有的商品和劳务的生产,如毒品生产买卖、色情服务等;二是生产本身是合法的,但是未经许可的生产,如没有营业执照的行医。隐蔽生产指经济意义上是合法的生产活动,但由于逃税、避免法定标准(最低工资、最长工时、安全和卫生方面的标准等)、避免缴纳社会保障卡、避免行政程序等,而把生产隐蔽起来了。非法生产和隐蔽生产之间没有严格界限,比如为了逃避税收的隐蔽生产,也可以理解为非法生产,二者同属"地下经济"的范畴。

1968 年 SNA 并未将非法生产和隐蔽生产纳入到统计范围之中。随着地下经济规模的扩大,由于核算范围的不完整性导致了某些账户的内在不平衡,其中某些交易被测量,而有些交易被遗漏,因此 1993 年 SNA 将地下经济纳入了生产统计范围,呼吁各国应尽可能对地下经济进行统计。

 ## §3.2 国内生产总值统计方法

### §3.2.1 国内生产总值概述

1. 概念

国内生产总值(Gross Domestic Product,GDP),是一个国家所有常住单位在一定时期内生产并提供给社会最终使用的货物和服务的价值总量。从国内生产总值的定义,可以得到几点重要的信息:国内生产总值是常住单位生产的,是一定时期内的经济流量,是最终产品的价值总和。

最终产品是相对于中间产品而言的。凡是本期生产、本期不再进一步加工的社会产品为最终产品(也称为最终使用、最终成果);那些本期生产、本期还要进一步加工的社会产品则为中间产品(也称为中间使用)。这里的"最终"是就全社会而言。比如一家面粉厂某时期生产了价值 10 万元的面粉,其中有 7 万元面粉卖给了蛋糕厂作生产原料,另外3 万元直接卖给了住户使用。则对全社会而言,价值 3 万元的面粉是最终产品,而卖给蛋糕厂作生产原料的 7 万元面粉是中间产品。

一般地,对全社会来说,最终产品价值称为国内生产总值,而对部门或企事业单位来说,最终产品价值是它们追加到生产中消耗的货物和服务上的价值,因此微观经济单位创造的国内生产总值通常称为增加值。

2. 表现形态

国内生产总值从不同的角度观察,有三种表现形态。从价值形态上考察,国内生产总值是常住单位在一定时期内生产的全部货物和服务的价值超过同期投入(消耗)的非固定资产货物和服务的那一部分价值,也即增加值;从收入形态上考察,国内生产总值是一定时期要素提供者从直接分配中获得的收入之和;从实物形态上考察,国内生产总值是全社会最终使用的货物和服务,包括用于当期的最终消费、资本形成和净出口的货物和服务。

与国内生产总值三种表现形态相对应的,国内生产总值有三种统计方法:生产法、收入法和支出法。

3. 重要意义

国内生产总值是宏观经济中最重要、最核心的指标,是世界上应用最为广泛的经济总量指标,各国政府以及经济学家都对 GDP 给予了相当的重视与关注。国内生产总值的重要性主要体现在如下几方面:

第一,国内生产总值综合反映了一国的经济实力和经济发展水平。我们知道,国民经济的发展和人民生活水平的提高,主要依靠我们不断增加有效的生产活动,提供丰富的物质与精神产品。国内生产总值作为对全社会所有经济部门生产活动的产品总量的计量,正好从总体上反映了一国的经济活动的总规模、综合实力和人民生活水平的高低程度。

第二,国内生产总值是衡量国民经济发展规模和速度的基本指标,是我国政府制定经济发展战略、中长期规划、年度计划和各种宏观经济政策的重要依据。如我国政府在"七五"规划、"八五"规划、"九五"规划、"十五"规划、"十一五"规划和"十二五"规划以及历年年度计划中提出的国民经济增长目标,都是建立在对国内生产总值的核算和对经济发展情况的预测基础上的。

第三,国内生产总值是分析经济结构和宏观经济效益的基础数据。经济结构是经济发展到一定阶段,社会分工体系中国民经济各部门、再生产各环节的构成和相互关系总和。通过国内生产总值统计,我们不仅可以分析各微观经济部门增加值在经济总量中的比重,还可以就三次产业的增加值在国内生产总值的比重来讨论产业结构问题,以及各次产业的内部构成状况。

第四,通过国内生产总值统计,还可以分析研究国家、企业和住户三者之间的分配关系,投资和消费的比例关系,考察国民经济是否协调发展。

第五,国内生产总值在一国的对外交往中还具有重要的意义。其一,国内生产总值规模决定了一国应承担的国际义务,许多国际组织都要求其成员国交纳会费或进行捐款,这些会费或捐款往往都与国内生产总值有密切的联系。其二,一个国家在国际上享受的优惠待遇也与国内生产总值有密切的联系,如世界银行对一国的贷款优惠政策是由人均 GDP 规模决定。其三,一个国家在国际组织中所能发挥的作用也与国内生产总值有密切的联系,如国际货币基金组织的成员国要向基金组织认缴一定的份额,其份额大小决定该国在基金组织的投票权、分配特别提款权的份额及向基金组织借款的份额。

## §3.2.2　生产法国内生产总值统计

**1. 生产法国内生产总值的意义**

生产法是把国民经济各部门在生产中增加到中间投入的货物和服务上的价值加总起来求国内生产总值的方法。其计算的公式是：

部门增加值＝部门总产出－部门中间投入

国内生产总值＝部门增加值之和

各部门的总产出加总就是社会总产出，各部门的中间投入之和就是全社会中间投入，因此也可以从全社会的角度计算国内生产总值：

国内生产总值＝社会总产出－全社会的中间投入

**2. 社会总产出统计**

社会总产出是常住单位在一定时期内生产的全部货物和服务的价值，是所有常住单位生产活动的总成果，包括了用于最终使用和用于中间使用的产品。从价值形态来说，社会总产出既包括劳动者新创造的价值，又包括转移价值，即 $c+v+m$，其中 $c$ 是全部转移价值，是中间消耗的转移价值 $c''$ 和固定资本消耗的转移价值 $c'$ 之和，$v+m$ 是新创造价值。

各行业总产出之和就是社会总产出。不同的行业，其生产形式和生产成果各具特点，因此适用的总产出计算方法也各不相同。

（1）货物总产出的计算方法

货物总产出是第一产业和第二产业的生产成果，其计算方法主要有"企业法"和"产品法"：

①企业法。企业法也称为工厂法，是以生产经营单位为主体来计算总产出的一种方法。其基本思想是：以单个企业作为统计对象，根据企业生产活动的最终成果来计算总产出，本企业内部生产中自产自用的产品价值不能重复计算，不同企业之间可以重复计算。企业法主要适用于产品品种规格繁多、变化大的行业部门计算其总产出。

②产品法。产品法是以产品为主体来计算产出的一种方法。其基本思想是：以具体产品为统计对象，只要是本期生产出来，不论是出售还是生产中自用，都要计入总产出，即无论生产单位内部，还是生产单位之间，都允许重复计算。将各种产品的实物量乘以其相应的价格，再加总得到总产出。产品法适用于产品品种较少，并且相对稳定，产品之间有完全独立性的部门计算总产出。

③企业法和产品法的应用。农林牧渔业总产出是生产单位从事农、林、牧、渔业生产活动生产的农作物主副产品、林木和林果产品、畜禽产品、水产品等产品的总价值。由于农产品种类相对较少，生产周期较长，且季节性和连续性很强，因此我国农业总产出采用"产品法"进行核算，根据《农业产品目录》，按季节分期分批地计算或调查有关各种农产

品的数量,再乘以相应的价格以即得到了农业总产出,而无论农产品是出售还是自用。

工业总产出是生产单位从事自然资源开采、产品制造以及电力、燃气和水的生产和供应活动的生产的货物和服务的总价值。由于工业产品种类繁多,质量等级差异大,产品的更新换代快,生产周期也参差不齐,难以制定完整规范的产品目录,也难以调查搜集完整的产品数量资料,因此在我国对工业总产出一般采用"企业法"计算,包括产成品价值、工业性作业价值、自制半成品和在制品期末减期初差额价值。

建筑业总产出指建筑企业或自营施工企业单位在核算期内完成的建筑工程、机器设备安装工程、及从事装饰装修活动和建筑物修理活动的价值。在方法上,建筑业总产出既可以从企业角度按"工厂法"核算总产出,也可以从建筑产品角度,按"产品法"计算总产出:从企业角度,以建筑安装企业为基本统计单位来计算每一个建筑业的活动成果;从产品角度,直接计算核算期内完成的建筑产品价值,而不管它究竟是由那些建筑安装企业完成。在实践中,考虑到建筑产品的稳定性和施工单位的流动性特点,目前我国主要从产品角度,采用"产品法"来计算建筑业总产出。

(2)服务总产出的计算方法

服务业即第三产业,其产出成果表现为看不见、摸不着的无形产品"服务",因此不能用"产品法"计算总产出,同时它们又不像工业生产,产品的生产和使用可以分开,服务的生产和使用是直接的、同时发生的,各种服务是独立的,因而也不能用"企业法"计算总产出。第三产业门类众多,其总产出的核算方法也灵活多样,主要有以下几类方法。

①追加价值法。该方法主要用于计算商业和货物运输业的服务总产出,其基本思想是:在计算有关部门总产出时,不能包括被流通货物的原有价值,而只能计算新追加的价值部分。实际核算时,商业部门通常依据所经营商品的"购销差价"或相关资料计算总产出,而运输部门则依据运输费用计算总产出。

②营业收入法。该方法广泛应用于各种营业性服务企业的服务总产出核算,如旅馆业、生活服务业、信息咨询业,以及实行企业化经营管理的文化教育、卫生和科技服务等行业,其基本思想是以各个部门因提供服务而获得总收入作为其总产出。

③服务费用法。该方法与营业收入法类似,但主要用于各种服务产出核算。这种服务费用包括各种形式的佣金、手续费、交易费和其他服务费,如有酬的家庭服务等。

④成本费用法。该方法主要用于核算政府服务部门以及其他非营利或非市场性的服务事业单位的总产出。这些部门共同的特征有:一是其服务活动不以"营利"为目的,所提供的服务是免费的,或者是以低于市场价格,甚至低于成本价格的标准收取费用;二是其从事服务活动主要资金来源是国家财政拨款或民间募集资金。因此,服务事业和政府部门的服务总产出无法依据市场价格计量,通常只能以相应的成本价格去估算,主要包括劳动者报酬和固定资本消耗和中间消耗,以及少量的生产水惊愕,一般不包括或很少包括营业盈余。

⑤虚拟推算和抽样推断方法。该方法主要用于自有住房的自给性服务和付酬的家务劳动服务的产出核算。

（3）总产出指标的局限与作用

总产出指标不仅包括了新创造的价值，还包括了在生产中投入的中间消耗的货物和服务的价值，而中间消耗的这一部分价值是被重复计算了的，由此使得社会总产出指标有很大的局限性。

首先，总产出指标不能反映常住单位的生产效率。总产出指标的大小受到生产中消耗掉的货物和服务多少、价值高低的影响，一般而言，中间消耗越大总产出也越大。总产出的高低一定程度上是建立在投入的基础之上，因此总产出指标并不能反映出常住单位为生产货物和服务所花费的劳动量大小，不能反映常住单位在生产中添加了多少价值，不能反映常住单位的生产效率。当前，我国的经济还普遍存在高消耗、高投入、低效率的粗放式增长模式，因此我们更要明确总产出指标或总产值指标的不足。

其次，总产出指标还受到社会分工和专业化协作程度高低的影响。社会分工越细，专业化程度越高、协作关系越密切，转移价值被重复计算的次数也就越多，对于同样多的最终产品，社会总产出却表现得越大。举个简单的例子，比如羊毛提供给纱作原料，纱又作为布的原料，布又用于制作成衣，生产过程如下：

$$\text{羊毛} \longrightarrow \text{纱} \longrightarrow \text{布} \longrightarrow \text{衣}$$
$$100 \qquad\quad 180 \qquad\quad 270 \qquad\quad 500$$

在这个过程中，提供给社会的最终产品价值是 500 个单位。如果上述生产过程发生在同一个生产企业内部，根据"工厂法"则该单位的总产出就是 500 个单位；但如果该生产过程是分别发生于四个生产单位，则这时总产出是 100 + 180 + 270 + 500 = 1050 单位。如果生产过程继续细化，则社会总产出还会增大。

但是这个例子也说明，总产出代表了一个国家（或地区）一定时期内货物和服务在国民经济各部门的总周转量，并且这个转移价值也体现了国民经济各部门在生产过程中发生的经济联系。因此，总产出指标是进行投入产出统计的基础，也是计算其他一些指标的基础。

3. 中间投入统计

中间投入又称为"中间消耗"、"中间使用"、"中间产品"，是指常住单位在一定时期内生产过程中消耗和使用的非固定资产货物和服务的价值。从实物形态看，这些中间投入的货物和服务在生产过程中要么被完全消耗掉，要么被转变了形式；从价值形态看，中间投入的价值在生产过程中一次性转移到新产品价值中去了。

货物的中间投入包括原材料、辅助材料、燃料、电力、种子、饲料、肥料、办公用品、劳保用品等一次性消耗的货物和各种低值易耗品。服务的中间投入包括货物生产部门支付给服务生产部门，以及服务生产部门之间支付的各种费用，如修理费、加工费、邮电费、运输费、代销手续费、利息净支出、保险费、广告宣传费、科研费、技术转让费、咨询费、商品检验费、职工培训教育费、出差的车船费、畜禽配种费、畜禽防疫医疗费、绿化费、公证费、律师费、安全措施费、公杂费、招待费、警卫消防费等。

中间投入的核算要注意几个问题：

第一，中间投入的核算口径要与总产出的核算口径一致，凡是生产过程中被消耗的除固定资本外的其他货物和服务的价值，只要计入了总产出，则必须也计入到中间投入中。比如，农林牧渔业和建筑业采用"产品法"核算总产出，即只要是本期生产出来产品，不管是用于出售还是用于生产中自用，都计算在总产出之中，则它们的中间投入就是全部中间产品的消耗，不管是外购还是自己生产出来的。而对于工业采用"工厂法"核算总产出，企业内部自产自用的产品价值是不计入总产出的，因而也不计入中间投入。

第二，中间投入是生产性的消耗。只有用于货物和服务的生产消耗才能作为中间投入，用于职工文化生活、公共福利、基本建设等的支出，就不属于中间消耗。

第三，正确区别中间投入与固定资本形成。中间投入是生产过程中消耗和使用的非耐用货物和服务的价值，与固定资本的消耗不同之处就是，这些非耐用产品价值是一次性或短期地直接转移到了新产品价值之中，但是在实践中，二者界限并不完全清晰，常容易混淆。比如固定资产的更新、改造与大修理的投入，目的是为了延长固定资本的使用期限，或为了提高设备的生产能力，这就属于固定资本的形成，而非中间消耗。又如工业中的研究开发费用，农业中的土壤改良、开荒等支出，均属于固定资本的投入，不应算作中间投入。但需要注意的是，生产过程中的一些小型工具、低值易耗品等，尽管是可以长期使用的生产工具，但由于它们价值较低，这方面支出经常发生，因此将它们划入中间产品消耗。

4. 重要比例分析

在生产法国内生产总值统计中，根据总产出、中间投入和增加值这三个指标，可以计算一些重要的比率，反映投入与产出之间的关系。

$$中间投入率 = \frac{中间投入}{总产出}$$

$$单位中间投入创造的国内生产总值 = \frac{国内生产总值}{中间投入}$$

这两个指标反映了生产中的经济效益，中间投入率越低，表明生产一定的总产出消耗的货物和服务越少，经济效益越好；单位中间投入创造的国内生产总值越多，表明一定的货物和服务消耗生产的社会最终成果越多，经济效益越好。

$$社会增加值率 = \frac{国内生产总值}{社会总产出}$$

社会增加值率反映了增加值在总产出中的比重。增加值率与中间投入率之和为1，中间投入率小，增加值率大，经济效益就好。

## §3.2.3 收入法国内生产总值统计

1. 收入法国内生产总值的意义

收入法，是从国内生产总值的收入形态出发，把一定时期内各生产要素提供者应该从直接分配中获得的收入加总起来求国内生产总值的方法。计算公式是：

国内生产总值 ＝ 固定资产折旧 ＋ 劳动者报酬 ＋ 生产税净额 ＋ 营业盈余

从生产要素使用者的角度看，因为要素所有者提供了生产要素劳动、资本等，才能生产货物和服务，才能获得增加值或国内生产总值，因此这些增加值应该以固定资产折旧、劳动者报酬、生产税净额和营业盈余形式直接分配给要素提供者，所以这种计算方法又称为"分配法"。

2. 相关指标解释

（1）固定资产折旧

固定资产折旧是一定时期内生产单位为补偿生产活动中所耗用的固定资产而提取的价值。固定资产折旧并不是本期生产活动新创造的价值，只是生产过程中消耗的固定资产的转移价值，之所以把它包含在增加值中，并作为初次分配的一个项目，原因是：

①固定资产在一个生产周期结束后，仍保持其原有的使用价值和形态，并没有进入新生产的产品实体中，而其价值也只是部分地转移到了新生产的货物和服务中。固定资产折旧的价值可以沉淀下来，在固定资产更新以前，可以参与价值运动。

②固定资产折旧是社会总产品的一部分，其价值总是代表了一定的货物和服务。在一个生产周期结束后，固定资产并不需要立即更新，因此与固定资产折旧价值相对应的货物和服务会被用于最终使用，包含于增加值之中。

③只有包含了固定资产折旧的国内生产总值，才与供社会最终使用的货物和服务的价值相一致。

国民经济统计中固定资产折旧与会计核算里的固定资产折旧并不完全等同。一是作为计提基础的固定资产价值计价方法不同，企业会计遵循历史成本原则，按固定资产建造或购置时的价格计算固定资产原值，而国民经济统计则要求以固定资产重置价值计算。二是范围不同，会计核算中不需要计提折旧的单位，诸如政府机关、非企业化管理的事业单位和住户，其所拥有的固定资产在国民经济统计中需要计算折旧，一般按照规定的折旧率和固定资产原值计算虚拟折旧。

（2）劳动者报酬

劳动者报酬是一定时期内，劳动者由于从事生产活动而应得的各种形式的报酬。劳动者报酬主要有三种形式：一是货币工资，即生产单位直接支付给劳动者的各种形式的工资、奖金、津贴、补贴等，按纳税前的应付工资计算，个体和其他劳动者得到的货币纯收入也属于货币工资范畴；二是实物工资，即生产单位以免费或低于成本价提供给劳动者的各种货物和服务,农民自产自用产品扣除生产消耗后的部分也属于实物工资;三是由生产单位为劳动者的利益而支付的社会保险费。

在统计劳动者报酬时,应划清实物性工资收入与中间消耗的界限。如果生产单位向劳动者提供的可由劳动者在生产时间以外享用,并对他们的实际生活水平有所改善和提高,同时其他消费者在市场上也可以购买到的货物和服务,就应该算作劳动者的实物性收入。如果生产单位为了生产的正常运行,为劳动者提供的货物和服务,应该归于中间投入,如上班用的工作服、鞋,生产现场的清凉饮料,因公出差的交通费、住宿费等。

劳动者报酬与会计上的应付工资有所不同,它比应付工资的内涵更广泛。以会计科目来说,劳动者报酬除了应付工资外,还包括应付福利费,管理费用中的劳动保险等社会福利缴款,管理费用中的住房公积金以及以实物商品形式发放的工资。

(3)生产税净额

生产税净额是生产税减补贴后的余额。生产税指政府对生产单位从事生产、销售和经营活动以及因从事生产活动而使用某些生产要素,如固定资产、土地、劳动力等所征收的各种税、附加费和规费。生产税有四种形式:一是含在货物和服务价格中,由生产者直接向政府缴纳的税金,如增值税、销售税及附加、农牧业税、车船使用税、房产税、屠宰税等;二是不含在货物和服务价格中,而由购买者直接缴纳并由生产者代征的税金,如消费税、牲畜交易税、集市交易税、关税、进口税、特别消费税等;三是从事专营专卖活动所获得的利润中上缴政府的专项收入和利润,如烟、酒等商品的专项收入;四是依照规定向政府支付的有关费用,如教育附加费、排污费、水电费及附加等。不论是哪种形式的生产税,最终都是由消费者承担。

补贴是政府为控制价格和扶持生产而对生产部门提供的补助,包括价格补贴、亏损补贴、外贸企业出口退税收入等。补贴的性质与生产税一样,但流向相反,补贴是政府给生产单位,生产税是生产单位给政府,因此,补贴又可看作负的生产税。

生产税净额 = 生产税 - 补贴

统计生产税净额时,还要分清生产税和收入税。收入税是对生产要素收入所征的税,它的大小取决于收入的多少,是收入的再分配问题;收入税只影响收入的再分配,不影响货物和服务的价格。

(4)营业盈余

营业盈余是一定时期内常住单位的增加值超过固定资产折旧、劳动者报酬、生产税净额的部分,或总产出扣除中间投入、固定资产折旧、劳动者报酬、生产税净额后的部分,是一个平衡项目。营业盈余的实际含义是除劳动外的土地、资本及管理等生产要素的收入之和,相当于生产单位因承担了生产的风险和责任所获得的收益。

营业盈余反映了生产单位的盈利水平,但它与会计上的营业利润有所不同,主要差异有三个方面:一是营业盈余不包括企业库存货物由于价格变动带来的持有收益或损失;二是按固定资产存量的现值计算的折旧,与会计上计提的折旧对营业盈余的影响是不同的;三是营业盈余是从当期生产的货物和服务价值出发,不管它们是否被销售,扣除有关成本费用等支出得到的,而营业利润是从当期的销售收入出发,扣除有关成本费用等支出得到的。尽管二者定义上有着显著差异,但是均是对同一问题采用不同衡量标准的反映,因此相互之间存在着密切联系。现实中,营业盈余一般根据比较容易搜集到的会计上营业利润调整得到:

$$营业盈余 = \frac{税\quad前}{纯收入} - \left[\frac{已收}{利息} - \frac{已付}{利息}\right] - \frac{已收其他}{财产收入} - \frac{财产持有}{资产损益}$$

其中,已收其他财产收入包括股利、债券利息等收入。

要注意的是,政府是不以盈利为目的的,因此它们的增加值中没有营业盈余这一项目。只有货物生产部门和盈利性的服务部门才有营业盈余。

3. 重要比例分析

在收入法国内生产总值中,劳动者报酬体现生产中劳动要素的所得,生产税净额体现政府强制参与生产单位分配所获得的收入,固定资产折旧与营业盈余体现了生产过程中资本要素投入的最初所得,三者分别是劳动者、政府和企业的收入。由此,可以计算政府、企业、住户所得的比重,反映政府、企业、住户之间的分配关系。

$$个人所得比重 = \frac{劳动者报酬}{国内生产总值}$$

$$政府所得比重 = \frac{生产税净额}{国内生产总值}$$

$$企业所得比重 = \frac{固定资产折旧 + 营业盈余}{国内生产总值}$$

## §3.2.4  支出法国内生产总值统计

1. 支出法国内生产总值的意义

支出法,是从国内生产总值的实物形态出发,把一定时期内全社会最终使用的货物和服务的支出加总起来求国内生产总值的方法。最终使用包括最终消费、资本形成和净出口三项内容。其计算公式是:

国内生产总值 = 最终消费 + 资本形成总额 + 净出口

生产法和收入法计算国内生产总值,既可以从全社会计算,也可以就微观部门分别计算增加值,然后加总各部门的增加值求得全社会的国内生产总值,但是支出法一般只能从全社会来计算。如前所述,国内生产总值是一定时期最终产品的价值总和,而这里的"最终"是就全社会而言的,作为微观生产部门,是很难知道自己的产品是用作最终使用,还是中间使用,或者是用于最终使用的消费,还是资本形成,还是出口的。

2. 相关指标解释

（1）最终消费

最终消费是常住单位为满足物质、文化和精神生活的需要，在一定时期内购买的货物和服务的全部支出。由于这里消费的主体是常住单位，所以非常住单位即使是在本国经济领土内发生的消费支出，也不能算作最终消费，而应算作出口。

最终消费分为居民消费和政府消费，即

最终消费 = 居民消费 + 政府消费

①居民消费。居民消费是指常住住户在一定时期内用于货物和服务的全部最终消费支出。居民消费除了直接以货币形式购买的货物和服务的消费支出外，还包括以其他方式获得的货物和服务的消费支出：居民以实物报酬或者低于成本价获得的各种货物和服务；住户自产自用的产品；住户自有住房的虚拟房租消费；金融机构提供的金融媒介服务；保险公司提供的保险服务。但居民消费不应包括居民购买的房屋和用于生产的物品支出。

根据我国城乡居民的消费特点，居民消费的货物和服务主要分为以下类别：

食品：指居民消费的主食、副食、其他食品和在外饮食以及加工食品时支付的食品加工费。除了居民购买的食品外，还包括以实物报酬形式获得的食品和自产自用的产品。

衣着：指居民的各种穿着用品和加工衣着品的各种材料及加工服务费。除了居民购买的衣着外，还包括以实物报酬形式获得的衣着。

家庭设备用品及服务：指居民消费的耐用消费品、室内装饰品、床上用品、家庭日用杂品、家具材料和家庭服务的支出。也包括以实物报酬形式获得的家庭设备用品及服务。

医疗保健：指居民购买医疗保健药品、用品和医疗保健服务的支出，以及居民享受的、由单位支付的公费医疗支出。

交通和通信：指居民家庭购买交通工具、通讯工具，支付各种交通和通信服务费、交通工具维修服务费和油料费等的支出，也包括以实物报酬形式获得的交通和通信消费支出。

娱乐教育和文化服务：指居民购买教材、参考书、文娱用品，支付各种学杂费，成人教育费、托幼费、文娱、体育服务的支出。

住房服务：指居民在维修住房时购买建筑材料和支付人工费的支出，租赁公房和私房支付的租金、水电和燃料支出，居民租住公房从单位获得的住房补贴以及居民自有住房的虚拟租金。

②政府消费。政府消费是指政府部门为全社会提供的公共服务的消费支出和免费或以较低价格向居民住户提供的货物和服务的净支出。

政府提供的公共服务主要有安全和防备、法律和秩序的维护、立法和规章条例、公共卫生的维持、环境保护、研究和开发等等。这种服务是社会公众能够非排他地、没有竞争地、共同地、被动地从政府获得的服务。政府公共服务消费支出，等于政府服务的产出价值减去政府单位所获得的经营收入的价值。政府免费或以较低价格向居民住户提供的货物和服务的净支出,等于政府部门向住户提供的货物和服务的市场价值减去向住户收取的价值。

政府消费支出是国家财政支出的重要部分,主要指财政支出中的经常性支出。根据我国现行的财政统计资料构成,政府消费包括:财政预算内经费支出中用于公共需要的属于经常性业务支出的部分;预算外支出中属于经常性业务支出的部分;行政单位和非盈利性事业单位固定资产虚拟折旧;为列入国家财政预算的城镇居民委员和农村村民委员会的业务支出。

(2)资本形成总额

资本形成总额指常住单位在一定时期内对固定资产和存货的投资支出合计,包括固定资本形成总额和存货增加,即:

资本形成总额 = 固定资本形成总额 + 存货增加

①固定资本形成总额。固定资本形成总额是指常住单位在一定时期获得的固定资产减处置的固定资产的价值总额。固定资产的获得,包括购买的固定资产、通过易货交易获得的固定资产、作为实物资本转移获得的固定资产,以及生产者自给性生产的固定资产。固定资产处置,指通过出售、易货交出、实物资本转移等方式放弃现有固定资产。

固定资本形成的统计有总额和净额两个层次。固定资本形成总额反映当期固定资产实物变化的投资支出,而固定资本形成净额是在固定资本形成总额基础上扣除当期生产中消耗的固定资产价值即固定资产折旧之后得到的,反映当期固定资产价值的净变化。即

固定资本形成净额 = 固定资本形成总额 − 固定资产折旧

所以,有

资本形成总额 = 固定资本形成净额 + 固定资产折旧 + 存货增加

= 资本形成净额 + 固定资产折旧

资本形成净额 = 固定资本形成净额 + 存货增加

②存货增加。存货增加是指一定时期内存货实物量的变化,存货包括处于生产环节待用的各种材料及用品,尚未完成的在制品、已完成的制成品,以及处于流通环节待出售的货物。存货增加一般采用"差额法"计算,即:

存货增加 = 期末存货价值 − 期初存货价值

若为正值,表示存货增加;若为负值,表示存货减少。

但是,如果存货的期末市场价格高于期初时的市场价格,则上式的存货增加还包含了由于价格变化带来的存货持有收益,导致了存货增加价值的高估,这时需要对上式进行调整:

存货增加 = 期末存货价值 − 期初存货价值 − 存货持有收益

（3）净出口

净出口是出口总额减去进口总额后的差额。出口是常住单位向非常住单位出售的各种货物和服务的价值；进口是常住单位从非常住单位购买的各种货物和服务的价值。

在开放经济中，一国常住单位生产的货物和服务必然会被非常住单位使用；而一国常住单位使用的货物和服务，也会有一部分是非常住单位生产提供的。因此，从使用角度看，最终使用的产品应包括非常住单位使用的由常住单位生产的产品，即出口，同时扣除常住单位使用的由非常住单位生产的产品，即进口。

净出口统计以常住单位为主体，只要是常住单位与非常住单位之间发生的货物和服务的买卖，就是进出口问题，而不以是否出入了国境。货物的进出口包括海关统计中的进出口商品部分和没有计入海关统计的我国常住居民在国外直接购买的商品（进口），和外国居民在我国市场上购买的商品（出口）。货物的进口和出口都按离岸价格计价。服务是无形的产品，其进出口表现形式与货物进出口不同。由于服务的生产与使用同时发生，因此服务的进出口并不发生出入境现象。统计服务进出口时，应把常住单位在国外市场得到的服务作为进口，非常住单位在我国市场得到的服务作为出口。

3. 重要比例分析

在支出法国内生产总值中，根据各个项目可以计算一些重要的比率，分析国民经济是否协调发展。

$$最终消费率（消费率）= \frac{最终消费}{国内生产总值}$$

$$资本形成率（投资率）= \frac{资本形成总额}{国内生产总值}$$

$$净出口率 = \frac{净出口}{国内生产总值}$$

此外，还可以计算最终消费与资本形成的比例；最终消费中，居民消费与政府消费各自所占的比重和相互之间的比例关系；资本形成总额中，固定资本形成与存货增加各自所占的比重和相互之间的比例关系等。

### §3.2.5　三面等值

以上我们分别采用生产法、收入法和支出法统计国内生产总值。三种方法，分别从价值形态、收入形态和实物形态计算同一经济总体同一时期的最终成果，因此理论上应该是相等的，这也是前面提及的"平衡原则"的体现，即生产多少国内生产总值，就只能分配多少国内生产总值，也就只能使用多少国内生产总值，这就是"三面等值"原则。

"三面等值"原则是统计国内生产总值必须遵循的原则。但是，在实际工作中由于资料来源口径的影响，很难使三种计算方法的计算结果完全一致。为了取得一致性，我国每个产业部门的增加值一般以生产法和收入法中的一种方法为准,一般农业、工业和建筑业以生产法的计算结果为准,服务部门则以收入法计算结果为准,生产法和收入法实际上是合而为一了。然后用这两种方法计算的国内生产总值去调整支出法国内生产总值,将"统计误差"放在支出法一方,以保证"三面等值"原则。

表3-1是国内生产总值总表,它把国内生产总值的生产法、收入法和支出法三种计算方法有机连接起来。通过这张表,可以从不同的角度反映国内生产总值及其构成,并可在实际核算中对三种方法的结果进行比较验证。

表3-1 　　　　　　　　　　　2010 年我国国内生产总值总表　　　　　　　　　单位:亿元

| 生　产 | 金　额 | 使　用 | 金　额 |
|---|---|---|---|
| 一、生产法国内生产总值 | 437 042.0 | 一、支出法国内生产总值 | 402 816.5 |
| (一)总产出 | | (一)最终消费 | 194 115.0 |
| (二)中间投入(-) | | 居民消费 | 164 945.2 |
| 二、收入法国内生产总值 | 437 042.0 | 农村居民消费 | 37 394.6 |
| (一)劳动者报酬 | 196 714.1 | 城镇居民消费 | 127 550.6 |
| (二)生产税净额 | 66 608.7 | 政府消费 | 63 616.7 |
| 生产税 | | (二)资本形成总额 | 225 006.7 |
| 生产补贴(-) | | 固定资本形成总额 | 213 043.1 |
| (三)固定资产折旧 | 56 227.6 | 存货增加 | 11 963.5 |
| (四)营业盈余 | 117 456.6 | (三)净出口 | 12 163.3 |
| | | 出口 | |
| | | 进口(-) | |
| | | 二、统计误差 | 34 225.5 |

注:数据来源于中经网统计数据库,经过整理得到。

 §3.3　其他相关经济总量指标

国内生产总值反映了一国常住单位生产活动的最终成果,是一个生产总量指标。它在实物形态上是完整的——本国生产、可用于最终使用的货物和服务。但是,在一个开放经济中,其生产并不一定都形成这个经济的收入。首先,本国的国内生产总值要分配给不同的劳动者和投资者,其中有一部分劳动者和投资者可能是非常住单位;同样,非常住单位创造的增加值也可能分配一部分给本国常住单位。其次,该经济与世界其他国家之间还会发生各种转移性收支。国内生产总值只有经过了这样的分配和转移后,才形成了该经济的可支配收入,形成了消费和储蓄。因此,需要有相互联系的国民经济总量指标,来反映从国内生产总值的生产到国民可支配收入的形成。

### §3.3.1 国民总收入

国内生产总值反映了一时期一国各常住单位的生产成果,即在此期间生产活动所创造的价值。但是,如前所述,创造价值并不一定获得价值,一国创造的价值总量和该国从生产中所获得的收入总量不一定相等。国民总收入(Gross National Income,GNI)是反映一国从生产中所获收入总量的指标。国民总收入过去又称为"国民生产总值(Gross National Product,GNP)",由于该指标反映的是收入总量,所以 1993 年联合国统计委员会通过国民经济核算体系的修订稿正式提出了国民总收入的概念,以强调其收入指标的特性。

国民总收入与国内生产总值差异的产生,在于生产要素的国际流动引起对应的要素收入的国际流动,即国内生产所使用的劳动、资本和土地等生产要素有一部分可能来自国外,因此本国一部分的国内生产总值要作为要素使用报酬支付给国外;同样地,一国所拥有的生产要素又可能会一部分投入国外的生产,相应地也会从国外获得一部分要素收入。所以,有:

国民总收入 = 国内生产总值 + 来自国外的要素收入净额

其中,

$$\text{来自国外的要素收入净额} = \text{来自国外的要素收入} - \text{支付给国外的要素收入}$$

$$= \text{来自国外的生产税和进口税净额} + \text{来自国外的劳动报酬净额} + \text{来自国外的财产收入净额}$$

这里,财产收入指向机构单位提供资金、有形资产、金融资产的所有者得到的收入,包括利息、红利、再投资收益、地租等。

国内生产总值与国民总收入相差一个来自国外的要素收入净额,但对于大多数国家而言,二者大抵相等。一般来讲,经济发达的国家,资本和技术输出较多,收到的财产收入也较多;而发展中国家输出的劳动较多,获得的劳动报酬也多,从而有相互抵消的作用。

### §3.3.2 国民可支配总收入

国民总收入还不是常住单位最终用于消费和储蓄的全部收入来源,只是国民经济成果初次分配的结果,只有经过再分配过程,才能形成常住单位最终的可支配收入。国民可支配总收入(Gross National Disposable Income,GNDI)是机构部门可用于最终支配的全部收入最大数额,体现各部门参与收入初次分配和再分配最终结果的总量。

国民可支配总收入 = 国民总收入 + 来自国外的经常转移收入净额

$$= \text{国民总收入} + \text{来自国外的经常转移收入} - \text{支付给国外的经常转移支出}$$

转移收支是一种与劳动无关,只是基于社会义务或国际义务而发生的单方面的无偿的转让,即是一个机构单位向另一个机构单位提供货物和服务或资产,而同时没有从后一个机构单位获得任何货物和服务或资产作为回报的交易,如捐赠、无偿援助、侨汇等。经常转移是与资本转移相对而言的,后者是指与资产的获得或处置有关的转移,如无偿援助或捐赠的固定资产。

### §3.3.3 净额层次

国内生产总值是各常住单位的总产出减去中间投入得到的增加值之和,而中间投入并不包括对固定资产的消耗,对应的收入法国内生产总值包含固定资产折旧这一项目。国内生产总值扣除掉固定资产折旧这一部分,就形成了国内生产净值(Net Domestic Product,NDP),相应地,国民总收入和国民可支配总收入扣除固定资产折旧就分别形成了国民净收入(Net National Income,NNI)和国民可支配净收入(Net National Disposable Income,NNDI)。即这些经济总量指标都有总额与净额两个层次,二者之间均相差一个固定资产折旧:

国内生产净值 = 国内生产总值 - 固定资产折旧

国民净收入 = 国民总收入 - 固定资产折旧

　　　　 = 国内生产净值 + 来自国外的要素收入净额

国民可支配净收入 = 国民可支配总收入 - 固定资产折旧

　　　　　　 = 国民净收入 + 来自国外的经常转移收入净额

 ## §3.4　国内生产总值统计的相关问题

### §3.4.1　季度国内生产总值的计算

年度国内生产总值周期较长,不能及时反映国民经济运行的短期变化状况,也不能满足适时进行宏观调控的需要。为此,自1992年起,根据国务院的要求,在全国和各省、市、自治区开展了季度国内生产总值的测算。季度国内生产总值与年度国内生产总值之间既有紧密联系又有明显区别:季度国内生产总值的基本统计原则,包括统计主体、统计范围、统计分类以及估价原则和记录时间,与年度国内生产总值是一致的;但是由于季度国内生产总值的核算时间短,所需的基础资料远不如年度统计资料详细,因此在计算方法上,两者又有所不同。

目前我国季度国内生产总值统计建立在生产法和收入法基础之上,暂不考虑支出法。通过测算各个行业的增加值,然后按行业增加值加总得到国内生产总值。季度国内生产总值主要是根据关键指标进行推算得到,在能够得到季度国内生产总值的会计和财务资料的情况下,季度国内生产总值也可以通过增加值的构成项目直接计算得出。

1. 直接计算法

直接计算法,就是利用原始资料按照生产法和收入法的计算公式,直接计算出增加值;或采用现行年报的做法,计算公式如下:

增加值＝劳动者收入＋福利基金＋利润和税金＋固定资产折旧＋其他

2. 增加值率法

增加值率法是利用报告期总产出与根据历史资料确定的增加值率相乘,得到报告期增加值。计算公式如下:

报告期增加值＝报告期总产出×基期增加值率

增加值率可以用一个正常生产年度或季度增加值在同一时期的总产出的比重来确定,即

基期增加值率＝基期增加值/基期总产出

3. 速度推算法

速度推算法是用与增加值密切相关的指标的发展速度代替增加值的发展速度,以此来推算增加值。计算公式如下:

报告期增加值＝基期增加值×报告期相关指标发展速度

相关指标常用总产出,即:

报告期增加值＝基期增加值×报告期总产出发展速度

＝基期增加值×(报告期总产出/基期总产出)

＝报告期总产出×基期增加值率

因此,在这种情况下,增加值率法和速度推算法是等价的。

### §3.4.2 我国国内生产总值统计的资料来源、数据形成与调整[①]

1. 主要资料来源

我国国内生产总值核算所采用的数据资料主要来源于以下几个方面:

一是统计资料,包括国家统计局系统的农业统计、工业统计、建筑业统计、批发零售贸易餐饮业统计、固定资产投资统计、劳动工资统计、价格统计、住户调查等资料,国务院有关部门的交通运输统计、海关统计、国际收支统计等资料;

二是行政管理资料,包括财政决算、工商管理等资料;

三是会计决算资料,包括银行系统、保险系统、航空系统、铁路系统、邮电通信系统等会计决算资料。

---

① 此部分内容来源许宪春:《中国国内生产总值核算》一文,以及国家统计局核算司工作文件《经济普查后中国 GDP 数据解读之一:GDP 总量、增长速度及人均 GDP》一文。

2. 数据的形成与发布

我国年度国内生产总值数据的形成要经历以下有四个过程：

（1）初步估计过程与数据发布

初步估计过程一般在次年年初进行。这个数据主要以国家统计局有关专业司提供的主要专业初步统计资料（快报）为基础，进行推算。因此，初步估计过程得到的国内生产总值只是一个初步数，以满足年度宏观经济形势初步分析和判断的需要，还有待获得较充分的资料后进行核实。年度国内生产总值初步估计数在次年二月份发布的《中国统计公报》和次年上半年出版的《中国统计摘要》上公布。

（2）初步核实过程及其数据发布

初步核实过程一般在次年第二季度进行。这时，国家统计局各专业年报统计资料、国务院有关部门的年报统计资料和部分行政管理资料陆续获得，但是大多数行政管理资料和会计决算资料，如金融保险系统、铁路系统、民航系统、邮电系统等会计决算资料和财政决算资料尚不能获得。因此，与初步估计数据相比，初步核实所获得的国内生产总值数据更准确些，但因仍缺少国内生产总值核算所需要的许多重要资料，因此相应的数据尚需进一步核实。国内生产总值初步核实数据在次年下半年出版的《中国统计年鉴》上公布。

（3）最终核实过程及其数据发布

最终核实过程一般在次年的第四季度进行。这时，国内生产总值核算所需要的和所能搜集到的各种统计资料、会计决算资料和行政管理资料基本齐备。与初步核实数据相比，依据这些更全面、更细致的资料计算出来的国内生产总值数据显然更准确些。国内生产总值最终核实数据在隔年出版的《中国统计摘要》和《中国统计年鉴》上公布。

（4）历史数据调整及其发布

年度国内生产总值数据的确定过程除了经历初步估计、初步核实和最终核实过程外，还往往包括一个历史数据调整过程。它是指出现下述情况或下述情况之一时，对国内生产总值的全部历史数据或一定时期内的历史数据进行调整的过程。这些情况包括：发现或产生新的资料来源，与原有的资料来源相比，新的资料来源在数据大小方面有较大的变化；国内生产总值核算的有关分类发生变化，如行业分类或最终使用项目分类发生变化；基本概念、核算方法或核算原则发生重大变化；等等。

3. 我国国内生产总值历史数据的两次重大补充与调整

在我国国内生产总值核算历史上，发生过两次历史数据的重大补充和两次历史数据的重大调整。

（1）两次重大补充

我国国内生产总值核算始于 1985 年，为了满足宏观经济分析和管理对数据的连续性和可比性的要求，中国对国内生产总值历史数据进行了两次重大补充。第一次是对改革开放后的 1978 年至 1984 年数据的补充，这项工作是在 1986 年至 1988 年间进行的。第二次是对改革开放前的 1952 年至 1977 年数据的补充,这项工作是在 1988 年至 1997 年间进行的。这两次重大补充的内容基本相同,既包括国内生产总值生产核算,也包括国内生产总值使用核算。两次重大补充的方法也基本相同。在生产核算方面,首先对农业、工业、建筑业、运输邮电和通信业、批发零售贸易餐饮业五大物质生产部门的净产值进行调整,扣除其中对非物质服务的支付,增加固定资产折旧,得到这些部门的增加值;然后补充计算各非物质生产部门增加值。将各物质生产部门和非物质生产部门增加值相加,得到国内生产总值。在使用核算方面,就是对国民收入中的最终消费、资本形成(积累)、货物和服务进出口进行补充和调整。对最终消费进行补充和调整就是扣除国民收入的居民消费和政府消费中属于非物质生产部门中间消耗的物质产品价值,增加居民和政府对这些非物质生产部门提供服务的全部支出,使之分别形成国内生产总值的居民消费和政府消费。对资本形成进行补充和调整主要是把固定资产折旧补充到国民收入的固定资本形成净额(固定资产积累)中,使之成为国内生产总值中的固定资本形成总额。对货物和服务进出口进行补充和调整主要是把非物质服务进出口补充到国民收入的货物和服务进出口中,形成国内生产总值的货物和服务进出口。

第一次补充数据最先简要发表在 1988 年《中国统计年鉴》上,第二次补充数据最先发布在《中国国内生产总值核算历史资料(1952—1995)》一书上,该书还发表了第一次补充数据的详细资料。

(2)两次重大调整

①第一次重大调整。对国内生产总值历史数据进行第一次重大调整是在中国进行首次第三产业普查后的 1994 年和 1995 年间进行的。

由于长时期只重视物质产品生产和长期采用物质产品平衡表体系,中国对非物质服务业产生活动统计没有给予应有的重视。1985 年开展国内生产总值核算以后,非物质服务生产活动的资料来源一直是一个薄弱环节。同时,改革开放以后,非公有批发零售贸易餐饮业和运输业获得了迅速的发展,但常规性统计对这部分活动覆盖不全。为了解决这些矛盾,中国于 1993—1995 年进行了全国首次第三产业普查(普查年度是 1991 年和 1992 年两年)。根据普查得到的资料,对国内生产总值历史数据进行了第一次重大调整。调整的时间范围涉及 1978 至 1993 年 16 个年度,调整内容包括国内生产总值的生产核算和使用核算。生产核算的调整包括第三产业中各产业部门增加值的调整和国内生产总值总量的调整,使用核算的调整主要是最终消费的调整和支出法国内生产总值总量的调整。其中运输邮电通信业、批发零售贸易餐饮业和非物质服务业数据调整结果如表 3-2所示。

| 表 3-2 | | | 国内生产总值生产核算数据的调整比率(%) | | |
|---|---|---|---|---|---|
| 年度 | 国内生产总值 | 第三产业 | 运输邮电通信业 | 批发零售贸易餐饮业 | 非物质服务业 |
| 1978 | 1.0 | 4.4 | 0.0 | 0.0 | 9.3 |
| 1980 | 1.1 | 5.2 | 0.0 | 0.0 | 9.6 |
| 1985 | 5.1 | 20.6 | 0.0 | 52.2 | 11.9 |
| 1986 | 5.3 | 21.2 | 0.0 | 58.1 | 12.4 |
| 1987 | 5.8 | 23.0 | 0.0 | 62.3 | 13.2 |
| 1988 | 6.1 | 23.4 | 0.0 | 65.1 | 10.7 |
| 1989 | 5.7 | 21.3 | 0.0 | 66.7 | 8.8 |
| 1990 | 4.8 | 17.2 | 2.7 | 67.6 | 8.5 |
| 1991 | 7.1 | 24.7 | 10.4 | 67.6 | 13.9 |
| 1992 | 9.3 | 33.1 | 9.5 | 88.7 | 21.7 |
| 1993 | 10. | 32.0 | 11.7 | 73.4 | 24.8 |

第一次重大调整后的国内生产总值总量及其生产和使用方面的结构性数据最先简要发表在1995年《中国统计年鉴》上,详细数据发布在《中国国内生产总值历史资料(1952—1995)》一书上。

②第二次重大调整。对国内生产总值数据进行第二次重大调整是在我国进行第一次全国经济普查后,国家统计局根据经济普查资料对2004年GDP进行了重新核算,并主要对1993年以来的GDP历史数据进行了修订。

根据经济普查资料初步测算,我国2004年GDP现价总量为159 878亿元,比快报核算数增加了23 002亿元,增幅为16.8%。国际货币基金组织公布的2004年资料显示,中国GDP总量为16 537亿美元,排在世界第七位。数据修订后,我国GDP总量调整到19 317亿美元,超过意大利,居世界第六位。

为了保持数据的可比性,按照国际惯例必须对GDP历史数据进行修正。经过反复比较,国家统计局采用了国际上常用的趋势离差法,主要对1993年以来的GDP总量及增长速度进行了修订(见表3-3和表3-4)。修订之后的GDP基本保持了原数据时间序列的变化趋势。

从数据修订的结果来看,有这样几个特点:第一,GDP总量的修订幅度是逐年递增的,也就是说,距离普查年度越近,GDP总量的修订幅度越大;第二,在三次产业中,第三产业修订的幅度最大,各年的第三产业增加量都占当年GDP修订量的90%以上;第三,对GDP不变价增长速度的修订幅度均在0.8个百分点之内;第四,1993—2004年GDP速度的最高点和最低点所处的年份没有改变,1993年是这一时期GDP增长率的最高点,1999年是GDP增长率的最低点。

第3章

国内生产总值核算

表 3-3　　　　　　　　　　经济普查后 GDP 总量修订情况　　　　　　　　单位:亿元

| 年份 | 修订后数据 | | | | 修订前数据 | | | | 数据变动 | | | |
|------|------|----------|----------|----------|------|----------|----------|----------|------|----------|----------|----------|
| | GDP | 第一产业 | 第二产业 | 第三产业 | GDP | 第一产业 | 第二产业 | 第三产业 | GDP | 第一产业 | 第二产业 | 第三产业 |
| 1993 | 35 334 | 6 887 | 16 455 | 11 992 | 34 634 | 6882 | 16 428 | 11 324 | 700 | 5 | 27 | 668 |
| 1994 | 48 198 | 9471 | 22 446 | 16 281 | 46 759 | 9457 | 22 372 | 14 930 | 1439 | 14 | 74 | 1351 |
| 1995 | 60 794 | 12 020 | 28 680 | 20 094 | 58 478 | 11 993 | 28 538 | 17 947 | 2316 | 27 | 142 | 2147 |
| 1996 | 71 177 | 13 886 | 33 835 | 23 456 | 67 885 | 13 844 | 33 613 | 20 428 | 3292 | 42 | 222 | 3028 |
| 1997 | 78 973 | 14 265 | 37 543 | 27 165 | 74 463 | 14 211 | 37 223 | 23 029 | 4510 | 54 | 320 | 4136 |
| 1998 | 84 402 | 14 618 | 39 004 | 30 780 | 78 345 | 14 552 | 38 619 | 25 174 | 6057 | 66 | 385 | 5606 |
| 1999 | 89 677 | 14 548 | 41 034 | 34 095 | 82 067 | 14 472 | 40 558 | 27 037 | 7610 | 76 | 476 | 7058 |
| 2000 | 99 215 | 14 716 | 45 556 | 38 943 | 89 468 | 14 628 | 44 935 | 29 905 | 9747 | 88 | 621 | 9038 |
| 2001 | 109 655 | 15 516 | 49 512 | 44 627 | 97 315 | 15 412 | 48 750 | 33 153 | 12 340 | 104 | 762 | 11 474 |
| 2002 | 120 333 | 16 239 | 53 897 | 50 197 | 105 172 | 16 117 | 52 980 | 36 075 | 15 161 | 122 | 917 | 14 122 |
| 2003 | 135 823 | 17 069 | 62 436 | 56 318 | 117 390 | 16 928 | 61 274 | 39 188 | 18 433 | 141 | 1162 | 17 130 |
| 2004 | 159 878 | 20 956 | 73 904 | 65 018 | 136 876 | 20 768 | 72 387 | 43 721 | 23 002 | 188 | 1517 | 21 297 |

表 3-4　　　　　　　　　经济普查后 GDP 增长速度修订情况(%)

| 年份 | 修订后增长速度 | | | | 修订前增长速度 | | | | 数据变动 | | | |
|------|------|----------|----------|----------|------|----------|----------|----------|------|----------|----------|----------|
| | GDP | 第一产业 | 第二产业 | 第三产业 | GDP | 第一产业 | 第二产业 | 第三产业 | GDP | 第一产业 | 第二产业 | 第三产业 |
| 1993 | 14.0 | 4.7 | 19.9 | 12.1 | 13.5 | 4.7 | 19.9 | 10.7 | 0.5 | 0.0 | 0.0 | 1.4 |
| 1994 | 13.1 | 4.0 | 18.4 | 11.0 | 12.6 | 4.0 | 18.4 | 9.6 | 0.5 | 0.0 | 0.0 | 1.4 |
| 1995 | 10.9 | 5.0 | 13.9 | 9.8 | 10.5 | 5.0 | 13.9 | 8.4 | 0.4 | 0.0 | 0.0 | 1.4 |
| 1996 | 10.0 | 5.1 | 12.1 | 9.4 | 9.6 | 5.1 | 12.1 | 7.9 | 0.4 | 0.0 | 0.0 | 1.5 |
| 1997 | 9.3 | 3.5 | 10.5 | 10.7 | 8.8 | 3.5 | 10.5 | 9.1 | 0.5 | 0.0 | 0.0 | 1.6 |
| 1998 | 7.8 | 3.5 | 8.9 | 8.3 | 7.8 | 3.5 | 8.9 | 8.3 | 0.0 | 0.0 | 0.0 | 0.0 |
| 1999 | 7.6 | 2.8 | 8.1 | 9.3 | 7.1 | 2.8 | 8.1 | 7.7 | 0.5 | 0.0 | 0.0 | 1.6 |
| 2000 | 8.4 | 2.4 | 9.4 | 9.7 | 8.0 | 2.4 | 9.4 | 8.1 | 0.4 | 0.0 | 0.0 | 1.6 |
| 2001 | 8.3 | 2.8 | 8.4 | 10.2 | 7.5 | 2.8 | 8.4 | 8.4 | 0.8 | 0.0 | 0.0 | 1.8 |
| 2002 | 9.1 | 2.9 | 9.8 | 10.4 | 8.3 | 2.9 | 9.8 | 8.7 | 0.8 | 0.0 | 0.0 | 1.7 |
| 2003 | 10.0 | 2.5 | 12.7 | 9.5 | 9.3 | 2.5 | 12.7 | 7.8 | 0.7 | 0.0 | 0.0 | 1.7 |
| 2004 | 10.1 | 6.3 | 11.1 | 10.0 | 9.5 | 6.3 | 11.1 | 8.3 | 0.6 | 0.0 | 0.0 | 1.7 |

　　国内生产总值历史数据经过两次重大补充及时满足了宏观经济分析和管理对相应数据的需要。两次重大调整使得国内生产总值历史数据更准确地反映了国民经济的发展状况,特别是第三产业的发展状况,为国家制定合理的产业政策提供了更好的依据。

### §3.4.3　国民经济核算与会计核算

在一个企业中,会计核算是指采用一系列的账户,对企业经济活动进行全面的反映和监测,并为企业的经营决策提供信息支持。国民经济核算则是指采用一系列的账户、统计表格和会计平衡关系式等,对整个国民经济活动进行系统、全面的反映和监测,从而为各级政府进行国民经济管理提供信息支持,为经济研究和广大公众了解国家经济形势提供数据。国民经济核算与会计核算,二者既有较强的内在联系又有显著差异。

1. 联系

企业是组成国民经济的基本经济单位,国民经济活动的许多特征是由企业经济状况来决定的,而企业会计核算正是对企业经济状况的基本描述,因此,企业会计核算资料是国民经济核算所采用数据资料的最主要来源。

另一方面,国民经济核算从概念、框架及记账方法等诸方面,都不同程度地吸收了会计核算的思想。比如,确定组成国民经济机构单位时,特别强调必须能够编制一套包括资产负债表在内的完整的会计报表;运用复式记账法作为国民经济核算的基本方法;以流量核算和存量核算及其关系来构筑国民经济核算体系等。

2. 差异

二者核算的对象不同。会计核算的对象是单个特定企业的生产经营活动,国民经济核算的对象是一国国民经济活动的整体,二者分别是微观和宏观两个层次上的核算体系。

二者核算的基本概念不同。资产:会计核算依据流动性大小将资产分为流动资产、长期投资、固定资产、无形资产、递延资产和其他资产;国民经济核算则强调资产的形态,区分为非金融资产与金融资产,然后再做进一步分类。费用和中间消耗:国民经济核算中的中间消耗是指生产过程中对非耐用货物和服务的耗费;而会计中的费用除以上内容还包括对劳动的耗费,如工资及工资性支付,和一些计入生产费用的税金等。利润和增加值:会计中的利润是以销售为基础,是当期销售收入减去费用,因此利润还包括以前生产当期销售实现的利润;国民经济核算的增加值是以生产为基础,是当期生产价值减中间消耗,仅反映当期生产,不论是否实现销售,另外增加值还包含了计入会计费用中的劳动费用和企业在生产销售过程中的税收。

二者核算的计价基础不同。会计核算与国民经济核算都是以货币为统一计量单位,但是采用何种价格计价,两种体系却不相同。会计核算采用历史成本计价,对资产根据建造或购入期的成本计价,不考虑资产的重置价值与变现价值,使用资产形成的经营费用也依据历史成本加以估算;而国民经济核算对各种经济交易均以核算当期的市场价格作为基本计价基础,资产与负债要求按照编表时的现价而不是原始价格估价,在没有货币交易情况下,根据支出的当期成本和可参照的市场价格做出估价。

## 【本章小结】

1. 国民经济统计采用综合性的生产概念,认为凡是创造效用的活动都是生产活动,因此有形的货物和无形服务都是生产成果。

2. 国内生产总值是一个国家所有常住单位在一定时期内生产并提供给社会最终使用的货物和服务的价值总量,有价值形态、收入形态和实物形态三种表现形式。

3. 生产法GDP是社会总产出减中间投入;社会总产出有"产品法"、"工厂法"和"经营收入法"三种计算方法;通过生产法GDP,可以计算中间投入率、单位中间投入创造的GDP和增加值率。收入法GDP是固定资产折旧加上劳动者报酬、生产税净额和营业盈余得到,由此可以得到国家、企业和个人三者的分配比例关系。支出法GDP是最终消费加上资本形成总额和净出口得到,由此可以计算投资率、消费率和净出口率。三种方法计算得到的GDP理论上应该相等。

4. 在国内生产总值基础上,可以得到国民总收入和国民可支配总收入两个收入总量指标。扣除固定资产折旧后,可以得到相应层次上的净额指标。

5. 季度国内生产总值的计算方法有:直接计算法、增加值率和速度推算法。

6. 年度国内生产总值统计的资料来源主要有统计资料、行政管理资料和会计决算资料。数据形成经过四个过程:初步统计过程,初步核实过程,最终核实过程,历史数据调整。我国国内生产总值历史数据经过两次重大补充与调整。

7. 国民经济核算与会计核算,二者既有较强的内在联系又有显著差异,并在相互影响中得以发展。


## 【思考题与练习题】

3-1. SNA核算体系采用的生产概念是什么? 与MPS核算体系采用的生产概念有什么区别?

3-2. 试评价社会总产出指标。

3-3. 什么是国内生产总值? 其表现形态是什么?

3-4. 三次产业总产出的计算有无异同? 为什么?

3-5. 国内生产总值统计的生产法、收入法和支出法的核算思路和计算公式是什么?

3-6. 试述"三面等值"原则的思想。

3-7. 国民经济核算与会计核算的区别与联系。

3-8. 某地某年农林牧渔业总产出为 225 亿元,中间投入率为 37%;工业总产出 650 亿元,货物和服务消耗占 69.5%;建筑业总产出 190 亿元,中间投入 110 亿元;运输邮电业总产出 250 亿元,中间投入 115 亿元;商业总产出 120 亿元,增加值率 60%;其他服务部门的固定资产折旧 25 亿元、劳动者报酬 80 亿元,生产税净额 15 亿元,营业盈余 10 亿元。计算:①该地的国内生产总值;②该地三次产业的结构。

3-9. 某钢铁厂某年生产钢铁 5000 万元,生产备件 120 万元,其中 50 万元投入到本厂生产用,45 万元出售,25 万元库存,问该厂该年的总产出是多少?

3-10. 某年某地区各种收入如下(单位:亿元):劳动者报酬 32 000,生产税净额 7600,营业盈余 12 900,固定资本折旧 5500,来自国外的要素收入净额 -1000,来自国外的经常转移收入净额 600,资本转移收入净额 -200。求该地区该年国内生产总值、国民总收入和国民可支配总收入各是多少?

3-11. 已知某国当年国内生产总值 1854 亿元,对国外支付雇员报酬 2 亿元,支付财产收入 38 亿元,支付经常性转移 39 亿元,来自国外的雇员报酬 6 亿元,财产收入 63 亿元,所得税 1 亿元,其他经常转移收入 19 亿元。试计算该国当年的国民总收入和国民可支配总收入。

3-12. 国内生产总值及其使用表如下(单位:亿元):

| 生 产 | 金 额 | 使 用 | 金 额 |
|---|---|---|---|
| 一、生产法国内生产总值 | | 一、支出法国内生产总值 | 89 341 |
| (一)总产出 | 260 713 | (一)最终消费 | |
| (二)中间投入(-) | | (二)资本形成总额 | 32 500 |
| 二、收入法国内生产总值 | | 固定资本形成总额 | 32 624 |
| (一)劳动者报酬 | 42 568 | 存货增加 | |
| (二)生产税净额 | 16 388 | (三)净出口 | |
| (三)固定资产折旧 | 13 650 | 出口 | 23 143 |
| (四)营业盈余 | | 进口(-) | 20 903 |
| | | 二、统计误差 | 127 |

要求:①根据表中数据填写空白项数据;
　　　②写出国内生产总值三种计算方法的公式(代入数据)。

3-13. 现有如下资料(单位:亿元):

| | |
|---|---|
| 居民购买货物和服务的支出 | 1500 |
| 政府购买货物和服务的支出 | 160 |
| 固定资产形成总额 | 900 |
| 其中:固定资产折旧 | 70 |

| | |
|---|---|
| 存货增加 | 150 |
| 货物和服务进口 | 180 |
| 货物和服务出口 | 225 |

根据上述资料计算:

①国内生产总值;

②投资率和消费率;

③居民消费在最终消费中的比重。

3-14. 已知某地区报告期国民经济核算资料如下(单位:亿元):

| | |
|---|---|
| 总产出 | 16 000 |
| 最终消费 | 8110 |
| 　　其中:居民消费 | 5600 |
| 　　　　政府消费 | 2510 |
| 资本形成总额 | 3037 |
| 　　其中:固定资产折旧 | 1480 |
| 货物和服务进口 | 1060 |
| 货物和服务出口 | 1200 |
| 劳动者报酬 | 5240 |
| 生产税 | 610 |
| 生产补贴 | 15 |

根据上述资料,计算国内生产总值、中间投入和营业盈余。

3-15. 假定某经济总体只分为甲、乙、丙、丁四个部门,甲部门作为生产起点,没有任何中间投入。核算期内,甲部门生产了100万元的产品,全部售给乙部门作原材料;乙部门生产了150万元的产品,其中80万元售给丙部门、45万元售给丁部门作中间投入,其余用于消费;丙部门生产了250万元产品,其中100万元售给丁部门进一步加工,其余用于消费;丁部门生产了300万元的消费品。分别用生产法和支出法计算该经济总体的国内生产总值。

# 第4章

## 投入产出核算

"瑞典皇家科学院已决定将1973年度纪念阿尔弗雷德·诺贝尔经济学奖金授予美国马萨诸塞州,坎布里奇,哈佛大学的华西里·列昂惕夫教授。因为投入产出法的发展,并且因为它在重要经济问题上的应用。"

"列昂惕夫教授是投入产出技术独一的和没有挑战的创始人。这项重要发明给了经济科学一种经验上有用的方法,以阐明一个社会的生产系统中的一般相互依赖关系。特别是,这个方法提供系统地分析一个经济中的复杂的产业之间的交易。"①

——瑞典皇家科学院公告1973年

---

① 诺贝尔经济学奖金获得者讲演集(上)[G]. 王宏昌,编译. 北京:中国社会科学出版社,1997.

## §4.1 投入产出核算概述

### §4.1.1 什么是投入产出核算

1. 投入产出核算基本概念

投入产出核算又称为投入产出法、投入产出分析、投入产出技术。

投入产出法是在一定经济理论指导下,利用统计资料编制投入产出表,建立相应的投入产出模型,综合系统分析国民经济各部门、再生产各环节之间数量依存关系的一种经济计量方法。

所谓投入,指从事一项经济活动必需的各种生产要素,包括劳动对象投入、劳动手段投入、劳动力投入以及这些投入的资金保障。它们表现为生产经营过程中消耗的货物和服务——中间投入,固定资产折旧、劳动者报酬、生产税净额、营业盈余——最初投入。所谓产出,指从事经济活动后得到的一定数量的货物和服务以及它们的分配使用去向。

反映投入与产出相互关系的表格称为投入产出表,反映投入和产出相互关系的数学公式称为投入产出模型。投入产出法的基本内容是编制投入产出表,建立投入产出模型,进行经济分析和预测。

投入产出法产生于 20 世纪 30 年代中期,创始人是当时在美国哈佛大学任教的美籍俄国经济学家华西里·列昂惕夫(Wassily Leontief)教授。1936 年,他在美国《经济统计评论》上发表了系统研究成果《美国经济中投入与产出的数量关系》,这篇文章的发表被认为是投入产出法产生的标志。

第二次世界大战后,美国政府深感需要有一个比较科学、完备和准确的计算工具来研究经济、控制经济、干预经济,于是投入产出法受到美国企业界和政府的重视,并很快传播到世界很多国家。迄今,已有 100 多个国家编制过投入产出表。据国际投入产出协会 2000 年度报告,世界上有 80 多个国家和地区定期编制投入产出表[1]。我国 1965 年编制了第一张企业投入产出表,1974 年编制了第一张全国实物型投入产出表,1982 年编制了第一张全国价值型投入产出表。经国务院批准,从 1987 年起,我国每隔 5 年编制全国投入产出表。

联合国 1968 年 SNA 正式把投入产出核算纳入其中,并制定了编表的部门分类目录、指标解释、计价标准、计算方法等。1993 年 SNA 强调"将投入产出法纳入国民经济核算

---

[1] 许宪春,刘起运. 中国投入产出分析应用论文精粹[G]. 北京:中国统计出版社,2004.

体系是 SNA 的一个重要特点"[1]。2008 年 SNA 更是突出了投入产出核算,把 1993SNA "供给和使用表及投入产出"一章,分成了"供给使用表及货物和服务账户"和"投入产出及其他基于矩阵的分析"两章。在国民经济核算体系中,投入产出的重要作用是把货物和服务账户与生产和收入形成账户相连接起来,将机构部门的生产账户和收入分配账户加以细化,通过编制投入产出表,得到一个完整描述生产领域的核算框架。这个框架是使来自不同统计渠道的有关货物和服务流量统计数据一致的核算框架,是使经济统计的定义和分类一致的协调框架,是使产业关系和产品关系明晰化的分析框架。这个框架也适合计算国民经济核算中的大部分数据,如国内生产总值及其组成部分,并且易于发现数据中存在的问题,对于把货物和服务流量分解成物量和价格从而进行一系列价格和物量的测算是非常重要的。

### 2. 投入产出法的特点

投入产出法是一种经济计量方法。西方把投入产出法作为经济计量学的一个组成部分,"投入产出分析是经济计量学的一个分支"、"投入产出分析在经济学当中处于什么位置呢? 泛泛地说,它是经济统计中的一部分。更确切点说,它是经济计量学的一部分"[2]。投入产出核算的核心是在一些假定的基础上,把各种经济变量之间的关系处理成一次函数关系,利用相对稳定的经济参数建立确定的线性模型,以反映各个部门的内在联系。

投入产出法是一种系统分析方法。投入产出法遵循系统论的思想,把国民经济看作是由许多子系统构成的巨大经济系统,把各个部门放在国民经济整体中,研究它们之间相互依存、相互制约的关系。一张投入产出表,一组投入产出模型,见林又见树,既有反映国民经济整体最综合的指标,又有反映各个部门的指标;既有反映国民经济整体平衡的关系式,又有反映各个部门平衡的关系式,任何部门的一点数量变化,都会引起国民经济整体的数量变化。

### 3. 投入产出法研究的经济关系

投入产出法研究国民经济各个部门之间在生产中发生的直接和间接的联系。由于社会分工,国民经济体系逐步形成了很多具有不同作用、相互联系的部门,各个部门之间的关系最突出地表现在消耗与被消耗的关系上。国民经济几乎每一个部门生产的产品都要提供给其他部门作生产消耗用,每一个部门在生产中又都要消耗其他部门的产品。这种消耗和被消耗的关系不仅有直接的,还有间接的,比如,为了生产机械,需要直接消耗钢铁,但是为了生产钢铁需要直接消耗电,为了生产电又需要直接消耗煤炭等等,因此,生产机械除了要直接消耗钢铁外,还要间接消耗电、煤炭等等。事实上,间接消耗是无穷次的。任何一个部门的产品在产品链上发生了问题,都会影响其他部门。

① 联合国. 国民经济核算体系[S]. 国家统计局国民经济核算司,译. 北京:中国统计出版社,1995.
② (美国)威廉·H. 密尔涅克. 投入产出分析基础理论[M]. 北京:中国社会科学出版社,1986.

国民经济的这种复杂联系早就为人们所知,但是要从数量上确定这些联系却不是靠人们的经验和常识,或靠一般的数量分析方法所能奏效的,惟有投入产出方法能够定量地分析这些直接和间接关系。投入产出法以国民经济为整体,以产品为对象,把产出和进口作为总资源,把中间消耗、最终使用、资本形成总额、出口作为总资源的使用,从数量上揭示国民经济各个部门之间相互依存、相互制约的关系。

### §4.1.2　投入产出核算的部门

部门分类是投入产出核算的前提,部门是统计单位的集合。在投入产出核算中划分部门,要考虑以下问题:以什么作为部门? 用什么标准去划分部门?

1. 以什么作为部门

在现实的经济管理中,国民经济有许多部门,最常用的是按行政隶属关系划分的"企业部门"和按生产同一性划分的"产业部门"。

按行政隶属关系划分的企业部门是机构单位的集合,如"冶金工业部门"、"纺织工业部门"、"教育部门"……企业部门的划分是为了适应行政管理的需要,通常一个企业不只生产一种产品,不只进行一种经济活动,我们只能按照企业的主要产品去划分其所属的部门。例如钢铁企业,除了炼铁、炼钢、轧钢等主要活动以外,常常还包括耐火材料、石灰石等的生产、冶金设备的制作与修理、电力、运输、建筑安装等这样一些本来应当属于其他部门的经济活动。因此,企业部门所从事的经济活动是不纯的。

产业部门虽然是从事同一种生产活动的基层单位的集合,但是,一个基层单位的生产可能包含主要活动与次要活动,次要活动的产品可能是其他部门的主要产品。因此,产业部门所从事的经济活动也不是很纯的。

投入产出核算的目的是定量地研究国民经济各部门之间的技术经济联系,即投入和产出关系,所以要求各个部门在投入与产出两方面具有同质性。这种部门就是同质生产单位的集合——"产品部门"或"纯部门",它要求同一类产品不论是哪个部门生产的,都归为同一个部门。只有这种"产品部门"或"纯部门"之间的经济联系,才主要决定于生产技术联系,才是相对稳定的。

产品部门的提出是列昂惕夫的一个理论创新,列昂惕夫本人称其投入产出理论基础是瓦尔拉的"一般均衡论"。瑞士洛桑大学经济学教授瓦尔拉在 1874 年出版的《纯经济学要义》中提出了"一般均衡论",为了论证"一般均衡论",瓦尔拉为每一种商品建立一个方程,用以表示所有商品的供求关系。虽然瓦尔拉的分析很有道理,但是却无法实际建立和求解大型联立方程组。列昂惕夫吸收了瓦尔拉的分析思想,但是他用同类产品的综合体——产品部门代替一种产品,这就大大简化了方程,使得方程可以实际利用。进一步,列昂惕夫把对商品的需求分为中间需求和最终需求,将其中一个作为内生变量,另一个作为外生变量,把瓦尔拉封闭式模型发展成开放式模型,使得模型更适合于经济政策问题的分析，更有适用价值。

2. 用什么标准去划分部门

以同质生产单位为统计单位的产品部门划分标准是：产品经济用途的同质性和消耗结构与生产工艺的同质性。

产品经济用途的同质性指，一个部门只生产一种或一类产品，同一个部门的产品可以相互替代，不同部门的产品不能相互替代。

按照这个标准，钢铁企业的耐火材料、石灰石、冶金设备的制作与修理、电力、运输、建筑安装等应该分别归属到其他以这些产品为主要生产的部门中去；而胶鞋、皮鞋、布鞋用途相同，则应合并为一个部门。

消耗结构和生产工艺的同质性指，同一个部门生产的所有产品的消耗结构和生产工艺基本上是相同的。

按照这个标准，橡胶可分为天然橡胶和合成橡胶，电力可以分为水力发电和火力发电，钢可以分为电炉钢和转炉钢等等，它们分别归属不同的部门。而焦炭和炼焦煤气等联产品的消耗结构相同，就应当作为同一部门。

事实上，很多生产单位不能同时满足上述两个标准，如水电和火电用途相同，但是消耗结构和生产工艺不同；作为原油生产过程中产生的副产品天然气，它与原油的消耗结构和生产工艺相同，但是用途却不同。所以同质生产单位从而产品部门通常是不存在的，它只是为对称性，产品×产品而设置的一种抽象的或理想的单位和部门。

从统计上的可操作性看，编表用企业部门或产业部门比较方便，而从分析的角度看，需要产品部门的"纯表"。

3. 产品部门划分的程度

要保证产品消耗构成和用途完全相同，必然要把产品部门划分得相当细。如果我们把各种产品的每个品种，每种规格都作为一个部门，这样划分的部门当然非常纯，可是收集如此细分的数据资料是十分困难的。

投入产出分析中部门划分过粗或过细都各有利弊。部门划分愈细，模型的效能愈高，系数愈精确，但是资料的收集愈困难，编表花费的时间、人力、物力也愈大，并且投入产出表的填满率也愈低。部门划分愈粗，模型分析的问题愈粗糙，模型的运用有一定局限，但是资料的收集相对比较容易，投入产出表的填满率较高。部门划分的程度应根据需要与可能加以权衡。我国及各省市编制投入产出表时，一般划分为110个部门左右。

### §4.1.3　投入产出表的基本类型①

基于数据采集和分析的目的,在国民经济核算中,采用了两种投入产出表,一种是供给表(V表)和使用表(U表),一种是对称表。供给表和使用表是直接收集数据编制的表,它们提供核算框架的功能;对称投入产出表往往采用纯部门分解法或者是在一定的假定下,由UV表推导编制,它提供分析应用功能。

1. 对称投入产出表

（1）表式结构

价值型投入产出表是以国民经济中的"纯部门"编制的,其表式结构如表4-1,表4-2是一张有实际数例的投入产出表。

表4-1　　　　　　　　　　　价值型投入产出表的表式结构

| | | 中 间 使 用 | | | | | 最 终 使 用 | | | | | 总产出 |
|---|---|---|---|---|---|---|---|---|---|---|---|---|
| | | 1　2　3　…　n | | | | 合计 | 最终消费 | 资本形成总额 | 出口 | 进口 | 合计 | |
| 中间投入 | 1<br>2<br>3<br>…<br>n<br>合计 | 第 I 象限 $x_{ij}$ | | | | | 第 II 象限 | | | | $Y_i$ | $X_i$ |
| 增加值 | 固定资产折旧<br>劳动者报酬<br>生产税净额<br>营业盈余<br>合　计 | 第 III 象限 | | | $D_j$<br>$V_j$<br>$T_j$<br>$M_j$<br>$N_j$ | | | | | | | |
| 总　投　入 | | $X_j$ | | | | | | | | | | |

表4-1中的中间投入与增加值之间的横线和中间使用与最终使用之间的竖线将价值表分成了四个部分(或四个象限)。

第一象限采用复式记账的矩阵形式,主栏和宾栏都是产品部门,且横行、纵列的部门名称、部门数、部门排列顺序都相同。从横行看该象限是中间产品或中间使用象限,从纵列看该象限是中间投入或中间消耗象限,可以统称为中间流量矩阵。每一个元素 $x_{ij}$ 从横行看,表示 $i$ 部门的产品提供给 $j$ 部门作生产使用的数量,从纵列看,表示 $j$ 部门生产中消耗

---

① 投入产出表种类较多,按对象有产品表、固定资产投入表、能源表等;按范围有全国表、地区表、部门表、企业表等;按计量单位有实物型表、价值型表、劳动表等;按时间有静态表和动态表等。但是基本的投入产出表是全国价值型静态产品投入产出表,本章若无特别指明,所阐述的均是这种表。

表 4 - 2

## 中国 2007 年投入产出表

单位:亿元

| | | 中 间 使 用 | | | | | | | 最 终 使 用** | | | | 总产出 |
|---|---|---|---|---|---|---|---|---|---|---|---|---|---|
| | | 农、林、牧、渔业 | 工业 | 建筑业 | 运输计算机软件业 | 批零住餐饮业 | 其他服务业 | 合计 | 最终消费 | 资本形成 | 净出口和其他 | 合计 | |
| 中间消耗 | 农、林、牧、渔业 | 6877 | 24 657 | 259 | 380 | 1785 | 365 | 34 323 | 11 498 | 2042 | 2693 | 16 233 | 48 893 |
| | 工业 | 10 248 | 326 100 | 37 925 | 13 088 | 8 850 | 17 939 | 414 149 | 38 617 | 42 798 | 3738 | 85 153 | 514 859 |
| | 建筑业 | 11 | 160 | 598 | 137 | 128 | 752 | 1786 | 932 | 58 847 | 969 | 60 748 | 62 722 |
| | 运输计算机软件业* | 971 | 13 723 | 5677 | 3090 | 3192 | 2388 | 29 040 | 7013 | 1523 | 1910 | 10 446 | 42 461 |
| | 批零住餐饮业* | 852 | 12 336 | 2023 | 1211 | 1407 | 3368 | 21 198 | 13 496 | 1985 | 2749 | 18 236 | 43 648 |
| | 其他服务* | 1275 | 17 901 | 1726 | 3553 | 5387 | 5995 | 35 836 | 60 188 | 3725 | 1004 | 64 917 | 60 236 |
| | 合计 | 20 234 | 394 877 | 48 208 | 21 458 | 20 749 | 30 807 | 536 333 | 131 744 | 110 919 | 13 063 | 236 486 | 772 819 |
| 增加值 | 劳动者报酬 | 27 182 | 38 589 | 7405 | 5198 | 5726 | 19 802 | 103 902 | | | | | |
| | 生产税净额 | 48 | 25 210 | 1800 | 1767 | 4820 | 1069 | 34 714 | | | | | |
| | 固定资产折旧 | 1430 | 17 386 | 776 | 5350 | 1764 | 3110 | 29 816 | | | | | |
| | 营业盈余 | 0 | 38 797 | 4532 | 8688 | 10 588 | 5448 | 68 054 | | | | | |
| | 合计 | 28 659 | 119 982 | 14 513 | 21 004 | 22 899 | 29 428 | 236 486 | | | | | |
| 总投入 | | 48 893 | 514 859 | 62 722 | 42 461 | 43 648 | 60 236 | 772 819 | | | | | |

* 为了便于在表格中表示,我们简称"运输仓储邮政、信息传输、计算机服务和软件业"为"运输计算机软件业";简称"批发零售贸易、住宿和餐饮业"为"批零住餐饮业";把"房地产业、租赁和商务服务业"、"金融业"、"其他服务业"统称为"其他服务业"。

** 最终使用中第二象限的数据作了合并和调整。

本表根据《中国统计年鉴 2011》中 2007 年 17×17 投入产出表合并而成,并把计量单位由"万元"调整为"亿元";为了讲授方便,将第二象限的数据作了合并和调整。

的 $i$ 部门产品的数量。比如表4-2中,第2行是工业部门,第4列是运输仓储邮政、信息传输、计算机服务和软件业部门,因此, $x_{24}$ = 13 088 亿元,从横行看,表示工业部门提供了 13 088 亿元的产品给运输仓储邮政、信息传输、计算机服务和软件业部门作生产使用,从纵列看,表示运输仓储邮政、信息传输、计算机服务和软件业部门生产中消耗了 13 088 亿元的工业产品。行、列交叉处的元素即主对角线上元素,表示各部门产品提供给本部门生产使用,或者本部门生产过程中消耗的本部门产品数量。比如表3-2中, $x_{22}$ = 326 100 亿元,表示 326 100 亿元工业产品提供给工业部门生产使用,或者工业部门生产过程中投入了 326 100 亿元本部门的产品。

第一象限是投入产出表的基本象限。它反映了国民经济各部门间的生产技术联系。但由于各部门间的联系受部门划分粗细及价格变动等因素的影响,所以确切地说,它反映的是国民经济各部门间的经济技术联系。投入产出表的规模是用第一象限的行数和列数的乘积来表示的。例如,表4-1是一张 $n \times n$ 的投入产出表,表4-2是一张 $6 \times 6$ 的投入产出表。通常称不足30个部门的表为小型投入产出表,30至79个部门的表为中型投入产出表,80个部门以上的表为大型投入产出表。此外,投入产出表的填满率(也称投入产出表的密度)是用第一象限填有数字的方格数占该象限全部方格数的比重来表示的。一般部门划分越细,填满率也越低。表4-2的填满率为100%。

第二象限是最终使用象限。它是第一象限在水平方向的延伸,主栏与第一象限相同,是产品部门,宾栏是最终使用。这一象限实际上是把支出法国内生产总值的各个项目,按产品部门进行了分解,反映社会最终使用产品的部门构成和项目构成。

第三象限是增加值(或最初投入)象限。它是第一象限在垂直方向的延伸,故其宾栏与第一象限相同,是产品部门,主栏是增加值各个项目。这一象限实际上是把收入法或分配法增加值的各个项目,按产品部门进行了分解,反映增加值的项目构成和部门构成。

第四象限是由第二与第三象限共同延伸组成的。它的主栏是增加值,宾栏是最终使用。这一象限理论上是反映增加值经过分配和再分配,形成各个部门的最终收入,这些最终收入用于何种最终使用,显然一个象限无法反映这么多层次的经济内容,因此它只是一个理论象限。目前编表一般将这一部分略去。

2. 平衡关系

(1) 行平衡关系

把价值表的第一和第二象限联系起来,反映产品的分配使用去向,表现了这样一个平衡关系:

中间使用 + 最终使用 = 总产出

用式子表示就是:

$$\begin{cases} x_{11} + x_{12} + \cdots\cdots + x_{1n} + Y_1 = X_1 \\ x_{21} + x_{22} + \cdots\cdots + x_{2n} + Y_2 = X_2 \\ \cdots\cdots \\ x_{n1} + x_{n2} + \cdots\cdots + x_{nn} + Y_n = X_n \end{cases} \qquad (4.1)$$

或写成一般表达式为：

$$\sum_{j=1}^{n} x_{ij} + Y_i = X_i \qquad (i = 1,2,3,\cdots,n) \qquad (4.2)$$

式中：$i$ 表示横行部门；$j$ 表示纵列部门；

$\sum\limits_{j=1}^{n} x_{ij}$ 表示 $i$ 部门提供给各个部门作生产消耗的数量之和，或者各个部门在生产中消耗的 $i$ 部门产品数量之和；

$Y_i$ 表示 $i$ 部门的最终使用的合计；

$X_i$ 表示 $i$ 部门的总产出。

这一组线性方程从实物方面反映每一种产品的产出总量与其分配使用去向，所以也称为"分配方程组"。

（2）列平衡关系

把价值表的第一和第三象限联系起来，反映产品的各种投入，表现了这样一个平衡关系：

中间投入 + 最初投入（增加值） = 总投入

用式子表示就是：

$$\begin{cases} x_{11} + x_{21} + \cdots\cdots + x_{n1} + D_1 + V_1 + T_1 + M_1 = X_1 \\ x_{12} + x_{22} + \cdots\cdots + x_{n2} + D_2 + V_2 + T_2 + M_2 = X_2 \\ \cdots\cdots \\ x_{1n} + x_{2n} + \cdots\cdots + x_{nn} + D_n + V_n + T_n + M_n = X_n \end{cases} \qquad (4.3)$$

一般表达式为：

$$\sum_{i=1}^{n} x_{ij} + D_j + V_j + T_j + M_j = X_j \qquad (j = 1,2,3,\cdots,n) \qquad (4.4)$$

或：

$$\sum_{i=1}^{n} x_{ij} + N_j = X_j \qquad (j = 1,2,3,\cdots,n)$$

式中：

$\sum\limits_{i=1}^{n} x_{ij}$ 表示 $j$ 部门生产过程中消耗的各个部门产品的数量之和，即中间投入之和；

$D_j; V_j; T_j; M_j; N_j; X_j$ 分别表示 $j$ 部门的固定资本折旧、劳动者报酬、生产税净额、营业盈余、增加值合计和总投入。

这一组线性方程既反映国民经济中某一部门生产过程中的各种消耗与总投入之间的平衡关系,也反映了各种产品的价值构成,所以也称为"生产方程组"或"投入方程组"。

(3) 其他平衡关系

除了上述分配方程组和生产方程组外,价值型投入产出表还反映了其他一些平衡关系:

同一部门的平衡关系 —— 各部门的总产出与总投入相等,也就是同一部门的生产方程与分配方程相等。如果 $i = j = k$,则有

$$X_i = X_j = X_k(k = 1,2,\cdots,n)$$

用(4.2)式和(4.4)式表示是:

$$\sum_{j=1}^{n} x_{kj} + Y_k = \sum_{i=1}^{n} x_{ik} + N_k(k = 1,2,\cdots,n) \tag{4.5}$$

整个国民经济的平衡关系 —— 全社会的总产出与总投入相等。用式子表示就是:

$$\underbrace{\sum_{i=1}^{n} (\sum_{j=1}^{n} x_{ij} + Y_i)}_{1,2象限之和} = \underbrace{\sum_{j=1}^{n} (\sum_{i=1}^{n} x_{ij} + N_j)}_{1,3象限之和} \tag{4.6}$$

上式中 $\sum_{i=1}^{n} \sum_{j=1}^{n} x_{ij}$ 和 $\sum_{j=1}^{n} \sum_{i=1}^{n} x_{ij}$ 都是对第一象限求和,当然是相等的,把它们消去后有第二象限合计等于第三象限合计:

$$\sum_{i=1}^{n} Y_i = \sum_{j=1}^{n} N_j \tag{4.7}$$

式(4.7)表示全社会最终使用的价值与全社会各个部门增加值之和即国内生产总值相等,这与国内生产总值的概念是一致的。但要注意:对于一个部门来说,它的最终使用与增加值一般说来没有这种平衡关系,即 $Y_k \neq N_k(k = 1,2,\cdots,n)$。因为各个部门生产性质不同,产品的用途不同,所以一个部门提供给各个部门作中间使用的产品价值往往与本部门消耗各个部门产品的价值是不相等的,即: $\sum_{j=1}^{n} x_{ij} \neq \sum_{i=1}^{n} x_{ij} \quad (i = j)$

2. 供给表和使用表

供给表和使用表与对称表不同,其主栏和宾栏所列项目是不一致的。供给表和使用表是为了利用现行部门数据编表而设计的,同时也提供核算框架。所以,供给表和使用表的产品和部门是不同的两个概念。这里的产品与"产品×产品表"中的产品一致,是同类产品的综合体,这里的产业部门在实际处理上可以是"企业部门"。

(1) 供给表的表式结构

供给表也称为产出表、V表,主栏是产品(包括货物和服务,下同),宾栏是产业部门和产品的进口与商业和运输费用。其表式结构如表4-3:

表 4 - 3　　　　　　　　　　　　　　　　　供给表

| | | 产　业 | | | 总产出 | 进口 | 按生产者价格计算的总供给 | 商业和运输费用 | 按购买者价格计算的总供给 |
| | | 1　2　…　n | | | | | | | |
|---|---|---|---|---|---|---|---|---|---|
| 产品 | 1<br>2<br>⋮<br>n | $v_{ij}$　V 表 | | | | | | | |

供给表的左边部分是 V 表,是供给表的主要部分。从横行看,V 表反映各种产品是由哪些部门生产的、各生产了多少数量,如 $v_{ij}$ 反映 i 产品由 j 部门生产的数量;从纵列看,V 表反映各个部门生产了哪些产品及生产各种产品的数量,如 $v_{ij}$ 表示 j 部门生产的 i 产品数量。

供给表的右边部分是为核算和分析设计的,其中各项指标的关系是:

总产出 = 产品的价值总量 = $\sum_{i=1}^{n} v_{ij}$

按生产者价格计算的总供给 = 总产出 + 产品进口

按购买者价格计算的总供给 = 按生产者价格计算的总供给 + 产品商业和运输费用

（2）使用表的表式结构

使用表也称为投入表、U 表,反映各个部门的中间投入和最初投入情况。其表式结构如表 4 - 4:

表 4 - 4　　　　　　　　　　　　　　　　　使用表

| | | 中间使用 | | | 最终使用 | | | | 总使用<br>（购买者价格） |
| | | 产业1 | 产业2 | ⋮ | 产业n | 最终消费 | 资本形成总额 | 出口 | 最终使用合计 | |
|---|---|---|---|---|---|---|---|---|---|---|
| 中间投入 | 产品1<br>产品2<br>⋮<br>产品n | U 表<br>第一象限 | | | | 第二象限 | | | | |
| 增加值 | 固定资本折旧<br>劳动者报酬<br>生产税净额<br>营业盈余 | 第三象限 | | | | | | | | |
| | 增加值合计 | | | | | | | | | |
| 总投入<br>（生产者价格） | | | | | | | | | | |

虽然使用表与我们第一节的价值型"产品×产品"表结构有些一样,分为三个象限,但是由于这里的产品和部门不一致,所以经济意义上也有所不同。第一象限的主栏是产品,宾栏是部门,从横行看,U 表反映各种产品提供给各个部门作生产消耗的数量,如 $u_{ij}$ 表示 $i$ 产品提供给 $j$ 部门作生产消耗的数量;从纵列看,U 表反映各个部门生产过程中消耗的各种产品的数量,如 $u_{ij}$ 表示 $j$ 部门生产过程中消耗的 $i$ 产品数量。

第二象限反映各种产品的最终使用情况;第三象限反映各个部门创造的增加值及其构成。

(3)UV 表式结构

由于投入产出分析是基于"产品×产品"表进行的,而"产品×产品"表可以在一定的假定下,通过供给表和使用表推导出来。为此需要将供给表和使用表结合起来,这就形成了供给和使用表或 UV 表。如果产业部门分类与产品分类一一对应,则为方形供给和使用表,如果产业部门分类与产品分类不一一对应,则是长方形供给和使用表。表 4－5 是一张方形供给和使用表。

与对称投入产出表相比,UV 表的第一象限包括四个子象限:产品×产品表、产品×产业表、产业×产品表、产业×产业表。

表 4－5 中有字母的部分是产业部门能够直接提供的资料。各字母的含义如下:

表 4－5　　　　　　　　　　　　供给和使用表(UV 表)

| | | 产　品　　　 | 产　业 | 最终需求 | 总产出 |
|---|---|---|---|---|---|
| | | 1　2　…　$n$ | 1　2　…　$n$ | | |
| 产品 | 1<br>2<br>⋮<br>$n$ | | U 表<br>$u_{ij}$ | $F$ | $Q$ |
| 产业 | 1<br>2<br>⋮<br>$n$ | V 表<br>$v_{ij}$ | | | $G$ |
| 最初投入 | | | $N'$ | | |
| 总投入 | | $Q'$ | $G'$ | | |

U:U 表,又称为投入矩阵、消耗矩阵,是一张产品×产业表。从横行看,U 表的元素 $u_{ij}$ 表示 $i$ 产品提供给 $j$ 产业部门作生产投入的数量;从纵列看,表示 $j$ 产业部门生产中消耗的 $i$ 产品数量,这可能是 $j$ 产业部门生产多种产品消耗的 $i$ 产品数量。显然从纵列方向编制 U 表比较容易。

V:V 表,又称为制造矩阵、产出矩阵,是一张产业×产品表。从横行看,V 表的元素 $v_{ij}$

表示 $i$ 产业部门生产出的 $j$ 产品数量；从纵列看，表示 $j$ 产品由 $i$ 产业部门提供的数量。V 表主对角上的元素是一个产业部门生产的主产品数量，其余的是这个产业部门的次要产品数量。显然从横行编制 V 表比较容易。

$F$：最终产品列向量，其中的元素 $f_i$ 是作为最终使用的 $i$ 产品数量

$Q$：总产品列向量，其中的元素 $Q_i$ 为 $i$ 产品总数量；

$G$：产业部门的产出列向量，其中的元素 $G_i$ 为 $i$ 产业部门的总产出；

$N$：产业部门的最初投入（增加值）列向量，其中的元素 $n_j$ 为 $j$ 产业部门的最初投入。

（4）UV 表的平衡关系

① 产品的平衡。从产品的横行看，反映产品的分配使用去向，产品一部分作中间产品使用，一部分作最终产品使用，即中间产品 + 最终产品 = 总产品。

对某一种产品有：

$$\sum_{j=1}^{n} u_{ij} + f_i = Q_i \quad (i = 1, 2, \cdots, n) \tag{4.8}$$

对全部产品有：

$$\sum_{i=1}^{n} \sum_{j=1}^{n} u_{ij} + \sum_{i=1}^{n} f_i = \sum_{i=1}^{n} Q_i \tag{4.9}$$

（4.8）式用矩阵表示是：

$$Q = Ui + F \tag{4.10}$$

其中 $i$ 是与产品分类同阶的全为 1 的列向量。

从产品的纵列看，反映产品的来源，每一种产品不仅来源于以它为主产品的部门，也来自生产其他主产品的部门。

对某一种产品有：

$$\sum_{i=1}^{n} v_{ij} = Q_j \quad (j = 1, 2, \cdots, n) \tag{4.11}$$

对全部产品有：

$$\sum_{j=1}^{n} \sum_{i=1}^{n} v_{ij} = \sum_{j=1}^{n} Q_j \tag{4.12}$$

（4.11）式用矩阵表示是：

$$Q = V'i \tag{4.13}$$

产品的分配使用去向实际上是社会对各种产品的需求，而各个部门生产的产品形成产品的供给。把产品的横行和纵列联系起来，反映了总供给与总需求的平衡，无论对同一种产品还是对全部产品，其总供给都与总需求平衡。

对某一种产品有：

$$\sum_{j=1}^{n} u_{ij} + f_i = \sum_{i=1}^{n} v_{ij} \quad （当 i = j 时） \tag{4.14}$$

对全部产品有：

$$\sum_{i=1}^{n}\sum_{j=1}^{n} u_{ij} + \sum_{i=1}^{n} f_i = \sum_{j=1}^{n}\sum_{i=1}^{n} v_{ij} \tag{4.15}$$

（4.14）式用矩阵表示是：

$$Ui + F = V'i \tag{4.16}$$

② 产业部门的平衡。从部门的纵列看，反映了产业部门的投入：

中间投入 + 最初投入 = 总投入

对某一种部门有：

$$\sum_{i=1}^{n} u_{ij} + n_j = G_j \quad (j = 1,2,\cdots,n) \tag{4.17}$$

用矩阵表示是：

$$G = U'i + N \tag{4.18}$$

对全社会有：

$$\sum_{j=1}^{n}\sum_{i=1}^{n} u_{ij} + \sum_{j=1}^{n} n_j = \sum_{j=1}^{n} G_j \tag{4.19}$$

从部门的横行看，反映了产业部门生产的各种产出，包括生产的主产品产出和生产的其他产品产出。

对某一种部门有：

$$\sum_{j=1}^{n} v_{ij} = G_j \quad (i = 1,2,\cdots,n) \tag{4.20}$$

用矩阵表示是：

$$Vi = G \tag{4.21}$$

对全社会有：

$$\sum_{i=1}^{n}\sum_{j=1}^{n} v_{ij} = \sum_{i=1}^{n} G_j \tag{4.22}$$

把产业部门的横行和纵列联系起来，反映了各个部门和全社会总投入与总产出的平衡关系。

对某一种部门有：

$$\sum_{i=1}^{n} u_{ij} + n_j = \sum_{j=1}^{n} v_{ij} \tag{4.23}$$

用矩阵表示是：

$$U'i + N = Vi \tag{4.24}$$

对全社会有：

$$\sum_{j=1}^{n}\sum_{i=1}^{n} u_{ij} + \sum_{j=1}^{n} n_j = \sum_{j=1}^{n}\sum_{i=1}^{n} v_{ij} \tag{4.25}$$

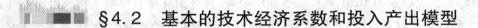

# §4.2 基本的技术经济系数和投入产出模型

投入产出模型是经济数学模型的一种。经济数学模型通常是由变量、系数和函数关系三部分构成的。变量,是构造模型的因素;系数是一个变量通过其特定的因果关系,对另一变量发生影响的程度;函数关系是对组成模型的各种常数、系数、变量之间的相互关系的描述。

通过投入产出表建立的平衡方程,都是用编表时期的变量来建立的,这对于当期的分析是很重要的,但是,但这种描述没有揭示内在的规律性联系,不便用于今后时期的分析和预测,因为变量是不稳定的,不同时期可能取不同的量。投入产出表编制出来,必定是以前年份的了,如果不引进相对稳定的因素,建立起数学模型,那么辛辛苦苦编制出来的投入产出表发挥不出应有的作用。投入产出技术经济系数是进行投入产出分析和研究的基础。

## §4.2.1 直接消耗系数和投入产出模型

### 1. 直接消耗系数的意义及计算

投入产出最主要的技术经济系数是直接消耗系数 $a_{ij}$。直接消耗系数 $a_{ij}$ 是生产单位 $j$ 总产出对 $i$ 产品的直接消耗量。

在投入产出表中,第一象限纵列各元素 $x_{ij}$ 是 $j$ 部门生产中消耗的第 $i$ 部门产品数量,纵列合计 $X_j$ 是 $j$ 部门的总投入,而总投入等于总产出。因此,根据直接消耗系数的定义,它们实际上是一些结构相对数。其计算式是:

$$a_{ij} = \frac{x_{ij}}{X_j} \quad (i,j = 1,2,\cdots,n) \tag{4.26}$$

直接消耗系数计算式的分子是 $i$ 产品,分母是 $j$ 产品。

根据表 4 - 2,农业部门对其他部门产品的直接消耗系数分别为:

$$a_{11} = \frac{x_{11}}{X_1} = \frac{6877}{48\ 893} = 0.1407 \qquad a_{21} = \frac{x_{21}}{X_1} = \frac{10\ 248}{48\ 893} = 0.2096$$

$$a_{31} = \frac{x_{31}}{X_1} = \frac{11}{48\ 893} = 0.0002 \qquad a_{41} = \frac{x_{41}}{X_1} = \frac{971}{48\ 893} = 0.0199$$

$$a_{51} = \frac{x_{51}}{X_1} = \frac{852}{48\ 893} = 0.0174 \qquad a_{61} = \frac{x_{61}}{X_1} = \frac{1275}{48\ 893} = 0.0261$$

这些直接消耗系数的经济意义是,农、林、牧、渔业部门每生产单位(1 亿元)总产出,要直接消耗 0.1407 亿元本部门产品,0.2096 亿元工业产品,0.0002 亿元建筑业产品,

0.0199 亿元运输仓储邮政、信息传输、计算机服务和软件业服务, 0.0174 亿元批发零售贸易、住宿和餐饮业服务、0.0261 其他服务业的服务。直接消耗系数反映了国民经济各个产品部门之间的生产联系,这些联系是通过中间投入或者中间消耗发生的。把每生产 1 亿元 $j$ 产品对各种产品的消耗量加总,即为各产品部门的中间投入率。如农业部门的中间投入率为 $0.4138(0.1407 + 0.2096 + 0.0002 + 0.0199 + 0.0174 + 0.0261)$。

在进行投入产出分析时,常常把直接消耗系数的整体用矩阵的形式表示,这个矩阵称为直接消耗系数矩阵(或投入系数矩阵)。通常以 $A$ 表示:

$$A = W\hat{X}^{-1} = \begin{pmatrix} x_{11} & x_{12} & \cdots & x_{1n} \\ x_{21} & x_{22} & \cdots & x_{2n} \\ \cdots & \cdots & \cdots & \cdots \\ x_{n1} & x_{n2} & \cdots & x_{nn} \end{pmatrix} \begin{pmatrix} 1/X_1 & & & \\ & 1/X_2 & & \\ & & \ddots & \\ & & & 1/X_n \end{pmatrix}$$

$$= \begin{pmatrix} a_{11} & a_{12} & \cdots & a_{1n} \\ a_{21} & a_{22} & \cdots & a_{2n} \\ \cdots & \cdots & \cdots & \cdots \\ a_{n1} & a_{n2} & \cdots & a_{nn} \end{pmatrix} \tag{4.27}$$

根据表 4 – 2 计算直接消耗系数矩阵为:

$$A = \begin{pmatrix} 0.1407 & 0.0479 & 0.0041 & 0.0089 & 0.0409 & 0.0061 \\ 0.2096 & 0.6334 & 0.6047 & 0.3082 & 0.2027 & 0.2978 \\ 0.0002 & 0.0003 & 0.0095 & 0.0032 & 0.0029 & 0.0125 \\ 0.0199 & 0.0267 & 0.0905 & 0.0728 & 0.0731 & 0.0396 \\ 0.0174 & 0.0240 & 0.0322 & 0.0285 & 0.0322 & 0.0559 \\ 0.0261 & 0.0348 & 0.0275 & 0.0837 & 0.1234 & 0.0995 \end{pmatrix}$$

2. 直接消耗系数的特点

价值表的直接消耗系数有以下特点:

第一, $0 \le a_{ij} < 1(i,j = 1,2,\cdots,n)$ ,即直接消耗系数非负并必定小于 1。因为负投入从经济意义上是讲不通的;从公式(4.26)可知,如果 $a_{ij} \ge 1$ ,也就意味着 $x_{ij} \ge X_j$ ,这表明 $j$ 部门生产过程中,只消耗的 $i$ 产品一项的价值就大于或等于 $j$ 产品的总价值了,这种生产肯定是亏本生产,无法继续下去。所以,根据有现实经济意义数据编制的投入产出表,一定有 $0 \le a_{ij} < 1(i,j = 1,2,\cdots,n)$ 的特点。

第二, $\sum_{i=1}^{n} a_{ij} < 1$ ,即直接消耗系数矩阵的列和一定小于 1。 $\sum_{i=1}^{n} a_{ij}$ 是生产单位 $j$ 产品的中间投入之和,即中间投入率,也就是在单位产品的价值中,货物和服务消耗所占的比重。在单位产品价值中,中间投入率与增加值率之和应等于 1。如果中间投入率大于 1 或等于

$1$，是亏本生产。同上边道理一样，这样的生产也是难以为继的。所以有现实意义的 $\sum\limits_{i=1}^{n} a_{ij}$ 必定小于 $1$。

第三，直接消耗系数可以直接观测。显然给定一张投入产出表，就可以计算出直接消耗系数矩阵。

若以 $Q$、$q_{ij}$、$a_{ij}^{*}$ 分别表示实物型投入产出表中的总产出、中间投入、直接消耗系数，$P_i$、$P_j$ 分别表示 $i$ 部门产品和 $j$ 部门产品的价格，则 $a_{ij}^{*}$ 的计算公式及与 $a_{ij}$ 的关系如下：

$$a_{ij}^{*} = \frac{q_{ij}}{Q_j} \quad (i,j = 1,2,\cdots,n) \tag{4.28}$$

$$a_{ij} = \frac{x_{ij}}{x_j} = \frac{q_{ij}P_i}{Q_jP_j} = a_{ij}^{*}\frac{P_i}{P_j} \quad (i,j = 1,2,\cdots,n) \tag{4.29}$$

公式（4.29）表明，价值型直接消耗系数等于实物型直接消耗系数与 $i$ 产品和 $j$ 产品的相对价格之乘积；价值型直接消耗系数除了反映生产技术联系以外，还受到相对价格的影响。实物型直接消耗系数不具有上述第一个和第二个特点，但是，主对角线上的元素也一定非负且小于 $1$。

3. 用直接消耗系数建立投入产出模型

把直接消耗系数分别引进上一节建立的分配方程组和生产方程组中去，可以建立基本的投入产出模型。

（1）行模型

由 $a_{ij} = \dfrac{x_{ij}}{X_j}$，有 $x_{ij} = a_{ij}X_j$，把它代入（4.1）式中：

$$\begin{cases} a_{11}X_1 + a_{12}X_2 + \cdots + a_{1n}X_n + Y_1 = X_1 \\ a_{21}X_1 + a_{22}X_2 + \cdots + a_{2n}X_n + Y_2 = X_2 \\ \cdots\cdots \\ a_{n1}X_1 + a_{n2}X_2 + \cdots + a_{nn}X_n + Y_n = X_n \end{cases} \tag{4.30}$$

一般表达式为：

$$\sum_{j=1}^{n} a_{ij}X_j + Y_i = X_i \,(i = 1,2,3,\cdots,n)$$

由于线性方程组与矩阵有一一对应关系，所以线性方程组可以写成矩阵形式。以 $A$ 表示直接消耗系数矩阵，$I$ 表示单位矩阵，$X$ 和 $Y$ 表示各部门总产出列向量和最终使用列向量，即：

$$A = \begin{pmatrix} a_{11} & a_{12} & \cdots & a_{1n} \\ a_{21} & a_{22} & \cdots & a_{2n} \\ \cdots & \cdots & \cdots & \cdots \\ a_{n1} & a_{n2} & \cdots & a_{nn} \end{pmatrix}, X = \begin{pmatrix} X_1 \\ X_2 \\ \vdots \\ X_n \end{pmatrix}, I = \begin{pmatrix} 1 & 0 & \cdots & 0 \\ 0 & 1 & \cdots & 0 \\ \cdots & \cdots & \cdots & \cdots \\ 0 & 0 & \cdots & 1 \end{pmatrix}, Y = \begin{pmatrix} Y_1 \\ Y_2 \\ \vdots \\ Y_n \end{pmatrix}$$

则(4.30)式可以写成：

$$AX + Y = X \tag{4.31}$$

投入产出模型一般是把总产出作为一组变量，最终使用作为另一组变量，在它们之间建立起联系。所以我们把(4.31)式整理得：

$$Y = (I - A)X \tag{4.32}$$

以$(I - A)$的逆矩阵$(I - A)^{-1}$左乘(4.32)式，得：

$$X = (I - A)^{-1}Y \tag{4.33}$$

(4.32)和(4.33)式建立了总产出与最终使用之间的联系，它们是利用投入产出模型进行一系列计算和分析的基础。$(I - A)$矩阵是投入产出模型的核心和基础。

$$(I - A) = \begin{pmatrix} 1 - a_{11} & - a_{12} & - a_{13} & \cdots & - a_{1n} \\ - a_{21} & 1 - a_{22} & - a_{23} & \cdots & - a_{2n} \\ - a_{31} & - a_{32} & 1 - a_{33} & \cdots & - a_{3n} \\ \cdots & \cdots & \cdots & \cdots & \cdots \\ - a_{n1} & - a_{n2} & - a_{n3} & \cdots & 1 - a_{nn} \end{pmatrix}$$

从纵列来看，$(I - A)$中的元素反映了投入与产出的关系，凡冠以负号的元素表示投入，主对角线上的元素是各种产品扣除自身消耗后的净产出。每一列的合计$1 - \sum_{i=1}^{n} a_{ij}(j = 1, 2, \cdots, n)$是各部门增加值所占的比重，即增加值率，$\sum_{i=1}^{n} a_{ij}$是各部门的中间投入率。

由于$(I - A)$的出现，使得简单的数学模型走进了复杂的经济网络中，打开了对经济进行深入分析的路子。为纪念它的创始者，称$(I - A)$为"列昂惕夫矩阵"，将它的逆矩阵$(I - A)^{-1}$称为"列昂惕夫逆矩阵"。

（2）列模型

把$a_{ij}$引进到生产方程组(4.3)式中得：

$$\begin{cases} a_{11}X_1 + a_{21}X_1 + \cdots + a_{n1}X_1 + D_1 + V_1 + T_1 + M_1 = X_1 \\ a_{12}X_2 + a_{22}X_2 + \cdots + a_{n2}X_2 + D_2 + V_2 + T_2 + M_2 = X_2 \\ \cdots\cdots\cdots\cdots \\ a_{1n}X_n + a_{2n}X_n + \cdots + a_{nn}X_n + D_n + V_n + T_n + M_n = X_n \end{cases} \tag{4.34}$$

一般表达式为：

$$\sum_{i=1}^{n} a_{ij}X_j + D_j + V_j + T_j + M_j = X_j \quad (j = 1, 2, \cdots, n) \tag{4.35}$$

以$\hat{C}$表示如下的对角矩阵：

$$\hat{C} = \begin{pmatrix} \sum_{i=1}^{n} a_{i1} & & & \\ & \sum_{i=1}^{n} a_{i2} & & \\ & & \ddots & \\ & & & \sum_{i=1}^{n} a_{in} \end{pmatrix} = \begin{pmatrix} c_1 & & & \\ & c_2 & & \\ & & \ddots & \\ & & & c_n \end{pmatrix}$$

再分别以 $D$、$V$、$T$、$M$ 表示固定资本折旧列向量、劳动报酬列向量、生产税净额列向量和营业盈余列向量；$N$ 表示增加值列向量，即：

$$D = \begin{pmatrix} D_1 \\ D_2 \\ \vdots \\ D_n \end{pmatrix}, V = \begin{pmatrix} V_1 \\ V_2 \\ \vdots \\ V_n \end{pmatrix}, T = \begin{pmatrix} T_1 \\ T_2 \\ \vdots \\ T_n \end{pmatrix}, M = \begin{pmatrix} M_1 \\ M_2 \\ \vdots \\ M_n \end{pmatrix}, N = \begin{pmatrix} D_1 + V_1 + T_1 + M_1 \\ D_2 + V_2 + T_2 + M_2 \\ \vdots \\ D_n + V_n + T_n + M_n \end{pmatrix}$$

则(4.35)式可以写成：

$$\hat{C}X + D + V + T + M = X$$

或：

$$\hat{C}X + N = X \tag{4.36}$$

移项并整理得：

$$N = (I - \hat{C})X \tag{4.37}$$

$$X = (I - \hat{C})^{-1}N \tag{4.38}$$

(4.37)式和(4.38)式反映了总投入与增加值的联系。

### §4.2.2 完全消耗系数和完全需求系数

#### 1. 完全消耗系数

国民经济各个部门的联系除了有直接的消耗和被消耗联系外，还有非常复杂和层次众多的间接消耗和被消耗联系。定量地研究直接和全部间接联系有重要意义。比如，为了增加一定数量的飞机生产，并不是只需要增加飞机制造部门的生产，因为生产飞机要直接消耗合金铝，必须增加合金铝的生产；而为了生产合金铝，需消耗电力，因而需要增加电力部门的生产；为了传输电力，需要增加铜的生产；为了生产铜，需要铜矿；为了挖掘铜矿，需要机器……这种循环可以是无穷次的，增加一个部门的生产，可能会使国民经济所有部门的生产发生一定的变化。这里飞机对合金铝的消耗是直接消耗，而飞机对电力、铜、铜矿石、机器等的消耗是间接消耗。一种产品对某种产品的直接消耗量与间接消耗量之和是完全消耗量。

完全消耗系数 $b_{ij}$ 是生产单位 $j$ 最终使用（产品）所要直接消耗和全部间接消耗的 $i$ 产品的数量之和。用 $\boldsymbol{B}$ 表示完全消耗系数矩阵：

$$\boldsymbol{B} = \begin{pmatrix} b_{11} & b_{12} & \cdots & b_{1n} \\ b_{21} & b_{22} & \cdots & b_{2n} \\ \vdots & \vdots & & \vdots \\ b_{n1} & b_{n2} & \cdots & b_{nn} \end{pmatrix}$$

按照完全消耗系数的定义，$b_{ij}$ 应该等于 $x_{ij}$ 加上 $j$ 部门对 $i$ 产品的全部间接消耗量，然后除以 $Y_j$。显然我们无法度量出 $j$ 部门对 $i$ 产品的全部间接消耗量，因此，完全消耗系数不能像直接消耗系数一样可以直接根据投入产出表计算。那么如何求得完全消耗系数呢？我们用图 4 − 1 来看生产一个单位的煤，对电力的直接消耗和间接消耗的情况。

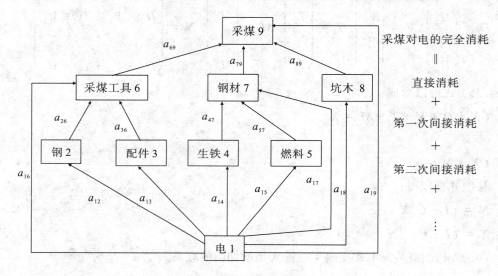

图 4 − 1　采煤对电的完全消耗示意图

图 4 − 1 揭示了各生产部门的直接和全部消耗关系，给我们一个启示：虽然完全消耗系数 $b_{ij}$ 不能按定义求出，但是它与一系列直接消耗系数有关，一种产品生产对某种产品的间接消耗可以用一系列的直接消耗表示，因此可以通过一系列直接消耗系数来求全消耗系数。

采煤对电的直接消耗是 $a_{19}$；采煤通过采煤设备对电的消耗是第一次间接消耗，等于 $a_{16}a_{69}$，采煤通过钢材和坑木对电的第一次间接消耗分别等于 $a_{17}a_{79}$ 和 $a_{18}a_{89}$。采煤对电的第一次间接消耗量是：

$$a_{16}a_{69} + a_{17}a_{79} + a_{18}a_{89}$$

类似的，采煤对电的第二次间接消耗量是：

$$(a_{12}a_{26}a_{69} + a_{13}a_{36}a_{69}) + (a_{14}a_{47}a_{79} + a_{15}a_{57}a_{79}) + \cdots\cdots$$

采煤对电的完全消耗系数等于采煤对电的直接消耗系数加上采煤对电的各次间接消耗系数。推而广之有:

$$b_{ij} = a_{ij} + \sum_{k=1}^{n} a_{ik} a_{kj} + \sum_{s=1}^{n} \sum_{k=1}^{n} a_{is} a_{sk} a_{kj} + \cdots\cdots \qquad (4.39)$$

把(4.39)式写成矩阵形式为:

$$\boldsymbol{B} = \boldsymbol{A} + \boldsymbol{A}^2 + \boldsymbol{A}^3 + \cdots + \boldsymbol{A}^k \qquad (4.40)$$

其中:$\boldsymbol{B}$ 为完全消耗系数矩阵,$\boldsymbol{A}$ 为直接消耗系数矩阵,

$\boldsymbol{A}^2$ 为第一次间接消耗系数矩阵,

$\boldsymbol{A}^3$ 为第二次间接消耗系数矩阵,

$\boldsymbol{A}^k$ 为第($k-1$)次间接消耗系数矩阵。

用单位矩阵加在(4.40)式的两端

$$\boldsymbol{I} + \boldsymbol{B} = \boldsymbol{I} + \boldsymbol{A} + \boldsymbol{A}^2 + \boldsymbol{A}^3 + \cdots + \boldsymbol{A}^k$$

用($\boldsymbol{I} - \boldsymbol{A}$)去左乘上式,其中右端为:

$$(\boldsymbol{I} - \boldsymbol{A})(\boldsymbol{I} + \boldsymbol{A} + \boldsymbol{A}^2 + \boldsymbol{A}^3 + \cdots + \boldsymbol{A}^k) = \boldsymbol{I} - \boldsymbol{A}^{k+1}$$

由于对于价值型投入产出表来说有

$$0 \leqslant a_{ij} \leqslant 1 (i,j = 1,2,\cdots,n)$$

故当 $k \to \infty$ 时,$\boldsymbol{A}^{k+1} \to 0$

则

$$(\boldsymbol{I} - \boldsymbol{A})(\boldsymbol{I} + \boldsymbol{A} + \boldsymbol{A}^2 + \boldsymbol{A}^3 + \cdots + \boldsymbol{A}^k) \to \boldsymbol{I}$$

根据逆矩阵原理,两个矩阵相乘为一个单位矩阵,这两个矩阵就互为逆矩阵。所以($\boldsymbol{I} - \boldsymbol{A}$)与($\boldsymbol{I} + \boldsymbol{A} + \boldsymbol{A}^2 + \boldsymbol{A}^3 + \cdots + \boldsymbol{A}^k$)互为逆矩阵,也就是($\boldsymbol{I} - \boldsymbol{A}$)与($\boldsymbol{I} + \boldsymbol{B}$)互为逆矩阵,即:

$$\boldsymbol{I} + \boldsymbol{B} = (\boldsymbol{I} - \boldsymbol{A})^{-1}$$

整理得:

$$\boldsymbol{B} = (\boldsymbol{I} - \boldsymbol{A})^{-1} - \boldsymbol{I} \qquad (4.41)$$

这就是完全消耗系数矩阵的求解公式。完全消耗系数矩阵等于列昂惕夫逆矩阵减去一个单位矩阵。完全消耗系数的求得是投入产出法最突出特点之一,它比直接消耗系数更本质、更全面地反映部门之间的技术经济联系。

根据表 4 - 2 计算的完全消耗系数矩阵为:

$$\boldsymbol{B} = \begin{pmatrix} 0.2138 & 0.1791 & 0.1275 & 0.0821 & 0.1055 & 0.0793 \\ 0.8371 & 2.0957 & 2.0637 & 1.1782 & 0.9281 & 1.1676 \\ 0.0019 & 0.0035 & 0.0130 & 0.0063 & 0.0064 & 0.0159 \\ 0.0575 & 0.1067 & 0.1750 & 0.1275 & 0.1227 & 0.0954 \\ 0.0489 & 0.0916 & 0.1006 & 0.0735 & 0.0734 & 0.1019 \\ 0.0796 & 0.1473 & 0.1444 & 0.1629 & 0.1976 & 0.1812 \end{pmatrix}$$

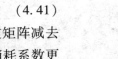

与直接消耗系数相比,完全消耗系数有以下特点:第一,$b_{ij}$ 是对最终使用而言,而 $a_{ij}$ 是对总产出而言的;第二,$b_{ij}$ 一般大于相对应的 $a_{ij}$;第三,$b_{ij}$ 可以大于1,而价值表的 $a_{ij}$ 必定小于1;第四,由于间接消耗的多层次性,所以 $b_{ij}$ 不能直接观测,只能通过对 $(I-A)$ 求逆得到。

### 2. 完全需求系数

完全需求系数就是列昂惕夫逆矩阵中的元素。若以 $b_{ij}$ 表示完全消耗系数矩阵 $B$ 中的元素,则 $(I-A)^{-1}$ 中的元素就是在 $B$ 矩阵的主对角线元素加上1。以 $\bar{B}$ 代表 $(I-A)^{-1}$,$\bar{b}_{ij}$ 代表 $(I-A)^{-1}$ 中的元素,有:

$$\bar{B} = (I-A)^{-1} = \begin{pmatrix} 1+b_{11} & b_{12} & \cdots & b_{1n} \\ b_{21} & 1+b_{22} & \cdots & b_{2n} \\ \cdots & \cdots & \cdots & \cdots \\ b_{n1} & b_{n2} & \cdots & 1+b_{nn} \end{pmatrix} = \begin{pmatrix} \bar{b}_{11} & \bar{b}_{12} & \cdots & \bar{b}_{1n} \\ \bar{b}_{21} & \bar{b}_{22} & \cdots & \bar{b}_{2n} \\ \cdots & \cdots & \cdots & \cdots \\ \bar{b}_{n1} & \bar{b}_{n2} & \cdots & \bar{b}_{nn} \end{pmatrix}$$

当第一个部门要得到一个单位最终产品时,由于直接和间接消耗,第一部门对各部门总产品都有需求,由 $X = (I-A)^{-1}Y = (1+B)Y$ 有:

$$X = \begin{pmatrix} \bar{b}_{11} & \bar{b}_{12} & \cdots & \bar{b}_{1n} \\ \bar{b}_{21} & \bar{b}_{22} & \cdots & \bar{b}_{2n} \\ \cdots & \cdots & \cdots & \cdots \\ \bar{b}_{n1} & \bar{b}_{n2} & \cdots & \bar{b}_{nn} \end{pmatrix} \begin{pmatrix} 1 \\ 0 \\ \vdots \\ 0 \end{pmatrix} = \begin{pmatrix} \bar{b}_{11} \\ \bar{b}_{21} \\ \vdots \\ \bar{b}_{n1} \end{pmatrix} = \begin{pmatrix} 1+b_{11} \\ b_{21} \\ \vdots \\ b_{n1} \end{pmatrix}$$

这正好是 $\bar{B}$ 中第一列的元素。同样,为了得到第 $j$ 部门一个单位的最终产品,对各部门的需要量是:

$$X = \begin{pmatrix} \bar{b}_{11} & \bar{b}_{12} & \cdots & \bar{b}_{1n} \\ \bar{b}_{21} & \bar{b}_{22} & \cdots & \bar{b}_{2n} \\ \cdots & \cdots & \cdots & \cdots \\ \bar{b}_{n1} & \bar{b}_{n2} & \cdots & \bar{b}_{nn} \end{pmatrix} \begin{pmatrix} 0 \\ \vdots \\ 1 \\ \vdots \\ 0 \end{pmatrix} = \begin{pmatrix} \bar{b}_{1j} \\ \bar{b}_{2j} \\ \vdots \\ \bar{b}_{nj} \end{pmatrix} = \begin{pmatrix} b_{1j} \\ b_{2j} \\ \vdots \\ 1+b_{jj} \\ \vdots \\ b_{nj} \end{pmatrix}$$

可见,为了得到某部门一个单位的最终产品,不仅这个部门本身要增加一个单位的总产量,而且由于国民经济各部门间的直接间接消耗关系,使得包括本部门在内的各个部门的总产量都要增加。换个角度讲,任何一个部门为了得到一个单位最终产品,由于直接和间接消耗关系,对国民经济各个部门的产量都有一定的需求,所以称 $\bar{b}_{ij}$ 为"完全需求系数",称 $(I-A)^{-1}$ 为"完全需求系数矩阵"。

根据表 4 - 2 计算的完全需求系数矩阵为:

$$\bar{B} = \begin{pmatrix} 1.2138 & 0.1791 & 0.1275 & 0.0821 & 0.1055 & 0.0793 \\ 0.8371 & 3.0957 & 2.0637 & 1.1782 & 0.9281 & 1.1676 \\ 0.0019 & 0.0035 & 1.0130 & 0.0063 & 0.0064 & 0.0159 \\ 0.0575 & 0.1067 & 0.1750 & 1.1275 & 0.1227 & 0.0954 \\ 0.0489 & 0.0916 & 0.1006 & 0.0735 & 1.0734 & 0.1019 \\ 0.0796 & 0.1473 & 0.1444 & 0.1629 & 0.1976 & 1.1812 \end{pmatrix}$$

$(I-A)^{-1}$ 能表明对一个部门产出需求而引发的对经济总体的影响,这类似于凯恩斯乘数,所以西方也称 $(I-A)^{-1}$ 为"矩阵乘子"。用这个矩阵可以解释生产体系的相互依赖性,可以从最终需求反向作用于生产,计算出怎样调整产出水平才能满足最终需求。

完全需求系数与完全消耗系数虽然都反映了国民经济各部门间的完全消耗关系,但它们是不同的。前者站在最终需求的角度,系数中包括了一个单位的最终产品;后者站在生产的角度,系数中不包括一个单位的最终产品。

### §4.2.3 投入产出模型的基本假定

从上边我们看到,所有的投入产出模型都是线性模型。其基本思想是将国民经济分成若干个部门,把各个部门的总产品和最终产品或增加值分别作为两组变量,通过一些系数建立线性方程组来反映它们之间的联系。这个思想要能成立,是基于以下基本假定的:

1. 同质性假定

同质性假定也称为非结合生产假定,它是假定每个生产部门只生产一种产品,而且只用一种生产技术方式进行生产。凡是使用价值及消耗构成相同的产品就归在同一个部门中,同一部门的产品可以相互替代,不同部门的产品不能相互替代。这个假定,在理论上一方面是为了使每个部门都成为一个单纯的某种产品集合体,以便使模型反映各个产品的不同用途,并按不同用途说明其使用去向。另一方面,抽象掉各个部门生产过程中不同生产技术的选择与相互替代,这就使得投入产出模型能准确反映各部门的消耗构成。

2. 比例性假定

比例性假定也称为收益不变假定,它是假定国民经济各生产部门的投入量与产出量之间成正比关系,投入越多,产出也就越多。每一个部门的投入量是产出水平的唯一函数,每单位产出量的平均投入量是不变的,由此每个部门的投入量可以表示为:

$$x_{ij} = a_{ij}X_j \qquad (i,j = 1,2,\cdots,n)$$

3. 相加性假定

相加性假定也称为无外部影响假定,它是假定国民经济中,任意 $n$ 个部门的产出合计等于这 $n$ 个部门的投入量之和。无外部影响假定的实质是不存在战争、重大自然灾害等非经济因素的影响,生产构成中也不存在正外部效应影响,如养蜂有利于种植业,也不存在负外部效应的影响,如工业排污有害于种植业,所有的产出都是人类作用于劳动对象的结果。

以上假定是为了保证投入产出模型的线性函数唯一性和直接消耗系数的稳定性。而现实生活中又很难完全满足它们。所以,在利用投入产出模型进行经济分析和预测时,一定要注意它的局限性。

## §4.3 投入产出表的编制和修订方法

### §4.3.1 投入产出表的编制方法

为了编制出符合分析要求的纯部门投入产出表,一般有两种方法,即直接分解法和间接推导法。

1. 直接分解编表法

直接分解法的基本思路是:用各种调查方式取得和推算出全社会所有企业部门的投入和产出资料、收入法增加值和支出法增加值资料;对这些资料按纯部门的要求逐一进行分解,得到纯部门的相应数据;以按纯部门的全社会总产出与总投入平衡,即 $\sum\limits_{i=1}^{n} X_i = \sum\limits_{j=1}^{n} X_j$ 为总控制数;由外向内层层平衡:各部门总产出与总投入平衡,即 $X_i = X_j(i = j$ 时$) \rightarrow$ 第二象限合计数与第三象限合计数平衡,即 $\sum\limits_{i=1}^{n} Y_i = \sum\limits_{j=1}^{n} N_j \rightarrow$ 第一象限横行合计数 $\sum\limits_{j=1}^{n} x_{ij} = U_i$ 与纵列合计数 $\sum\limits_{i=1}^{n} x_{ij} = C_j$ 平衡,即 $\sum\limits_{i=1}^{n} U_i = \sum\limits_{j=1}^{n} C_j \rightarrow$ 各象限内部平衡,即 $\sum\limits_{k=1}^{m} Y_{ik} = Y_i^①,\sum\limits_{k=1}^{s} N_{kj} = N_j^②,\rightarrow$ 同一部门按构成的总产出与按构成的总投入平衡,即 $\sum\limits_{j=1}^{n} x_{ij} + Y_i = \sum\limits_{i=1}^{n} x_{ij} + N_j(i = j)$。

从实际操作看,直接分解法要求每一个统计单位、每一个企业部门都按上述思路进行数据的分解和平衡,工作量非常庞大。我国的投入产出表目前就主要是采用这种方法编制的。

2. 间接推导编表法

间接推导编表法就是利用 UV 表推导出产品×产品表和产业×产业表的方法。如前所述,UV 表对于利用实际部门(产业部门)资料编表比较方便,因为每一个部门生产中消

---

① $k$ 为支出法国内生产总值各个项目,如最终消费、资本形成总额、净出口。
② $k$ 为收入法国内生产总值各个项目,如固定资本折旧、劳动者报酬、生产税净额、营业盈余。

耗了哪些产品、消耗了多少产品是有记录的；每一个部门生产了些什么产品、生产了多少产品也是有记录的。但是进行投入产出分析要用"纯"表的系数。这就提出如何将 UV 表转换成产品×产品表和产业×产业表的问题。

为了从 UV 表推导出产品×产品表和产业×产业表，必须以下边两个假定之一为基础：一是产品工艺假定 —— 假定一种产品无论在哪个部门生产，都有相同的投入结构；二是部门工艺假定 —— 假定同一个部门无论生产什么产品，都有相同的投入结构。

下边以 §4.1 的表 4 - 5 和这里的表 4 - 6 为例说明间接推导编表法。

表 4 - 6　　　　　　　　　　　　　　　简化的 UV 表

| | | 产　品 | | | 产　业 | | | 最终需求 | 总计 |
|---|---|---|---|---|---|---|---|---|---|
| | | 1 | 2 | 3 | 1 | 2 | 3 | | |
| 产品 | 1 | | | | 10 | 60 | 0 | 20 | 90 |
| | 2 | | | | 40 | 60 | 20 | 180 | 300 |
| | 3 | | | | 20 | 30 | 60 | 100 | 210 |
| 产业 | 1 | 90 | 10 | 0 | | | | | 100 |
| | 2 | 0 | 280 | 20 | | | | | 300 |
| | 3 | 0 | 10 | 190 | | | | | 200 |
| 最初投入 | | | | | 30 | 150 | 120 | | |

（1）在产品工艺假定下推导产品×产品表

为了编制产品×产品表，需要把各部门中次要产品的产出和投入转移到它们所属的主产品部门中去，使得各个部门的唯一产品就是自己的主产品。为此，先用各个部门的产出合计数 $G_j$ 去除 U 表中各个部门生产中所消耗的各种产品数 $u_{ij}$，这样得到 $j$ 部门生产单位产出（系多种产品的产出）所消耗的 $i$ 产品数量 $h_{ij}$。令 $H$ 是以 $h_{ij}$ 为元素的矩阵，则 $h_{ij}$ 的计算式及矩阵表示是：

$$h_{ij} = \frac{u_{ij}}{G_j} \qquad (i,j = 1,2,\cdots,n) \tag{4.42}$$

$H = U\hat{G}^{-1}$（$\hat{G}^{-1}$ 为以 $1/G_j$ 为第 $j$ 对角元的 $n$ 阶对角阵） （4.43）

以表 4 - 6 为例计算是：

$$H = U\hat{G}^{-1} = \begin{pmatrix} 10 & 60 & 0 \\ 40 & 60 & 20 \\ 20 & 30 & 60 \end{pmatrix} \begin{pmatrix} \frac{1}{100} & & \\ & \frac{1}{300} & \\ & & \frac{1}{200} \end{pmatrix} = \begin{pmatrix} 0.1 & 0.2 & 0 \\ 0.4 & 0.2 & 0.1 \\ 0.2 & 0.1 & 0.3 \end{pmatrix}$$

再利用各部门的产出去除该部门所生产的各种产品数 $v_{ij}$，得到产品比例矩阵 $C$，其中

的元素 $c_{ij}$ 表示在 $j$ 部门的总产出中 $i$ 产品所占的比重，则 $c_{ij}$ 的计算式及矩阵表示是：

$$c_{ij} = \frac{v_{ij}}{G_j} \tag{4.44}$$

$$C = V'\hat{G}^{-1} \tag{4.45}$$

以表 4 - 6 为例计算是：

$$C = V'\hat{G}^{-1} = \begin{pmatrix} 90 & 0 & 0 \\ 10 & 280 & 10 \\ 0 & 20 & 190 \end{pmatrix} \begin{pmatrix} \dfrac{1}{100} & & \\ & \dfrac{1}{300} & \\ & & \dfrac{1}{200} \end{pmatrix} = \begin{pmatrix} 0.9 & 0 & 0 \\ 0.1 & 0.94 & 0.05 \\ 0 & 0.06 & 0.95 \end{pmatrix}$$

在产品工艺假定下，$j$ 部门单位产出对 $i$ 产品的消耗系数 $h_{ij}$，是 $j$ 部门所生产的各种产品单位产出对 $i$ 产品的消耗系数（产品 × 产品表直接消耗系数 $a_{i1}, a_{i2}, \cdots, a_{in}$）的加权算术平均数，权数为 $j$ 部门产出中各种产品所占的比重 $c_{1j}, c_{2j}, \cdots, c_{nj}$，即：

$$h_{ij} = a_{i1}c_{ij} + a_{i2}c_{2j} + \cdots + a_{in}c_{nj} = \sum_{k=1}^{n} a_{ik}c_{kj} \tag{4.46}$$

用矩阵表示是：

$$H = A_c C \tag{4.47}$$

$A_c$ 是在产品工艺假定下的产品 × 产品表直接消耗系数矩阵，由（4.48）式可以求出它：

$$A_c = HC^{-1} = U\hat{G}^{-1}(V'\hat{G}^{-1})^{-1} = UV'^{-1} \tag{4.48}$$

产品的中间流量矩阵是：

$$W_c = A_c\hat{Q} \quad (\hat{Q} \text{ 是以 } Q_i \text{ 为第 } i \text{ 对角元的 } n \text{ 阶对角阵。}) \tag{4.49}$$

以表 4 - 6 为例计算是：

$$A_c = HC^{-1} = \begin{pmatrix} 0.1 & 0.2 & 0 \\ 0.4 & 0.2 & 0.1 \\ 0.2 & 0.1 & 0.3 \end{pmatrix} \begin{pmatrix} 0.9 & 0 & 0 \\ 0.1 & 0.94 & 0.05 \\ 0 & 0.06 & 0.95 \end{pmatrix}^{-1}$$

$$= \begin{pmatrix} 0.0874 & 0.2135 & -0.0112 \\ 0.4215 & 0.2067 & 0.0944 \\ 0.2126 & 0.0865 & 0.3112 \end{pmatrix}$$

$$W_c = A_c\hat{Q} = \begin{pmatrix} 0.0874 & 0.2135 & -0.0112 \\ 0.4215 & 0.2067 & 0.0944 \\ 0.2126 & 0.0865 & 0.3112 \end{pmatrix} \begin{pmatrix} 90 & & \\ & 300 & \\ & & 210 \end{pmatrix} = \begin{pmatrix} 8 & 64 & -2 \\ 38 & 62 & 20 \\ 19 & 26 & 65 \end{pmatrix}$$

现在我们分析一下 $A_c$ 是否是产品 × 产品表，是否坚持了产品工艺假定。首先，矩阵 $H$

中的元素 $h_{ij}$ 是通过 U 表计算的，所以它是一个产品 × 产业表；矩阵 $C$ 是通过 V 表转置求得的，所以是一个产品 × 产业表，则 $C^{-1}$ 是产业 × 产品表。根据矩阵的运算规则，$A_c = HC^{-1}$ 是产品 × 产品表。其次，从公式(4.46) $h_{ij} = \sum_{k=1}^{n} a_{ik} c_{kj}$ 可以看出，$k$ 产品对 $i$ 产品的消耗系数 $a_{ik}$ 取决于 $k$ 是什么产品，与 $k$ 产品是哪个部门生产的无关，不管是哪个部门，只要生产 $k$ 产品，其消耗系数都是 $a_{ik}$。所以可以断定 $A_c$ 的求得坚持了产品工艺假定。

上边的计算只是推算出了产品 × 产品表第一象限的系数，还应该推导出产品的最初投入系数列向量 $A_{Zc}$。推导的思路仍然是首先计算出 $j$ 部门单位总产出(系多种产品)的最终投入，然后用 $j$ 部门产出中各种产品所占的比重对其加权平均，得产品的最初投入系数，即：

$$A'_{Zc} = N'\hat{G}^{-1}C^{-1} = N'\hat{G}^{-1}(V'\hat{G}^{-1})^{-1} = N'V'^{-1} \tag{4.50}$$

产品的最初投入向量为：

$$Z_c = A'_{Zc}\hat{Q} \tag{4.51}$$

根据表 4 - 6 为例计算是：

$$Z'_c = N'\hat{G}^{-1}C^{-1}\hat{Q}^{-1}$$

$$= (30 \quad 150 \quad 120) \begin{pmatrix} 1/100 & & \\ & 1/300 & \\ & & 1/200 \end{pmatrix} \begin{pmatrix} 0.9 & 0 & 0 \\ 0.1 & 0.94 & 0.05 \\ 0 & 0.06 & 0.95 \end{pmatrix}^{-1} \begin{pmatrix} 90 & & \\ & 300 & \\ & & 210 \end{pmatrix}^{-1}$$

$$= (25 \quad 148 \quad 127)$$

综上所述，在产品工艺假定下推导的产品 × 产品表结构和数例如下：

表 4 - 7(1)　　　　　　　　产品 × 产品表(产品工艺假定)

| | | 产　品 | | | | 最终使用 | 总产出 |
|---|---|---|---|---|---|---|---|
| | | 1 | 2 | … | n | | |
| 产品 | 1 2 ⋮ n | $W_c = A_c\hat{Q} = HC^{-1}\hat{Q} = UV^{r1}\hat{Q}$ | | | | $F$ | $Q$ |
| 最初投入 | | $Z'_c = N'\hat{G}^{-1}C^{-1}\hat{Q}^{-1} = N'V^{r1}\hat{Q}$ | | | | | |
| 总　投　入 | | $Q'$ | | | | | |

表 4 - 7(2)　　　　　　　　产品 × 产品表（产品工艺假定）

| | | 产　品 | | | 最终使用 | 总产出 |
| | | 1 | 2 | 3 | | |
|---|---|---|---|---|---|---|
| 产品 | 1 | 8 | 64 | - 2 | 20 | 90 |
| | 2 | 38 | 62 | 20 | 180 | 300 |
| | 3 | 19 | 26 | 65 | 100 | 210 |
| 最初投入 | | 25 | 148 | 127 | | |
| 总 投 入 | | 90 | 300 | 210 | | |

（2）在部门工艺假定下推导产品 × 产品表

首先用各种产品的总产出去除 V 表中各部门生产的该产品数量,得到市场份额矩阵 $D$,其中的元素 $d_{ij}$ 表示 $j$ 部门生产的 $i$ 产品在全社会生产的 $i$ 产品总量中所占的比重:

$$d_{ij} = \frac{v_{ij}}{Q_j} \tag{4.52}$$

矩阵表示是

$$D = V\hat{Q}^{-1} \tag{4.53}$$

根据部门工艺假定,同一个部门所生产的各种产品都有相同的投入结构,因此各部门单位产出（系多种产品）对 $i$ 产品的消耗系数 $h_{ik}(k = 1,2,\cdots,n)$,同时也就是各该部门生产单位 $j$ 产品对 $i$ 产品的消耗系数。如果以各部门所生产的 $j$ 产品数在全部 $j$ 产品产出中所占比重 $d_{kj}(k = 1,2,\cdots,n)$ 为权数对 $h_{ik}$ 加权平均,所得到的加权算术平均数就是单位 $j$ 产品对 $i$ 产品的消耗系数,即:

$$a_{ij} = h_{i1}d_{1j} + h_{i2}d_{2j} + \cdots + h_{in}d_{nj} = \sum_{k=1}^{n} h_{ik}d_{kj}$$

用矩阵表示是:

$$A_m = HD \tag{4.54}$$

$A_m$ 是部门工艺假定下产品 × 产品表的直接消耗系数矩阵。由于矩阵 $D$ 是各个部门生产的某种产品在全社会生产的这种产品中所占的市场份额,$A_m$ 是以市场份额为权数推导出来的,所以往往也称部门工艺假定为"市场份额假定"。

同理,可以推导出在部门工艺假定下产品 × 产品表的最初投入系数矩阵 $A_{zm}$ 和最初投入矩阵 $Z_m$,它们分别为:

$$A_{zm} = N'\hat{G}^{-1}D \tag{4.55}$$

$$Z'_m = N'\hat{G}^{-1}D\hat{Q} \tag{4.56}$$

综上所述,在部门工艺假定下推导的产品 × 产品表结构和数例如下:

**表 4 - 8 (1)** 　　　　　　　　　**产品 × 产品表 (部门工艺假定)**

| | | 产　品 | | | 最终使用 | 总产出 |
|---|---|---|---|---|---|---|
| | | 1 | 2 | … n | | |
| 产品 | 1<br>2<br>⋮<br>n | | $W_m = HD\hat{Q}$ | | $F$ | $Q$ |
| 最初投入 | | | $Z'_m = N'\hat{G}^{-1}D\hat{Q}$ | | | |
| 总　投　入 | | | $Q'$ | | | |

**表 4 - 8 (2)** 　　　　　　　　　**产品 × 产品表 (部门工艺假定)**

| | | 产　品 | | | 最终使用 | 总产出 |
|---|---|---|---|---|---|---|
| | | 1 | 2 | 3 | | |
| 产品 | 1 | 9 | 57 | 4 | 20 | 90 |
| | 2 | 36 | 61 | 23 | 180 | 300 |
| | 3 | 18 | 33 | 59 | 100 | 210 |
| 最初投入 | | 27 | 149 | 124 | | |
| 总　投　入 | | 90 | 300 | 210 | | |

（3）在两种假定下推导产业 × 产业表的结构

以下我们直接给出在产品工艺假定下就部门工艺假定下推导产业 × 产业表的结构。

**表 4 - 9** 　　　　　　　　　**产业 × 产业表 (产品工艺假定)**

| | | 产　品 | | | 最终使用 | 总产出 |
|---|---|---|---|---|---|---|
| | | 1 | 2 | … n | | |
| 产品 | 1<br>2<br>⋮<br>n | | $W_D = C^{-1}H\hat{G}$ | | $F_D = C^{-1}F$ | $G$ |
| 最初投入 | | | $N'$ | | | |
| 总　投　入 | | | $G'$ | | | |

表 4 – 10　　　　　　　　　　产业 × 产业表(部门工艺假定)

| | | 产　品 | | | | 最终使用 | 总产出 |
|---|---|---|---|---|---|---|---|
| | | 1 | 2 | … | $n$ | | |
| 产品 | 1<br>2<br>⋮<br>$n$ | | $W_P = DH\hat{G}$ | | | $F_P = DF$ | $G$ |
| 最初投入 | | | $N'$ | | | | |
| 总 投 入 | | | $G'$ | | | | |

需要指出的是,如果不是产品与部门对应的方形 UV 表,则不能在产品工艺假定下推导纯表。

### §4.3.2　直接消耗系数的修定方法

1. 问题的提出

直接消耗系数实际上是一种按大类产品计算的综合定额,它不仅受生产技术变化的影响,而且还受生产结构、生产布局、价格因素、生产管理因素等的影响,所以直接消耗系数会发生变化。解决消耗系数变化这个问题的最好方法是每年编制投入产出表。但是,由于编制投入产出表的工作量很大,需要进行许多专门调查,目前大部分国家都是隔若干年编一次表。编表有一定间隔年,加上编表本身所用时间较长,这就提出了在利用投入产出表进行经济分析和预测时,应该对直接消耗系数进行修订的问题。

修订直接消耗系数有非数学方法和数学方法两大类。

2. 修订直接消耗系数的非数学方法

(1)"特尔斐"法(Delphi Method)——专家调查法

由于直接消耗系数的变化主要是由生产技术条件决定的,因此可以通过向专家、技术人员进行调查的方法来修订。这种方法采用通信方式,向有关专家发出调查表,征求他们对未来直接消耗系数变化的意见。通常要进行几轮,即把有关专家的意见进行综合整理和相对集中,再反馈给每个专家,请他们作第二轮、第三轮的推断、分析。每个专家可以根据反馈的信息修改原先的意见,也可以坚持原先的意见。经过不记名、背靠背的若干次反馈、综合、分析,常常可以在很大程度上得到直接消耗系数的比较一致的意见,据此作出最后的修订。

这个方法是美国兰德公司在 20 世纪 40 年代首先采用的方法,特别适合高度复杂、理论不完善、数据不确定现象的调查。这种方法具有专家匿名性、多轮反馈性和意见收敛性特点,所以一般能得到比较准确的答案。

（2）重点系数修订法

把基期投入产出表的直接消耗系数由大到小的排队，从中选出前 $k$ 个 $a_{ij}$ 求和，使其占到 $\sum_{i=1}^{n}\sum_{j=1}^{n} a_{ij}$ 的 90% 以上，这 $k$ 个 $a_{ij}$ 称为重点系数。对这 $k$ 个 $a_{ij}$ 重点系数作技术经济分析，进行认真的修订，其他系数由于影响不大，可以用同一个比率调整。

山西省在利用 1979 年的投入产出表进行预测时采用过这种方法。在 $19 \times 19$ 的投入系数矩阵中，共有 361 个直接消耗系数，其中比重占 90% 以上的有 71 个系数，经过分析需要调整的只有 30 个左右，而其他 290 个系数按 0.25% 的比率调小。

3. 修订直接消耗系数的数学方法

（1）RAS 法——适时修正法

这是 1960 年前后在英国的剑桥大学发展起来的方法。它的主要优点是修订工作量少，花费时间少，在一定的经济假定下，根据少量调查资料，很快得到修正结果。

RAS 法的原理是：利用某些控制数据，如中间产品合计数 $U^*$、中间投入合计数 $C^*$ 等，找出一套行乘数（系数）$R$ 去调整原有矩阵的各行元素，同时找出一套列乘数 $S$ 去乘原有矩阵的各列元素，使经过调整的数据等于各个控制数据。

行乘数和列乘数一般通过迭代的方法求得。其步骤是：

第一步，用基年的直接消耗系数 $A_0$ 乘以计算年度的总产出 $X_{(t)}$，得到假定的计算年度的中间流量 $A_0 \hat{X}_{(t)} = W_{(1)}$。若 $W_{(1)}$ 中各行合计与各列合计都与 $U^*$ 和 $C^*$ 中的数据不一致，需要计算行系数进行调整。假定 $A_0 \hat{X}_{(t)} = W_{(1)}$ 中每一行的合计量数列向量为 $U_{(1)}$，则行调整系数 $r_1$ 应当为 $r_1 = U^*/U_{(1)}$。

第二步：调整矩阵 $A_0 \hat{X}_{(t)}$ 的各行，即用 $r_1$ 去乘该矩阵的各行元素，相当于用对角矩阵 $\hat{r}_1$ 去左乘 $A_0 \hat{X}_{(t)}$，得 $\hat{r}_1 A_0 \hat{X}_{(t)}$。调整后的中间流量矩阵的各行合计数列向量等于 $U^*$，但是各列合计数 $C_{(1)}$ 和 $C^*$ 可能不一致，需要计算列系数进行调整。列调整系数 $s_1$ 为 $s_1 = C^*/C_{(1)}$。

第三步：调整矩阵 $\hat{r}_1 A_0 \hat{X}_{(t)}$ 的各列，即 $\hat{r}_1 A_0 \hat{X}_{(t)} \hat{s}_1$。以上迭代逐次进行，直到 $U$ 与 $U^*$，$C$ 和 $C^*$ 相当接近或相等，从而得到中间流量矩阵 $W_{(t)}$，进而得到通过 RAS 法调整后的中间流量矩阵：

$$W_t = \hat{r}_k \hat{r}_{k-1} \cdots \hat{r}_2 \hat{r}_1 A_0 \hat{X}_{(t)} \hat{s}_1 \hat{s}_2 \cdots \hat{s}_{k-1} \hat{s}_k \tag{4.57}$$

令　$\hat{R} = \hat{r}_k \hat{r}_{k-1} \cdots \hat{r}_2 \hat{r}_1$ 为总行乘数

$\hat{S} = \hat{s}_1 \hat{s}_2 \cdots \hat{s}_{k-1} \hat{s}_k$ 为总列乘数

则　$W_t = \hat{R} A_0 \hat{X}_{(t)} \hat{S} \tag{4.58}$

调整后的直接消耗系数矩阵为：

$$A_t = \hat{R}A_0 \, \hat{X}_{(t)} \, \hat{S} \hat{X}_{(t)}^{-1} = \hat{R}A_0 \hat{S} \tag{4.59}$$

这就是 RAS 法的数学表达式,也是这种修订法名称的由来。英国数学家巴卡拉克对 RAS 法的数学性质作了探索,证明了 RAS 法的迭代是收敛的,无论先从行开始还是先从列开始调整,RAS 法都会得到唯一的解。

RAS 法是建立在代用影响一致和制造影响一致假定基础上的。代用影响指在产品的生产过程中,$i$ 产品被其他产品代替,或 $i$ 产品代替了其他产品。这种代用的影响反应在 RAS 的行调整上。若 $r_i < 1$,则第 $i$ 种产品作为中间产品的数量减少,它为其他产品所代替了,若 $r_i > 1$,则第 $i$ 种产品作为中间产品的数量增加,它代替了其他产品,并且这种代替和被代替对各个部门是同样的。制造影响是指各种产品在生产过程中由于生产技术水平、管理水平的变动对消耗系数的影响。这种制造的影响反应在的列调整上,若 $s_j < 1$,则第 $j$ 部门的中间投入比重减少;若 $s_j > 1$,则第 $j$ 部门的中间投入比重上升,而且各个部门减少或上升的比重相同。

RAS 法作为一种数学方法,有其严格的假定性,使得修定了的直接消耗系数矩阵与实际情况有出入。所以有学者提出了改进的 RAS 法和再改进的 RAS 法,其基本思想就是对基期的中间流量矩阵分块,分别施以 RAS 法或保持不变。

（2）平均增加倍率法

这是日本提出的数学修订方法。所谓平均增加倍率法,是在已知基期的中间产品流量 $x_{ij}^{(0)}$,基期和计算期的中间产品合计数 $U_i^{(0)}$ 与 $U_i^{(t)}$ 及中间投入合计数 $C_j^{(0)}$ 与 $C_j^{(t)}$ 的情况下,用一定的公式迭代,求得计算期的中间流量 $x_{ij}^{(t)}$,使其横行合计等于 $U_i^{(t)}$,纵例合计等于 $C_j^{(t)}$,然后计算出计算期消耗系数 $a_{ij}^{(t)}$。其具体计算步骤如下:

第一步:求计算期的中间产品流量暂定数 $x_{ij}^{(1)}$:

$$x_{ij}^{(1)} = \frac{1}{2} x_{ij}^{(0)} \left( \frac{U_i^{(t)}}{U_i^{(0)}} + \frac{C_j^{(t)}}{C_j^{(0)}} \right)$$

第二步:利用上式逐次迭代计算:

$$x_{ij}^{(2)} = \frac{1}{2} x_{ij}^{(1)} \left( \frac{U_i^{(t)}}{U_i^{(1)}} + \frac{C_j^{(t)}}{C_j^{(1)}} \right)$$

其中:

$$U_i^{(1)} = \sum_{j=1}^{n} x_{ij}^{(1)}, \qquad C_j^{(1)} = \sum_{i=1}^{n} x_{ij}^{(1)}$$

逐次迭代至第 $k$ 次,计算式为:

$$x_{ij}^{(k)} = \frac{1}{2} x_{ij}^{(k-1)} \left( \frac{U_i^{(t)}}{U_i^{(k-1)}} \right) + \frac{C_j^{(t)}}{C_j^{(k-1)}} )$$

其中:

$$U_i^{(k-1)} = \sum_{j=1}^{n} x_{ij}^{(k-1)} \qquad C_j^{(k-1)} = \sum_{i=1}^{n} x_{ij}^{(k-1)}$$

如果 $\sum_{j=1}^{n} x_{ij}^{(k)} = U_i^{(t)}$，$\sum_{i=1}^{n} x_{ij}^{(k)} = C_j^{(t)}$，就停止迭代，$x_{ij}^{(k)}$ 就可以为计算期的中间流量了。而 $a_{ij}^t = x_{ij}^k / X_t (i,j = 1,2,\cdots,n)$。

## §4.4 投入产出法的应用和拓展

投入产出法能推广应用到全世界和各个领域，就在于它应用的广泛性。

### §4.4.1 投入产出系数在产业关联分析中的应用

1. 利用投入产出表确定的系数进行分析

（1）利用投入产出表直接确定的系数进行分析

一张完整的投入产出表，本身就是表现各种经济变量相互联系的"数据库"，由投入产出表直接确定的系数可以进行产业关联分析。

直接消耗系数 $a_{ij}$ 反映了 $i$ 部门与 $j$ 部门之间的技术经济联系，$a_{ij}$ 越大，$i$ 部门与 $j$ 部门联系越紧密，相互依赖程度越高。

分配系数 $h_{ij} = x_{ij} / X_i (i,j = 1,2,\cdots,n)$ 表示 $i$ 部门产品提供给 $j$ 部门用作中间产品的数量占 $i$ 部门产品总量的比重，也表示 $i$ 部门从部门 $j$ 取得收入的比重，可以分析各个部门相互依赖的程度。

固定资产折旧系数、劳动报酬系数（$j$ 部门的固定资产折旧、劳动报酬与其总投入之比）可以分析研究部门的有机构成和劳动生产率，分析不同条件下劳动者的收入，研究居民个人消费基金的形成和劳动就业问题等；生产税净额系数、营业盈余系数（$j$ 部门的生产税净额、营业盈余与其总投入之比）可以分析各部门对国家的贡献和可能取得的盈利水平，测算各种条件下财政收入水平和企业盈利水平等。

（2）利用列昂剔夫逆阵 $(I - A)^{-1}$ 确定的参数进行分析

① 影响力和影响力系数。完全需求系数矩阵中，每一列元素的合计 $\sum_{i=1}^{n} \bar{b}_{ij}$ $(j = 1,2,\cdots,n)$ 是 $j$ 部门的最终需求增加一个单位时，对全社会总产出的需求之和，换个角度，是 $j$ 部门的最终需求增加一个单位时，对国民经济各个部门的影响，所以称它为 $j$ 部门的影响力。如果某一部门对其他部门的中间产品需求越大，则该部门的影响力越大，反映的是该部门对其他部门的拉动作用，常常用它来分析产业部门的后向关联度。每一个部门的最终需求增加时，都会促进社会生产规模的扩大，但是不同的部门这种促进作用的大

小是不同的。为了便于比较各个部门的影响力，常常把某个部门的影响力与社会平均影响力对比，这样得到的系数称为影响力系数，用 $r_j$ 表示：

$$r_j = \frac{\sum\limits_{i=1}^{n} \bar{b}_{ij}}{\frac{1}{n}\sum\limits_{j=1}^{n}\sum\limits_{i=1}^{n} \bar{b}_{ij}} \tag{4.60}$$

影响力系数有三种情况：

当 $r_j = 1$ 时，说明 $j$ 部门对社会生产的影响程度与平均水平相同；

当 $r_j < 1$ 时，说明 $j$ 部门对社会生产的影响程度小于平均水平；

当 $r_j > 1$ 时，说明 $j$ 部门对社会生产的影响程度大于平均水平。

社会生产的目的是为了满足人民不断提高的物质文化的需要，社会最终需求的增加是社会生产规模扩大和结构调整的推动力量，利用各部门的影响力，可以研究某种最终产品需求量的变动，对全社会生产所产生的促进作用。以我国 2007 年 6×6 投入产出表计算的各部门的影响力系数如表 4-11 所示。从计算看出，影响力系数最大的是建筑业，为1.2648，其次是工业，为 1.2647，其他四个部门的影响力系数都小于 1。表明扩大建筑业和工业的最终需求对国民经济发展的促进作用最大。事实上，在现实生活中，当经济过热或者过冷需要调整产业结构的时候，首当其冲的就是调整建筑业。

表 4-11　　　　　　　　　我国 2007 年各部门的影响力系数和感应度系数

| 部门 | 农林牧渔业 | 工业 | 建筑业 | 运输计算机软件业 | 批零住餐饮业 | 其他服务业 |
|---|---|---|---|---|---|---|
| $r_j$ | 0.7813 | 1.2647 | 1.2648 | 0.9180 | 0.8493 | 0.9218 |
| $s_i$ | 0.6237 | 3.2353 | 0.3654 | 0.5880 | 0.5200 | 0.6676 |

② 感应度和感应度系数。完全需求系数矩阵中每一行的合计 $\sum\limits_{j=1}^{n} \bar{b}_{ij}(i=1,2,\cdots,n)$ 表示，当对国民经济各个部门的最终需求都增加一个单位时，需要 $i$ 部门增加的总产出量，换个角度，是国民经济各个部门的最终需求都增加一个单位时，$i$ 部门需要作出的反应或者感应，所以称它为 $i$ 部门的感应度，反映 $i$ 部门对其他部门的支撑作用，所以常常用来分析产业部门的前向关联度。将 $i$ 部门的感应度与社会平均感应度对比，称为感应度系数，用 $s_i$ 表示。

$$s_i = \frac{\sum\limits_{j=1}^{n} \bar{b}_{ij}}{\frac{1}{n}\sum\limits_{i=1}^{n}\sum\limits_{j=1}^{n} \bar{b}_{ij}} \tag{4.61}$$

感应度系数也在 1 的上下,哪个部门的值大,说明那个部门对各个部门最终需求的反应大。当各个部门的最终需求都增加时,这个部门的总产出应该增加最多。从表 4 - 11 看出,建筑业的感应度系数与其影响力系数完全相反。事实上,当各个部门的最终需求都增加时,要扩大各个部门的生产,大量需要增加的是中间投入、劳动力,所以工业的感应度仍然很大。

影响力系数和感应度系数的社会平均值为 1,若以影响力系数为 1 的直线为 $Y$ 轴,以感应度系数为 1 直线为 $X$ 轴,可以构成一个坐标系。利用这个坐标系可以综合分析各个部门的产业关联程度情况。图 4 - 2 是 122 个部门产业关联情况图。

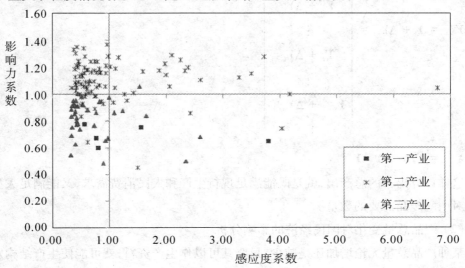

图 4 - 2    122 个部门产业关联情况

处于第一象限的部门影响力系数与感应度系数都大于 1,这些部门具有强辐射和强制约性的双重性质。处于第二象限的产业部门影响力系数大于 1,感应度系数小于 1,属于强辐射、低制约性的部门。处于第三象限的产业部门影响力系数与感应度系数都小于社会平均水平,属于弱辐射力、弱制约性的行业。处于第四象限的产业部门影响力系数小于社会平均水平,而感应度系数高于社会平均水平,属于弱辐射力、强制约性的行业。

### §4.4.2　投入产出法在经济规划中的应用

1. 某些产品的中间需求和总产出增加对国民经济的影响分析

(1) 某些产品的中间需求增加对国民经济的影响分析

一个或若干个大型项目的建设中,因为要消耗各个部门的产品从而影响各个部门的生产。由于这些中间需求是在投入产出表范围以外的需求,所以我们可以将这些中间需求增加看作是对这些产品的最终需求增加。而最终需求增加必然要影响各个部门的总产出,利用投入产出行模型可以计算出这种影响程度。

令 $\Delta Y^*$ 是大型项目建设中要消耗的各种产品数量,比如要中间投入第 $k$、$l$、$n-1$ 种产品,$Y^*$ 是包括这些新增加需求的最终使用量;$X^*$ 是在新的最终需求条件下,各个部门总产出应该达到的数量。则我们有:

$$Y^* = Y + \Delta Y^* = \begin{pmatrix} Y_1 \\ Y_2 \\ \vdots \\ Y_k + \Delta Y_k \\ \vdots \\ Y_l + \Delta Y_l \\ \vdots \\ Y_{n-1} + \Delta Y_{n-1} \\ Y_n \end{pmatrix}$$

$$X^* = (I - A)^{-1} Y^*$$

这样计算出来的总产出,就是既能满足现行生产和人民消费需求,又能满足大型项目建设对中间产品需要的数量。

(2)产品总量变化对国民经济的影响分析

某种产品总量无论增加还是减少,只要其可以作生产资料,就可能使生产结构发生变化。假定第 $n$ 种产品发生了增量 $\Delta X_n$,则对其他 $n-1$ 个部门总产出会产生如下的影响:

$$\Delta X_{(n-1)} = \begin{pmatrix} \bar{b}_{1n} / \bar{b}_{nn} \\ \bar{b}_{2n} / \bar{b}_{nn} \\ \vdots \\ \bar{b}_{n-1n} / \bar{b}_{nn} \end{pmatrix} \Delta X_n \tag{4.62}$$

从公式(4.62)可以看出,前 $n-1$ 个部门总产出的变化量与 $n$ 阶列昂惕夫逆矩阵 $(I - A)^{-1}$ 的第 $n$ 列元素有关,它等于前 $n-1$ 个元素与第 $n$ 个元素的比值乘以第 $n$ 部门总产出的变化量。显然,如果不是第 $n$ 部门的总产出发生变化,而是任何其他部门总产出变化,比如第 $k$ 部门总产出变化了,则其他部门总产出的变化量等于第 $k$ 列各个非主对角元素与主对角上的元素的比值与第 $k$ 部门总产出变化量的乘积。

比如根据表 4-2,如果计算期运输仓储邮政、信息传输、计算机服务和软件业的总产出增加10%,即增加627.22亿元,则我们可以用表 4-2 的数据计算出其他各个部门总产出的变化量:

$$\begin{pmatrix} \Delta X_1 \\ \Delta X_2 \\ \Delta X_3 \\ \Delta X_5 \\ \Delta X_6 \end{pmatrix} = \begin{pmatrix} \dfrac{\bar{b}_{14}}{\bar{b}_{44}} \\ \dfrac{\bar{b}_{24}}{\bar{b}_{44}} \\ \dfrac{\bar{b}_{34}}{\bar{b}_{44}} \\ \dfrac{\bar{b}_{54}}{\bar{b}_{44}} \\ \dfrac{\bar{b}_{64}}{\bar{b}_{44}} \end{pmatrix} \times \Delta X_4 = \begin{pmatrix} \dfrac{0.0821}{1.1275} \\ \dfrac{1.1782}{1.1275} \\ \dfrac{0.0063}{1.1275} \\ \dfrac{0.0735}{1.1275} \\ \dfrac{0.1629}{1.1275} \end{pmatrix} \times 627.22 = \begin{pmatrix} 45.66 \\ 655.44 \\ 3.52 \\ 40.89 \\ 90.62 \end{pmatrix}$$

计算表明,运输仓储邮政、信息传输、计算机服务和软件业的总产出增加 10%,农林渔业总产出可以增加45.66亿元,工业总产出可以增加655.44亿元,建筑业总产出可以增加3.52亿元,批发零售贸易、住宿和餐饮业总产出可以增加40.89亿元,其他服务业总产出可以增加90.62亿元。

2. 投入产出模型在制定规划中的作用

投入产出模型通过直接消耗系数、完全消耗系数和其他系数,建立起了各部门、各种产品之间总量和结构间的直接间接数量联系,能从局部与整体、实物运动与价值运动的结合中,建立部门之间、再生产环节之间的数学模型,利用电脑的高速运转,量化国民经济错综复杂的直接和间接联系。这些对于制定与检查国民经济规划、预测国民经济的发展前景,是非常重要的。

投入产出行模型和列模型分别建立了总产出与最终使用、总产出(总投入)与增加值(最初投入)之间的联系,所以利用投入产出模型制定规划的方法也有多种。

(1) 从总产出出发制定规划

从总产出出发制定规划的基本思想是,在模型以外确定各个部门的总产出,然后代入 $Y = (I - A)X$ 中,求出在这样的总产出水平下,各个部门可以有多少产品供社会最终使用。

以表4-2为例,假如农、林、牧、渔业总产出增长5%,工业总产出增长10%,建筑业总产出增长12%,运输仓储邮政、信息传输、计算机服务和软件业的总产出运输邮电业的总产出增长15%,批发零售贸易、住宿和餐饮业总产出增长6%,其他服务业总产出其他服务业总产出增长20%,即各个部门的总产出分别由 $X_0$ 变化为 $X_t$:

$$X_0 = \begin{pmatrix} 48\,893 \\ 514\,859 \\ 62\,722 \\ 42\,461 \\ 43\,648 \\ 60\,236 \end{pmatrix} \Rightarrow X_t = \begin{pmatrix} 51\,338 \\ 566\,345 \\ 70\,248 \\ 48\,831 \\ 46\,267 \\ 72\,283 \end{pmatrix}$$

根据模型 $Y = (I - A)X$ 可以计算出各个部门的最终使用量为（亿元）：

$$Y_t' = (13\,937 \quad 108\,440 \quad 68\,195 \quad 16\,556 \quad 22\,610 \quad 32\,330)$$

从总产出出发制定规划的优点是可以充分考虑生产能力和资源条件的制约，所得规划建立在切实可行的基础上。但是没有考虑社会的最终需求。上例中各部门最终使用的增长率分别为：0.3%、7.0%、11.7%、22.4%、−2.6% 和 27.9%。

为什么会出现总产出与最终产品增长相悖的情况呢？农林渔业总产出基数很小且增长速度低于工业和建筑业，为了满足它们较快的增长速度，就必须提供较多的产品给它们，一定的总产出量减去较多的中间产品，剩下的最终产品就相对少了。而其他服务业正相反，一定的总产出减去较少的中间产品，剩下的最终产品就相对多了。

从总产出出发制定规划与传统规划方法看起来好像没有什么区别，但是它把所有部门联系起来进行综合平衡，因此与传统规划方法还是有本质的不同。同时，根据投入产出模型可以定量地测度出在各个部门一定的总产出水平下，实际可以得到多少各个部门的最终产品，从而调整总产出水平。此外，这种方法可以作为其他方法的参照，以该法之长，补其他方法之短。

（2）从最终产品出发制定规划

在社会主义市场经济条件下，编制科学的可行的国民经济发展规划，应该体现社会主义经济发展的目标，符合社会主义基本经济规律的要求，从根本上说，要看是否能够满足人民群众日益增长的物质文化需求。这就要求从最终产品出发制定规划。

从最终需求出发制定国民经济规划，首先要确定对各部门产品的最终需求量 $Y$。这就要求从社会人口发展和人民生活水平提高的角度出发，决定消费需求总量和构成；从安排好社会简单再生产的需求出发，确定固定资产更新的需求；从社会经济发展的长远目标考虑，确定固定资产投资和存货投资的规模；从经济总体的产业结构、社会需求，以及外部市场条件，确定进出口产品总量和结构。然后利用投入产出模型 $X = (I - A)^{-1}Y$，确定各部门应当提供的中间产品规划和各部门总产出规划。

以表4−2为例，假如农、林、牧、渔业最终使用增长5%，工业最终使用增长10%，建筑业最终使用增长12%，运输仓储邮政、信息传输、计算机服务和软件业的最终使用运输邮电业的总产出增长15%，批发零售贸易、住宿和餐饮业最终使用增长6%，其他服务业最终使用其他服务业总产出增长20%，即各个部门的总产出分别由 $Y_0$ 变化为 $Y_t$：

$$Y_0 = \begin{pmatrix} 14\,570 \\ 100\,710 \\ 60\,936 \\ 13\,421 \\ 22\,450 \\ 24\,399 \end{pmatrix} \Rightarrow Y_t = \begin{pmatrix} 15\,298 \\ 110\,781 \\ 68\,248 \\ 15\,343 \\ 23\,797 \\ 29\,279 \end{pmatrix}$$

根据模型 $X = (I - A)^{-1}Y$ 可以计算出各个部门的总产出为：

$X_t' =$（181 147　2 407 730　80 134　1 805 349　162 015　323 125）

总产出与最终使用的增长幅度也不一致，读者可以根据前边的分析思考为什么。

从最终所用出发制订国民经济计划有许多优点，它符合社会主义基本经济规律的要求，可以防止因为生产与需求的脱节而导致的严重积压或供不应求，有利于协调一些重大比例关系，为调整产业结构提供依据。但是，从最终需求出发作规划也有不足之处，事先难以充分考虑规划期生产能力的限制和资源条件的满足程度，从目前的计划管理水平和统计工作状况看，还难以完全满足这种方式对最终使用测算的要求。

（3）从部分最终产品和部分总产品出发制定规划

同时从最终需求和总产出出发作规划，即把所有的社会产品分为两部分，一部分首先确定最终需求，另一部分首先确定总产出。一般说来，对于同人民生活关系最直接的产品，如重要的消费品，以及主要满足最终需求的产品，如建筑产品，机械设备等，应当首先确定其最终所用量，其余产品的最终所用量，则作为待定的外生变量。对于生产能力有限，或者需要充分发挥资源优势的产品，以及最终所用作为外生变量的产品，确定它们的总产出。为了测算全部计划方案，我们令

$$Y = \begin{pmatrix} Y_m \\ Y_{n-m} \end{pmatrix} \quad X = \begin{pmatrix} X_m \\ X_{n-m} \end{pmatrix} \quad (I - A)^{-1} = \begin{pmatrix} \bar{B}_{mm} & \bar{B}_{m,n-m} \\ \bar{B}_{n-m,m} & \bar{B}_{n-m,n-m} \end{pmatrix}$$

其中：$Y_m$ 为待定的 $m$ 种产品的最终所用数，$Y_{n-m}$ 为事先确定的 $n-m$ 种产品的最终所用量；$X_m$ 为事先确定的 $m$ 种产品的总产出，$X_{n-m}$ 为待定的 $n-m$ 种产品的总产出。

由模型 $X = (I - A)^{-1}Y$ 有：

$$X = \begin{pmatrix} X_m \\ X_{n-m} \end{pmatrix} = \begin{pmatrix} \bar{B}_{mm} & \bar{B}_{m,n-m} \\ \bar{B}_{n-m,m} & \bar{B}_{n-m,n-m} \end{pmatrix} \begin{pmatrix} Y_m \\ Y_{n-m} \end{pmatrix} \tag{4.63}$$

解（4.63）得：

$$X_m = \bar{B}_{mm} Y_m + \bar{B}_{m,n-m} Y_{n-m} \tag{4.64}$$

$$X_{n-m} = \bar{B}_{n-m,m} Y_m + \bar{B}_{n-m,n-m} Y_{n-m} \tag{4.65}$$

由（4.64）式可得：

$$Y_m = \bar{B}_{mm}^{-1}(X_m - \bar{B}_{m,n-m} Y_{n-m}) \tag{4.66}$$

把（4.66）式代入（4.65）式得：

$$X_{n-m} = \bar{B}_{n-m,m} \bar{B}_{mm}^{-1}(X_m - \bar{B}_{m,n-m} Y_{n-m}) + \bar{B}_{n-m,n-m} Y_{n-m} \tag{4.67}$$

用（4.66）和（4.67）两式，就可以求出未知的 $n-m$ 种总产出和 $m$ 种最终使用。

（4）综合方法制定规划

实际经济中往往要制定国内生产总值发展规划，在这种情况下，可以通过模型 $X =$

$(I - C)^{-1}N$ 求得各个部门总产出应该达到的规模。然后把各个部门总产出列向量 $X$ 作为外生变量,通过模型 $Y = (I - A)X$ 求得可以为社会提供的最终使用量 $Y$。检查计算出的最终使用量及其结构是否能满足社会的最终需求,从而调整最终使用 $Y$ 列向量;把各个部门最终使用列向量 $Y$ 作为外生变量,代入模型 $X = (I - A)^{-1}Y$,检查计算出的总产出列向量 $X$ 是否有生产能力和资源保证,从而调整 $Y$;如此循环,求得一个最佳规划。

### §4.4.3 投入产出法在价格分析中的应用

价格是价值的货币表现,价格体系是否合理直接关系到国民经济能否持续、稳定地发展。投入产出表的第一和第三象限反映了产品的价值运动,所以投入产出法在价格变动分析中有其独到的作用。

1. 价格方程的建立和价格指数的基数

建立价格方程应该用实物型投入产出表,但是实物型投入产出表只有一、二两个象限,并且纵列不能相加,因此我们把第三象限扩展进去(见表4-12)。

表4-12           扩展的实物型投入产出表

| | 计量单位 | 中间使用 1 2 3 … n | 最终使用 | 总产出 | 价格 |
|---|---|---|---|---|---|
| 中间投入 | | $q_{ij}$ | $Y_i$ | $Q_i$ | $P_i$ |
| 扩充:增加值 | 元 | $N_j$ | | | |
| 总投入 | | $Q_jP_j$ | | | |

令要求的价格为 $P_i(i = 1,2,\cdots,n)$,这样我们可以得到各个部门的总产出:
$$Q_jP_j = q_{1j}P_1 + q_{2j}P_2 + \cdots + q_{nj}P_n + N_j \tag{4.68}$$
两端除以 $Q_j$ 得:
$$P_j = a_{1j}^*P_1 + a_{2j}^*P_2 + \cdots + a_{nj}^*P_n + a_{N_j}^* \quad (j = 1,2,\cdots,n) \tag{4.69}$$
其中 $a_{ij}^*$ 是实物型投入产出直接消耗系数,$a_{N_j}^*$ 是实物型投入产出表第 $j$ 部门的增加值率。公式(4.69)的矩阵表示是:

$$P = A^{*\prime}P + A_N^*$$

整理得:

$$P = (I - A^{*\prime})^{-1}A_N^* \tag{4.70}$$

公式(4.70)就是确定各种产品的价格方程。

如果把价值型投入产出表的数据带入公式(4.70),(此时式中的 * 去掉),得到的价格全部为1,因为这实际上是单位价值的价格,当然为1。我们把各个部门等于1的价格作为价格变动以前的基数,即价格指数的基数,可以用来测算和分析由于增加值因素、某种或若干种产品价格发生变化时,整个价格体系的相对变化程度。

2. 价格方程的应用

（1）增加值因素变化对价格体系的影响

公式（4.70）表明，固定资产消耗、劳动者报酬、生产税、营业盈余等增加值因素都是价格的组成部分。随着经济的发展、技术的进步、劳动生产率的提高等，这些因素会发生变化，从而使价格体系发生变化。其变化程度为：

$$\Delta P = (I - A')^{-1} \Delta A_N \tag{4.71}$$

根据表4-2计算的有关系数如表4-13所示。

表4-13　　　　　　　　　　　　与价格方程有关的系数

| | $(I-A)^{-1}$ | | | | | | $A_N$ | | | |
|---|---|---|---|---|---|---|---|---|---|---|
| | 农业 | 工业 | 建筑业 | 运输计算机软件业 | 批零住餐饮业 | 其他服务业 | $a_{Vj}$ | $a_{Dj}$ | $a_{Tj}$ | $a_{Mj}$ |
| 农业 | 1.2138 | 0.1791 | 0.1275 | 0.0821 | 0.1055 | 0.0793 | 0.5559 | 0.0292 | 0.0010 | 0.000 |
| 工业 | 0.8371 | 3.0957 | 2.0637 | 1.1782 | 0.9281 | 1.1676 | 0.0750 | 0.0338 | 0.0490 | 0.0754 |
| 建筑业 | 0.0019 | 0.0035 | 1.0130 | 0.0063 | 0.0064 | 0.0159 | 0.1181 | 0.0124 | 0.0287 | 0.0723 |
| 运输计算机软件业 | 0.0575 | 0.1067 | 0.1750 | 1.1275 | 0.1227 | 0.0954 | 0.1224 | 0.1260 | 0.0416 | 0.2046 |
| 批零住餐饮业 | 0.0489 | 0.0916 | 0.1006 | 0.0735 | 1.0734 | 0.1019 | 0.1312 | 0.0404 | 0.1104 | 0.2426 |
| 其他服务业 | 0.0796 | 0.1473 | 0.1444 | 0.1629 | 0.1976 | 1.1812 | 0.3287 | 0.0516 | 0.0177 | 0.0904 |

若运输仓储邮政、信息传输、计算机服务和软件业的劳动者报酬系数上升12%，即 $a_{v_4}$ 由 0.1224 变为 0.1371，其余不变，则各种产品的价格变动率为：

$$\Delta P' = (0.0845\% \quad 0.1567\% \quad 0.2571\% \quad 1.6560\% \quad 0.1802\% \quad 0.1401\%)$$

计算表明，运输仓储邮政、信息传输、计算机服务和软件业劳动者报酬提高，不仅这个的价格会上涨，而且所有部门的产品价格都上涨了。那么是否只要部门提高劳动报酬就会导致各种产品价格上涨呢？劳动者报酬系数 $a_{v_j} = V_j / X_j$ 是劳动生产率的倒数，如果劳动报酬上涨的幅度小于劳动生产率提高的幅度，各种产品的价格就不会上涨。

应当指出的是，当用实物型投入产出模型进行分析时，计算出来的是价格变动的绝对金额；而如果用价值型投入产出模型进行分析，计算出来的是价格变动率。

（2）一种或若干种产品价格变化对价格体系的影响分析

公式（4.70）表明，任何一种产品的价格都是各个部门价格的函数，因此只要有一种产品的价格发生了变化，就会引起所有产品的价格发生变化。利用投入产出模型可以具体分析这种变化。

①一种产品价格变化对价格体系影响的分析模型。假定第 $n$ 部门的价格发生了变化，则其他 $n-1$ 个部门的价格也会发生变化，其变化量为：

$$\Delta \boldsymbol{P}_{(n-1)} = \left[ I - A'_{n-1} \right]^{-1} \begin{pmatrix} a_{n1} \\ a_{n2} \\ \vdots \\ a_{n,n-1} \end{pmatrix} \Delta P_n \tag{4.72}$$

可以证明：

$$\left[ \boldsymbol{I} - \boldsymbol{A}'_{n-1} \right]^{-1} \begin{pmatrix} a_{n1} \\ a_{n2} \\ \vdots \\ a_{n,n-1} \end{pmatrix}_n = \begin{pmatrix} \bar{b}_{n1} / \bar{b}_{nn} \\ \bar{b}_{n2} / \bar{b}_{nn} \\ \vdots \\ \bar{b}_{n,n-1} / \bar{b}_{nn} \end{pmatrix} \tag{4.73}$$

故(4.72)式可以表示为：

$$\Delta \boldsymbol{P}_{(n-1)} = \begin{pmatrix} \bar{b}_{n1} / \bar{b}_{nn} \\ \bar{b}_{n2} / \bar{b}_{nn} \\ \vdots \\ \bar{b}_{n,n-1} / \bar{b}_{nn} \end{pmatrix} \Delta P_n \tag{4.74}$$

当用实物型投入产出模型进行分析时，$\Delta P_n$ 是价格变动的绝对额，计算出来的 $\Delta P_{(n-1)}$ 也是其他 $n-1$ 个部门价格变动的绝对金额。而如果用价值型投入产出模型进行分析，$\Delta P_n$ 是价格变动的相等程度，计算出来的 $\Delta P_{(n-1)}$ 也是其他 $n-1$ 个部门价格变动的相等程度(价格指数减1)。

②两种产品价格变化对价格体系影响的分析模型。若第 $n$ 种和第 $n-1$ 种产品价格起了变化，前 $n-2$ 个部门的价格变化为：

$$\Delta \boldsymbol{P}_{(n-2)} = \left[ \boldsymbol{I} - \boldsymbol{A}'_{n-2} \right]^{-1} \begin{pmatrix} a_{n-1,1} & a_{n1} \\ a_{n-1,2} & a_{n2} \\ \vdots & \vdots \\ a_{n-1,n-2} & a_{n,n-2} \end{pmatrix} \begin{pmatrix} \Delta P_{n-1} \\ \Delta P_n \end{pmatrix} \tag{4.75}$$

还无法证明式(4.75)可以用 $n$ 阶完全需求系数矩阵中的元素来计算。

③$k$ 种产品价格变化对价格体系影响的分析模型。比较公式(4.72)和公式(4.75)，采用数学归纳法，可以得到当后 $k$ 种产品价格变化对前 $n-k$ 种产品的价格变化的计算式：

$$\Delta \boldsymbol{P}_{(n-k)} = \left[ \boldsymbol{I}_{(n-k)} - \boldsymbol{A}'_{(n-k)} \right]^{-1} \begin{pmatrix} a_{n-k+1,1} & a_{n-k+2,1} & \cdots & a_{n-1,1} & a_{n1} \\ a_{n-k+1,2} & a_{n-k+2,2} & \cdots & a_{n-1,2} & a_{n2} \\ \vdots & \vdots & \vdots & \vdots & \vdots \\ a_{n-k+1,n-k-1} & a_{n-k+2,n-k-1} & \cdots & a_{n-1,n-k-1} & a_{n,n-k-1} \\ a_{n-k+1,n-k} & a_{n-k+2,n-k} & \cdots & a_{n-1,n-k} & a_{n,n-k} \end{pmatrix} \begin{pmatrix} \Delta P_{n-k+1} \\ \Delta P_{n-k+2} \\ \vdots \\ \Delta P_{n-1} \\ \Delta P_n \end{pmatrix} \tag{4.76}$$

## 【本章小结】

1. 投入产出法是在纯部门的基础上,编制投入产出表,建立投入产出模型,综合系统分析国民经济各部门之间在生产中发生的直接和间接联系的经济计量方法。

2. 基于数据采集和分析的目的,有 UV 表和产品 × 产品对称表两种投入产出表。根据 UV 表,可以在产品之间和部门之间建立平衡式,分析总供给与总需求、总投入与总产出的关系;根据对称表可以建立分配方程组和投入方程组,它们是建立投入产出模型的基础。

3. 把技术经济系数引进分配方程组和投入方程组,就得到投入产出行模型和列模型。基本的技术经济系数有直接消耗系数、完全消耗系数、完全需求系数。

4. 为了保证投入产出模型线性函数的唯一性和直接消耗系数的稳定性,需以同质性假定、比例性假定、相加性假定为前提。

5. 产品 × 产品对称表的编制可以采取直接分解法和 UV 表(间接)推导法。直接消耗系数的修订有非数学方法和数学方法两大类。

6. 利用投入产出技术经济系数和模型,可以进行产业关联分析,某些产品中间需求和总产出变化对国民经济的影响分析,增加值因素变化及一些产品价格变化对整个价格体系影响的分析,从总产出、最终使用、部分总产出部分最终使用和综合角度出发作规划。

## 【思考题与练习题】

4－1. 什么是投入产出法?有什么主要特点?

4－2. 为什么对称投入产出表要以产品部门为部门?如何划分部门?

4－3. 投入产出表各个象限的经济内容是什么?

4－4. 对称投入产出表和 UV 表分别有哪些平衡关系?反映什么经济内容?

4－5. 基本的技术经济系数有哪些?其经济意义是什么?如何计算?

4－6. 直接消耗系数有什么特点?完全消耗系数有什么特点?

4－7. 完全消耗系数与完全需求系数有什么异同?

4－8. 投入产出模型的基本假定是什么?为什么要作这些假定?

4－9. 编制纯部门投入产出表有哪些方法?其基本思想是什么?

4－10. 为什么要修订直接消耗系数?有哪些修订方法?

4－11. 什么是影响力系数和感应度系数?可以作什么分析?

4 - 12. 如何分析某些产品的中间需求和总产出变化对国民经济的影响?

4 - 13. 可以从哪些角度出发作规划?各有什么优缺点?

4 - 14. 实物型与价值型投入产出模型在价格分析中有什么不一样?

4 - 15. 假设国民经济分为农、轻、重、其他4个部门,通过调查取得以下资料(单位:亿元):

(1) 农业总产出 1200,轻工业总产出 1560,重工业 2040,其他 1200;

(2) 农业生产中消耗:轻工业产品 2,重工业产品 31.3,农产品 70.2,其他 31.3;

(3) 轻工业生产中消耗:农产品 174.4,重工业产品 217.8,轻工业产品 451,其他 251.2;

(4) 重工业生产中消耗:农产品 149.3,重工业产品 876.2,轻工业产品 26.3,其他 270.7;

(5) 其他部门生产中的消耗资料未能取得;

(6) 全社会国内生产净值 2801.3,其中农业 1065.2,轻工业 465.6,重工业 717.5;国内生产净值中,劳动者报酬占 48.87%,其中农业的劳动者报酬 852.2,轻工业 81,重工业 215;

(7) 全社会资本形成总额 700.3,其中农业 33.7,轻工业 128.5,重工业 353.3;

(8) 全社会最终消费 2101,其中农业 640,轻工业 859.7,重工业 324。

要求:(1) 利用上述资料编制一张投入产出表;

(2) 计算直接消耗系数。

4 - 16. 根据给定的资料,完成下列投入产出表(写出计算过程)。

$$A = \begin{pmatrix} 0.10 & 0.10 & 0.05 & 0.05 \\ 0.13 & 030 & 0.35 & 0.15 \\ 0.03 & 0.01 & 0.03 & 0.05 \\ 0.05 & 0.05 & 0.08 & 0.10 \end{pmatrix}$$

| | | 中 间 使 用 | | | | 最终使用 | 总产出 |
|---|---|---|---|---|---|---|---|
| | | 1 | 2 | 3 | 4 | | |
| 中间使用 | 1 | 60 | | | | | |
| | 2 | | | | | | |
| | 3 | | | | | | 200 |
| | 4 | | | | 164 | | |
| 增 加 值 | | | 648 | | | | |
| 总 产 出 | | | | | | | |

4 – 17. 国民经济分为 3 个部门,它们的总产出分别为 3040 万元、3500 万元、4460 万元;3 个部门的直接消耗系数矩阵为:

$$A = \begin{pmatrix} 0.3108 & 0.2598 & 0 \\ 0 & 0.1706 & 0.2217 \\ 0.1389 & 0 & 0.3920 \end{pmatrix}$$

要求:(1) 中间流量矩阵;

(2) 各部门的增加值;

(3) 各部门的最终使用的数量。

4 – 18. 假设国民经济分为农业、工业、建筑业、运输邮电业、商业、其他服务业 6 个部门,其基期总产出(亿元)和完全消耗系数资料如下:

$$B = \begin{pmatrix} 0.0737 & 0.2536 & 0.0738 & 0.0917 & 0.2078 & 0.0125 \\ 0.0086 & 0.4555 & 0.3914 & 0.1736 & 0.1499 & 0.1629 \\ 0 & 0 & 0 & 0 & 0 & 0 \\ 0.0669 & 0.4934 & 0.8877 & 0.1950 & 0.1058 & 0.2391 \\ 0.0385 & 0.2716 & 0.0675 & 0.0325 & 0.0567 & 0.0139 \\ 0.0685 & 0.1312 & 0.0539 & 0.0276 & 0.1812 & 0.2304 \end{pmatrix} \qquad X = \begin{pmatrix} 2760 \\ 1650 \\ 1900 \\ 980 \\ 1250 \\ 2050 \end{pmatrix}$$

(1) 计算各部门的影响力系数,并作简要的分析说明;

(2) 计算第 2 部门的感应度系数;

(3) 若报告期农业总产出将增长 10%,第三产业的总产出将增加多少亿元?

(4) 若报告期运输邮电业的价格提高 10%,其他部门的价格将发生多大的变化?

4 – 19. 某期实物型投入产出表如下:

| | | | 中　间　使　用 | | | 最终使用 | 总产出 |
|---|---|---|---|---|---|---|---|
| | | | 甲 | 乙 | 丙 | | |
| 中间投入 | 甲 | (吨) | | 200 | 450 | 350 | 1000 |
| | 乙 | (件) | 300 | 400 | 250 | 1550 | 2500 |
| | 丙 | (箱) | 200 | | | 800 | 1000 |
| 增加值 | 劳动者报酬(元) | | 500 | 1125 | 2000 | | |
| | 其他部分(元) | | 160 | 275 | 600 | | |

$$A = \begin{pmatrix} 0 & 0.08 & 0.45 \\ 0.3 & 0.16 & 0.25 \\ 0.2 & 0 & 0 \end{pmatrix} \qquad (I - A)^{-1} = \begin{pmatrix} 1.140\,684 & 0.108\,637 & 0.540\,467 \\ 0.475\,285 & 1.235\,741 & 0.522\,814 \\ 0.228\,137 & 0.021\,727 & 1.108\,093 \end{pmatrix}$$

根据上表资料计算 3 个部门的平均价格。

4 - 20. 根据基期资料求经过修订的直接消耗系数。

$$A_0 = \begin{pmatrix} 0.20 & 0.10 & 0 \\ 0.20 & 0.40 & 0.29 \\ 0 & 0.11 & 0.12 \end{pmatrix}$$

利用 RAS 法对直接消耗系数进行修订,通过迭代,得各次行乘数和列乘数:

$$r_1 = \begin{pmatrix} 0.9853 \\ 1.1011 \\ 1.0092 \end{pmatrix} \quad r_2 = \begin{pmatrix} 0.9053 \\ 0.9987 \\ 0.9659 \end{pmatrix} \quad r_3 = \begin{pmatrix} 0.9896 \\ 0.9276 \\ 1.0162 \end{pmatrix}$$

$$s_1 = \begin{pmatrix} 1.0984 \\ 0.9876 \\ 0.9699 \end{pmatrix} \quad s_2 = \begin{pmatrix} 1.0025 \\ 0.9911 \\ 0.9987 \end{pmatrix}$$

# 第5章

## 资金流量核算

　　社会再生产是实物运动和价值运动的统一过程。生产一方面提供货物和服务给社会最终使用,另一方面创造收入,这些收入只有经过分配和金融交易,形成各个部门的最终收入,才能实现消费和投资(资本形成)。资金流量核算是以整个社会的资金运动过程作为研究对象的核算,反映一定时期内各机构部门收入的形成、分配、使用、资金的筹集和使用以及各机构部门间资金流入和流出情况。资金流量核算是国民经济核算体系的重要组成部分,是制定货币政策、管理宏观经济的重要工具。

§5.1  经济交易与资金流量

## §5.1.1  基本概念

1. 资金流量核算中的经济交易及其分类

交易是指机构单位之间相互的经济活动所产生的流量。一方面,交易总是与经济生活的各个方面相联系,如劳动者取得工资收入,消费者发生消费支出,银行吸收存款与发放贷款等;另一方面,交易是在机构单位之间传递一定数量的具有使用价值的经济权益,包括经济权益的创造、转移、具体性质的改变和消失。

根据经济交易的发生是否伴随货币流量,可以分为货币交易和非货币交易。

货币交易是指交易的一方对另一方支付货币,或者交易一方对另一方确定金融债权(如货物已经发出货款尚未收到),或者交易一方对另一方金融负债的消失(如支付应付而未付的货款)而形成的交易。非货币交易是指一方对另一方不产生金融债权、债务或通货转移的交易,具体包括易货交易、实物转移和单位内部交易三种类型。

2. 资金与资金流量

国民经济核算体系中的资金流量核算主要是反映生产结束后的收入分配、再分配、消费、积累支出和资金融通,所以,资金流量核算中的资金,具体指收入分配、消费和投资及金融活动中的资金。资金流量即指一定时期的这些资金增减变化量。资金流量核算应与生产核算保持一致,即生产结果的增加值是资金流量核算的初始量。生产核算包括什么,反映到收入分配的资金流量也包括什么。例如,生产核算中包括农民自产自用产品的增加值、自有住房服务增加值,这些非市场产出的增加值,虽然都没有经过市场交换,但它们都是生产活动成果的一部分,都是按市场交易原则推算的价值流量,在进行资金流量核算时,同样包括这些内容,作为初始收入进入收入分配核算。

## §5.1.2  资金流量核算的范围

资金流量核算范围因各国国民经济核算的完善程度、国民经济核算工作在各经济管理机构中的分工情况、国民经济运行机制和管理方式以及金融市场发育程度的不同而有所不同。目前,各国资金流量核算的范围大致可分为三种情况:

(1)只核算金融交易。一般说,统计组织和管理系统较为松散的国家大多采用这种方式。资金流量表通常由中央银行独立编制和发表,政府综合统计部门不再加工、整理。用这种方式编制的资金流量表的优点是货币银行统计资料完整,编表的时间短,可按季度编制,实用性强。但存在着与国民经济其他核算的协调问题,如部门划分一般直接使用金融统计的分类方法,与一般的国民经济分类有差别。另外,资金使用与来源也缺乏与国民总支出的消费与投资(收入分配部分资料)之间的联系。使用者难以将资金流量核算资料与其他经济核算资料结合使用,从而使得资料的使用价值降低。

(2)除金融交易外,还包括总储蓄和实物投资,在一定程度上把资金流量同其他核算联系起来。这类资金流量表,有的国家由中央银行编制,由国家统计部门做一些技术处理与调整;或由国家统计部门直接把与其他核算相联系的各种要求设计到总框架与各种分类中,由银行处理资料时根据上述要求来编制;还有的国家由银行提供基础资料,由政府统计部门编制。采用这类表能够较好地消除与其他核算的协调问题,直接提供实物投资与金融投资的关系。编制这类表的国家的国民经济核算中,生产收支核算一般都比较规范化,目前大多数国家编制的是这类资金流量表。

(3)以国内生产总值作为核算的初始流量,不仅包括金融交易,还包括收入、分配、再分配与消费及投资的形成,用于观察探讨整个分配过程中各种经济关系及研究分配、生产、使用以及各机构部门资金融通情况。

考虑到我国的经济发展水平、金融市场的发育程度和经济管理的实际需要,我国目前的资金流量核算选择了第三种核算范围。

### §5.1.3　资金流量核算的原理

从全社会来说,一个国家在一定时期内的国民可支配总收入用于消费后的余额为总储蓄,总储蓄用于资本形成(实物投资)。在封闭经济下,总储蓄和资本形成总额是相等的;在开放经济下,总储蓄和资本形成总额往往不相等,差额由国际间资本流动来弥补。如果用 $Y$ 表示国民总收入,即国内生产总值与来自国外的要素收入净额,$T$ 代表转移收入净额,$C$ 代表消费,$I$ 代表资本形成,用 $X$ 和 $M$ 分别代表出口和进口,对包括"国外"在内的整个国民经济而言转移收入净额为 0,因此有:

$$国民可支配总收入 = 国民总收入 = 国内生产总值$$
$$= 消费 + 储蓄 + 国际间资金流动$$
$$= 最终消费 + 资本形成 + 出口 - 进口$$

即 $Y = C + I + (X - M)$,移项则有 $Y - C - I - (X - M) = 0$。但是对于各个机构部门来说,这个恒等式往往不成立。如果把转移收入净额考虑进去,则上式中每一项都有各个机构部门的交易构成,是五个机构部门各种交易的合计(表 5 - 1),即:

表 5 - 1

| | 国民总收入 | 转移收入 | 资本形成 | 货物和劳务出口净额 | 资金盈余或亏缺 |
|---|---|---|---|---|---|
| 政府部门 | $Y_1$ | $+ T_1$ | $- I_1$ | | $= F_1$ |
| 住户部门 | $Y_2$ | $+ T_2$ | $- I_2$ | | $= F_2$ |
| 企业部门 | $Y_3$ | $+ T_3$ | $- I_3$ | | $= F_3$ |
| 金融部门 | $Y_4$ | $+ T_4$ | $- I_4$ | | $= F_4$ |
| 国外部门 | | $+ T_5$ | | $- (X - M)$ | $= F_5$ |
| 合计 | $Y$ | $0$ | $- I$ | $- (X - M)$ | $= 0$ |

由此可知,对国内各个机构部门来说,$Y_i \neq C_i + I_i$,即可支配总收入减去在货物和服务上的经常支出(消费)和资本支出(实物投资),其结果或为资金盈余,或为资金亏缺。政府部门和金融部门资金盈余和亏缺的情况都可能存在,即 $F_1$、$F_4$ 可能为正,也可能为负;企业部门通常是资金亏损,即 $F_3$ 通常为负数;住户部门通常是资金盈余,即 $F_2$ 通常是正数。

一个部门如果为资金亏缺,则必须从其他部门筹措,即要么增加本部门对其他部门的债务,从而形成金融负债,要么减少本部门对其他部门的债权。相反,一个部门如果资金有盈余,则必然要借给其他部门,即要么增加本部门的债权,从而形成金融资产,要么减少本部门的债务。比如,就单个企业来说,企业投资大于、等于和小于自身储蓄的情况都是有的,但就企业部门来说,其本身的储蓄总是不敷自身资本形成所需,其资金缺口部分,通常需要通过发行债券、股票或从银行贷款等来平衡,而这些都使企业部门的负债增加。就单个住户来说,其储蓄大于、等于和小于自身投资的情况也都是有的,但住户作为一个部门来说,它的储蓄总是大于自身的资本形成,其资金盈余,通常采取购买债券、股票或存入银行等,使得住户部门的金融资产增加。

部门间的债权债务关系通过各种金融活动最终反映在部门的金融资产或负债的增减上。任何一种金融活动至少涉及两个机构部门,一个机构部门的金融资产或负债有增减,另一个机构部门的金融负债或资产也会相应的减增。比如,政府从银行借款,则政府的金融负债增加,银行的金融资产也增加,金额相等;政府向国外借债,则本国政府的金融负债增加,"国外"部门对本国的金融资产相应增加。

综上所述,我们可以得出如下结论:

(1)资金盈余或亏缺是度量一个部门因储蓄与投资之差而产生的净金融资产指标。如果一个部门的资金有余,则其净金融资产为正数,表示这个部门的净金融资产增加了盈余额那么多;如果一个部门的资金亏缺,则其净金融资产为负数,表示这个部门的金融负债增加了亏缺额那么多。

(2)由于国内机构部门之间的交易抵销了,因此各个部门资金盈余之和或亏缺之和与国外部门的金融资产和负债的变动额相等。

（3）就包括国外的整个国民经济而言，由于各个部门的债权债务相互抵销了，从而资金盈余与亏缺的代数和为零。

### §5.1.4 资金流量核算的基本原则

1. 估价原则

资金流量交易按获得或转让资产时的价格记录，而且交易双方应按同一价格记录。交易价格只包括金融资产本身的价值，不包括手续费、佣金和对交易当中所供服务的类似付款（作为服务付款记录），也不包括金融交易税（作为产品税范围的服务税处理）。

2. 记录时间原则

资金流量交易按权责发生制原则记录，金融交易双方应在同一时间记录。如果金融账户的某笔登录的对等登录是非金融性的，记录金融债权的时间要与其他账户的引起该金融债权的交易的时间一致。当与交易有关的所有登录只属于金融账户时，它们应当在资产所有权转移时记录。

3. 取净额和合并原则

取净额和合并是指以什么为基础记录金融交易。对金融交易取净额的程度应主要取决于分析需要。一般情况下，金融账户可以按资产的净获得和负债的净发生记录当期的各种金融交易。其中，金融资产的净获得是核算期新获得的金融资产总额与处置的金融资产总额相抵后的净额，负债的净发生是核算期新发生的负债总额与偿还的负债总额相抵后的净额。

金融交易核算中的合并，是指把某一组机构单位内部相互之间发生的金融资产与负债交易相抵销的过程。合并既可以在经济总体层次上进行，也可以在机构部门或子部门层次上进行。但不同层次的合并对于经济分析具有不同的含义。例如，在经济总体层次上对金融账户合并，会抵销掉国内各机构部门之间的各种金融交易，所得结果将集中反映该经济体与国外的金融状况。而在机构部门层次上对金融账户的合并，将有助于跟踪净借出部门与净借入部门之间的全部资金流动情况。如果仅仅在金融机构的子部门层次上合并金融账户，则能够提供有关金融中介活动的详细信息，并有可能弄清中央银行与其他金融中介机构的交易情况。

# §5.2 资金流量表

## §5.2.1 资金流量表的表式结构

1. 标准式

资金流量标准表是描述社会资金运动,进行资金流量统计的基本形式,它是以上述资金流量核算的一般原理为基础设计的。

标准式资金流量表实际上是各部门资金流量账户表的综合。资金流量表可以对某个机构部门或机构单位编制,也可以就国民经济的所有部门编制。将国民经济各机构部门和国外的资金流量账户并列起来,就得到系统反映部门间经济交易和关系的完整的资金流量表。该表是依据 SNA 中有关各部门的账户(包括收入初次分配账户、收入再分配账户、收入使用账户、资本账户和金融账户)编制出来的一张"标准式"国民经济资金流量表,表式上采用机构部门×交易项目的矩阵式平衡表。该表的横行是交易项目分类,纵列首先按机构部门分列,然后在每一部门之下分设"使用"和"来源"两栏,分别用于记录各部门因交易而引起的资产净获得和负债净发生。

中国资金流量表采用标准式的表式(见表 5-2、表 5-3)。主栏表示交易项目,宾栏表示机构部门。表式由两部分组成,一部分反映实物交易,另一部分反映金融交易。在机构部门和交易项目的设置上,既向 SNA 靠拢,又充分考虑我国的实际情况。

2. 三维分析表

三维分析表是在已具有二维特征的标准资金流量表的基础上,通过对各部门的各种金融交易进一步按债权人或债务人部门细分得到的。2008 年 SNA 中给出了由两张表构成的三维表:一个称为"详细的资金流量表(金融资产)",记录按资产类型和债务人部门交叉分类的资产交易。进行资产交易的部门横向列在表的顶部,而按债务人分解的资产类型则垂直排列,对每一个部门的资产交易按资产类型和债务人部门进行了交叉分类。另一个称为"详细的资金流量表(金融负债)",记录按负债类型和债权人类型交叉分类的负债交易。进行负债交易的部门被依次排列在表的左侧顶部,而按债权人分解的负债类型则垂直排列在表的右侧,这样对每一个部门的负债交易按负债类型和债权人部门进行了交叉分类。

表 5 - 2

中国资金流量表（2009 年实物交易）

| 机构部门／交易项目 | 非金融企业部门 | | 金融机构部门 | | 政府部门 | | 住户部门 | | 国内合计 | | 国外部门 | | 合计 | |
|---|---|---|---|---|---|---|---|---|---|---|---|---|---|---|
| | 运用 | 来源 | 运用 | 来源 | 运用 | 来源 | 运用 | 来源 | 运用 | 来源 | 运用 | 来源 | 运用 | 来源 |
| 1. 净出口 | | | | | | | | | | | -15 037.1 | -15 037.1 | | -15 037.1 |
| 2. 增加值 | | 197 392.6 | | 17 767.5 | | 33 231.3 | | 92 511.4 | | 340 902.8 | | | | 340 902.8 |
| 3. 劳动者报酬 | 73 831.9 | | 4951.4 | | 27 499.1 | | 60 186.6 | 166 957.9 | 166 469.0 | 166 957.9 | 629.1 | 140.1 | 167 098.1 | 167 098.1 |
| 4. 生产税净额 | 38 824.3 | | 2325.6 | | 210.2 | 41 962.8 | 602.7 | | 41 962.8 | 41 962.8 | | | 41 962.8 | 41 962.8 |
| 5. 财产收入 | 26 284.1 | 14 822.9 | 22 646.1 | 23 049.9 | 4131.3 | 6252.9 | 3495.1 | 11 359.1 | 56 556.5 | 55 484.7 | 6765.5 | 7837.3 | 63 322.0 | 63 322.0 |
| 6. 初次分配总收入 | | 73 275.2 | | 10 894.4 | | 49 606.3 | | 206 544.0 | | 340 320.0 | | | | 340 320.0 |
| 7. 经常转移 | 10 073.5 | 969.4 | 4758.7 | 2270.0 | 20 524.1 | 33 521.1 | 21 456.1 | 22 214.5 | 56 812.5 | 58 975.0 | 2913.1 | 750.5 | 59 725.5 | 59 725.5 |
| 8. 可支配总收入 | | 64 171.1 | | 8405.7 | | 62 603.3 | | 207 302.4 | | 342 482.5 | | | | 342 482.5 |
| 9. 最终消费 | | | | | 45 690.2 | | 123 584.6 | | 169 274.8 | | | | 169 274.8 | |
| (1) 居民消费 | | | | | | | 123 584.6 | | 123 584.6 | | | | 123 584.6 | |
| (2) 政府消费 | | | | | 45 690.2 | | | | 45 690.2 | | | | 45 690.2 | |
| 10. 总储蓄 | | 64 171.1 | | 8405.7 | | 16 913.1 | | 83 717.8 | | 173 207.7 | | -16 616.8 | | 156 590.9 |
| 11. 资本转移 | 719.6 | 3817.3 | | | 3831.0 | 1006.5 | | | 4550.5 | 4823.8 | 1006.5 | 733.2 | 5557.0 | 5557.0 |
| 12. 资本形成总额 | 110 710.3 | | 228.3 | | 19 574.3 | | 33 950.4 | | 164 463.2 | | | | 164 463.2 | |
| (1) 固定资本形成总额 | 105 104.6 | | 228.3 | | 19 307.0 | | 32 039.8 | | 156 679.8 | | | | 156 679.8 | |
| (2) 存货增加 | 5605.6 | | | | 267.3 | | 1910.5 | | 7783.4 | | | | 7783.4 | |
| 13. 其他非金融资产获得减处置 | 14 101.1 | | | | -7530.6 | | -6570.5 | | | | | | | |
| 14. 净金融投资 | -57 542.5 | | 8177.4 | | 2045.0 | | 56 337.9 | | 9017.7 | | -16 890.0 | | -7872.3 | |

表 5 - 3

## 中国资金流量表（2009 年金融交易）

| 机构部门　交易项目 | 非金融企业部门 运用 | 非金融企业部门 来源 | 金融机构部门 运用 | 金融机构部门 来源 | 政府部门 运用 | 政府部门 来源 | 住户部门 运用 | 住户部门 来源 | 国内合计 运用 | 国内合计 来源 | 国外部门 运用 | 国外部门 来源 | 合计 运用 | 合计 来源 |
|---|---|---|---|---|---|---|---|---|---|---|---|---|---|---|
| 净金融投资 | -25 326.0 | | 2066 | | 8264.0 | | 35 907.0 | | 20 911.0 | | -20 911.0 | | | |
| 资金运用合计 | 75 031.0 | | 170 913.0 | | 19 651.0 | | 60 796.0 | | 326 391.0 | | 6300.0 | | 332 691.0 | |
| 资金来源合计 | | 100 357.0 | | 168 847.0 | | 11 387.0 | | 24 889.0 | | 305 481.0 | | 27 211.0 | | 332 691.0 |
| 通货 | 364.0 | | | 4046.0 | 81.0 | | 3358.0 | | 3803.0 | 4046.0 | 243.0 | | 4046.0 | 4046.0 |
| 存款 | 65 916.0 | | 3713.0 | 132 764.0 | 19 591.0 | | 43 160.0 | | 132 380.0 | 132 764.0 | 383.0 | | 132 763.0 | 132 764.0 |
| 贷款 | | 78 990.0 | 107 619.0 | 441.0 | | 107.0 | | 24 889.0 | 107 619.0 | 104 428.0 | 256.0 | 3448.0 | 107 875.0 | 107 875.0 |
| 证券 | -184.0 | 16 810.0 | 25 301.0 | 4786.0 | -40.0 | 8182.0 | 4507.0 | | 29 585.0 | 29 778.0 | 193.0 | | 29 778.0 | 29 778.0 |
| 证券投资基金份额 | -5.0 | | -166.0 | -1206.0 | -1.0 | | -1035.0 | | -1206.0 | -1206.0 | | | -1206.0 | -1206.0 |
| 证券公司客户保证金 | 2545.0 | | 1370.0 | 6272.0 | | | 2356.0 | | 6272.0 | 6272.0 | | | 6272.0 | 6272.0 |
| 保险准备金 | 395.0 | | | 5864.0 | | 2927.0 | 8396.0 | | 8791.0 | 8791.0 | | | 8791.0 | 8791.0 |
| 金融机构往来 | | | 1165.0 | 6312.0 | | | | | 1165.0 | 6312.0 | 617.0 | -4530.0 | 1782.0 | 1782.0 |
| 准备金 | | | 11 507.0 | 11 507.0 | | | | | 11 507.0 | 11 507.0 | | | 11 507.0 | 11 507.0 |
| 库存现金 | | | 416.0 | 416.0 | | | | | 416.0 | 416.0 | | | 416.0 | 416.0 |
| 中央银行贷款 | | | -1589.0 | -1589.0 | | | | | -1589.0 | -1589.0 | | | -1589.0 | -1589.0 |
| 其他（净） | -717.0 | | | -788.0 | 20.0 | 146.0 | | 54.0 | -643.0 | -643.0 | | | -643.0 | -643.0 |
| 直接投资 | 2999.0 | 5341.0 | | | | | | | 2999.0 | 5341.0 | 5341.0 | 2999.0 | 8340.0 | 8340.0 |
| 其他对外债权债务 | 3717.0 | 2190.0 | -5640.0 | 25.0 | | 26.0 | | | -1922.0 | 2241.0 | 2241.0 | -1922.0 | 319.0 | 319.0 |
| 国际储备资产 | 27 216.0 | | 27 216.0 | | | | | | 27 216.0 | | | 27 216.0 | 27 216.0 | 27 216.0 |
| 国际收支错误与遗漏 | | -2975.0 | | | | | | | | -2975.0 | -2975.0 | | -2975.0 | -2975.0 |

注 1：2009 年实物交易数据来源为《中国统计年鉴 2012》,2009 年金融交易数据来源为《中国统计年鉴 2011》

注 2：从理论上讲,表 5 - 2 与表 5 - 3 中的衔接项各部门"净金融投资"应该数额相等,而 2009 年两张表中的数据存在很大差距,可能不能简单归咎于"误差与遗漏"的原因

### §5.2.2　资金流量核算的主要指标

根据资金的运动过程,可以将资金流量核算分为非金融交易核算和金融交易核算两大部分,其中非金融交易部分包括经常交易(收入初次分配、收入再分配和收入使用)和资本交易。

1. 收入初次分配核算及其指标

收入初次分配是指生产过程创造的增加值在参与生产过程各要素之间进行的分配和因生产而向政府做出的支付。收入初次分配的对象是生产成果——增加值,参与初次分配的主体是各种生产要素的所有者以及作为社会管理者的政府。

在收入初次分配过程中,居民个人因对生产过程提供了活劳动而得到劳动报酬,政府因对生产过程的宏观管理以及履行社会管理职能而获得生产税净额。从增加值中扣除劳动者所得的报酬、政府所得的生产税净额以及企业为弥补固定资产消耗而提取的折旧后,剩余部分则是企业应得的营业盈余。在初次分配中,还包括各机构单位之间因转让金融资产和其他资产的使用权而产生的财产收入。收入初次分配的结果形成各机构部门的原始收入。

固定资本折旧、劳动者报酬、生产税净额、营业盈余的意义见第三章。其他指标的意义如下。

(1)财产收入

财产收入是指机构单位向其他机构单位提供金融资产、土地和地下资源等有形非生产资产以及无形资产应获得的收入。在 SNA 中财产收入分为利息、公司已分配收入、外国直接投资的再投资收益、属于投保人的财产收入以及地租等几类,其中公司已分配收入再细分为红利和准公司收入提取。在我国的国民经济核算体系中,财产收入简单地分为利息、红利和土地租金三类。

利息。是指因存款、股票以外的证券、贷款和其他应收账款等金融资产应获得的收入。

公司已分配收入。是指发行股票的公司向其股东分配的利润。其中红利是指股东将资金交由公司支配而应获得的一种财产收入,它包括公司分配给股东或所有者的一切利润,不论是以现金还是以派发股形式出现,但不包括派发的奖励股,奖励股代表公积金和未分配利润形式的自有资金的资本化。准公司收入提取是指准法人企业业主从企业收益中提取的作为业主投资报酬的收入,可看作是一种特殊的红利。

外国直接投资留存(或叫再投资)收益。它是针对外国投资者直接投资企业的财产收入虚拟的流量,并未形成外商实际财产收入。一般先将留存收益看作是按外国投资者所有的权益比例已分配和汇给外国的投资者,然后又由外国投资者将其再投资到企业中。

保险企业持有的专门准备金。是指与人寿保险有关的以防备未决风险的精算准备金,包括分红保险单准备金、保险费预付款和未决索赔准备金。保险企业利用保险准备金购买金融资产、土地或地下资产等获得的财产收入,应付给投保人。因此,属于投保人的财产收入是指投保人因对保险准备金具有所有权而应从保险企业获得的财产收入。当然只有在保险企业利用保险准备金购买金融、土地等资产得到财产收入的条件下,投保人才能获得相应的财产收入。

地租。有土地地租和地下资产地租两种。地租是指土地所有者从土地承租人那里应收取的财产收入。对土地上的房屋或其他建筑物的应付租金作为购买服务处理。地下资产地租是指地下资产所有者出让地下资产开采权而应收取的一种财产收入,也称为特许权使用费,它实质上是矿藏所有者的地租。地下资产地租可能以固定金额形式定期支付,也可能随地下资产开采数量或质量而变化。

(2)原始总收入

原始收入是指由于机构单位介入生产过程或拥有生产所需的资产而产生的各种收入。增加值在通过各种形式的初次分配之后,就形成各机构单位或机构部门的原始总收入,原始总收入扣除固定资本折旧,就得到各部门的原始净收入。本国所有部门的原始总收入就是国民总收入。用公式表示是:

原始总收入 = 增加值 + 获得的初次分配收入 - 支付的初次分配收入

原始净收入 = 原始总收入 - 固定资本折旧

各机构部门原始总收入之和 = 国民总收入

各机构部门原始净收入余额 = 国民净收入

2. 收入再分配核算及其指标

经过收入初次分配以后形成的原始收入还不是各部门可以自由支配用于消费和储蓄的收入,还需要在初次分配的基础上通过现金或实物转移进行再次分配。与初次分配不同,收入再分配的主体不是以生产活动参与者的身份出现的。获得再分配收入的单位或部门无须为此付出任何生产服务或生产要素,因此,再分配所形成的收入通常是一些没有对等支付的经常性转移。收入再分配包括收入税、社会缴款和社会福利、其他经常转移。

收入税也称直接税,是指对各种初次分配收入(如工资、奖金、利润、分红等)、有关财产项目以及其他对象来征收的税赋。它由纳税人实际负担,通常不能转嫁。收入税通常分为所得税、财产税和其他所得税三种。所得税是关于收入、利润和资本收益征收的税。按照所拥有的财产、土地或不动产所征收的税。常见的所得税有:个人或住户所得税、公司所得税、资本收益税、彩票或赌博收入税等。财产税是根据各机构单位拥有的财产或净值数额定期征收(通常是每年一次)的税目,包括对土地和房屋征收的房地产税、对公司企业的资产净值征收的资产税(或净值税)以及对其他贵重物品(珠宝和古董等象征财富的资产)征收的财产税。其他经常税通常也是定期征收的,常见的税目种类有:对住户或居民个人征收的人头税,对居民个人征收的车船牌照税、枪支执照税、护照费、诉讼费、机场建设费,以及在个别情况下征收的个人支出税,等等。

社会缴款和社会福利是指为了维持居民当前和未来的福利而在机构单位之间发生的经常转移。社会缴款是为获得社会福利而向政府组织的社会保障计划所作的支付。包括由雇员、自营职业者及其他社会成员直接向社会保障计划缴款和由雇主代其雇员对社会保障计划缴款。社会福利有两类:社会保险福利和社会救济福利。社会保险福利是由政府及其他部门在有组织的社会保障计划下向住户提供的福利,它以居民在此之前支付社会缴款为前提,主要有失业金、退休金、养恤金、抚恤金、免费或报销享受的医疗卫生保健等。社会救济福利是指在社会保险计划之外由政府部门或非营利机构向住户支付的转移,它不需要以居民在此之前支付社会缴款为前提,主要有政府及其他各单位对居民提供的各种困难补助、救济金、助学金、免费提供的货物和服务等。

其他经常转移是指除了上述转移之外的各种经常性转移。具体包括不同机构单位之间经常转移,政府部门内不同级单位之间的经常转移,本国政府与外国政府及国际组织之间的经常转移,如提供的援助、捐赠、缴纳的会费等,不同国家、私人之间发生的经常转移也包括在内。

原始收入再通过各种形式的再分配之后,就形成了各机构单位或部门的可支配收入。这一分配过程可以用公式概括为:

$$\text{各机构部门的可支配总收入} = \text{该部门原始总收入} - \text{支付的各种再分配收入之和} + \text{获得的各种再分配收入之和}$$

可支配净收入 = 可支配总收入 - 固定资本折旧

3. 收入使用核算及其指标

收入使用就是指有关部门获得的可支配收入用于满足最终消费需要和储蓄的一种活动。从国民经济循环过程来看,经过收入的初次分配和再分配后,接下来就是收入的使用。生产活动的最终目的是为居民个人和社会公众提供各种最终消费的货物和服务。只有将可支配收入用来购买这些货物和服务,生产活动的目的才能得以实现。但是,生产活动向社会提供的最终产品,不可能全部用于当期的最终消费,必须有一部分用于满足扩大再生产的需要。同样,可支配收入也不可能全部用于当期的最终消费支出,必须留一部分收入用于满足固定资本形成的需要。这一部分收入就是可支配收入中用于满足最终消费以后的余额,就是储蓄。

储蓄总额 = 可支配总收入 - 最终消费

储蓄净额 = 可支配总收入 - 固定资本折旧 - 最终消费

或　储蓄净额 = 可支配净收入 - 最终消费

储蓄是各经济主体通过本核算期的有关生产、分配和消费等活动,最终结余下来可以用于积累的经济资源;同时,它又是进行各种投资活动的重要资金来源。一个单位或部门的经常收入大于经常支出,其储蓄是一个正数,反之则是负数。储蓄是资本形成的自有资金。

### 4. 资本交易核算及其指标

资本交易包括资本筹集和非金融投资两个方面。资本筹集旨在为资本形成提供资金来源,而非金融投资则是对筹集到的资金的一种使用。储蓄和资本转移是资本筹集的两个重要来源。资本转移是一个机构单位无偿地向另一个机构单位提供用于固定资本形成的资金或实物,而不从后者获得任何对应物作为回报的交易。

资本形成包括固定资本形成总额、存货变化和珍贵物品的获得减处置的总价值。其中珍贵物品指不是用于生产或消费而是作为价值贮藏手段所获得和持有的资产,持有这种资产的目的是为了保值和增值。

### 5. 金融交易核算

金融交易表中的金融资产分类比较详细,主要的金融资产类型有:

(1)货币黄金和特别提款权:货币黄金是作为金融资产和外汇储备组成部分的黄金,一般是中央银行的金融资产;特别提款权是国际货币基金组织创立并分配给成员国的以补充现有储备资产的国际储备资产。货币黄金和特别提款权是没有对应负债的金融资产。

(2)通货和存款:包括通货、可转让存款、其他存款。通货是指那些流通的、常用做支付的钞票和硬币;可转让存款指不受惩罚或限制、可以按面值即期兑换的存款,以支票或直接转账方式自由转让的存款,其他一般用于支付的存款;其他存款指上述存款以外,对中央银行、其他存款机构、政府单位和在某些情况下办理存款单的其他机构的所有债权,如不可转让储蓄存款、定期存款等。

(3)股票以外的证券:包括票据、债券、存款单、商业汇票、公司信用债、可交易的派生金融手段和在正常情况下可在金融市场上交易的金融手段。

(4)贷款:贷款包括银行、金融公司和其他机构贷给企业、政府、住户的所有贷款、预付款。

(5)股权:股权包括证明对清偿了债权人全部债权后的公司或准法人公司的剩余价值有索取权的所有票据和记录。

(6)证券投资基金份额:指将投资者的资金集中起来投资于证券类金融资产的集体投资。

(7)证券公司客户保证金:包括证券经营机构的客户为保证足额交收证券而存入的资金、出售有价证券所得到的款项(减去经纪佣金和其他正当费用)、持有证券所获得的利息、现金股利、债券利息、上述资金获得的利息以及证监会认定的其他资金。

(8)金融机构往来:指各机构之间的资金往来,包括同业存放款和同业拆借。

(9)保险专门准备金:包括住户对人寿保险保证金和养恤金的净权益、保费预付费、未决索赔准备金。

（10）其他应收／应付账款：包括商业信用、在建（拟建）工程预付款、与税、红利、证券买卖、工资薪金、社会缴款有关的应付账款。

### §5.2.3 资金流量核算的平衡关系

资金流量表的结构十分严谨，将各机构部门和各个交易项目综合在一起，反映彼此之间的相互关系和资金的来龙去脉。资金流量表有内部平衡和外部平衡两种。内部平衡是各机构部门本身的资金来源总计等于资金使用总计；外部平衡是指各交易项目在各个部门之间的资金来源等于资金使用。现以表5-1、表5-2数据说明各种平衡关系。

1. 从横向来看，各交易项目的平衡关系为：

资金使用 = 资金来源

从全社会来看，金融交易表中资金使用合计 332 691.0 = 资金来源合计 332 691.0。从各交易项目来看，同样具有这样的平衡关系。如财产收入：资金使用合计 26 284.1 + 22 646.1 + 4131.3 + 3495.1 + 6765.5 = 资金来源合计 14 822.9 + 23 049.9 + 6252.9 + 11 359.1 + 7837.3 = 63 322.0；存款：资金使用合计 65 916.0 + 3713.0 + 19 591.0 + 43 160.0 + 383.0 = 资金来源合计 132 764.0 = 132 764.0；等等。

2. 从纵向来看，各机构部门的平衡关系为：

（1）初次分配总收入 = 增加值 - 支付的劳动者报酬、生产税净额和财产收入 + 获得的劳动者报酬、生产税净额和财产收入

以住户部门为例，有：初次分配总收入 206 544.0 = 增加值 92 511.4 - （60 186.6 + 602.7 + 3495.1）+ （166 957.9 + 11 359.1）。

（2）从收入角度：可支配总收入 = 初次分配总收入 + 经常转移收入 - 经常转移支出

以住户部门为例：可支配总收入 207 302.4 = 初次分配总收入 206 544.0 + 经常转移收入 22 214.5 - 经常转移支出 21 456.1。

从使用角度：可支配总收入 = 最终消费 + 总储蓄

以住户部门为例：可支配总收入 207 302.4 = 最终消费 123 584.6 + 总储蓄 83 717.8。

（3）总储蓄 + 资本转移 = 总投资 + 净金融投资

以住户部门为例：总储蓄 83 717.8 + 资本转移 0 = 资本形成总额 33 950.4 - 其他非金融资产获得减处置 6570.5 + 净金融投资 56 337.9。

（4）金融资金使用合计 = 净金融投资 + 金融资金来源合计

以住户部门为例：资金使用合计 60 796.0 = 净金融投资 35 907.0 + 金融资金来源合计 305 481.0。

### §5.2.4 资金流量表的编制方法

资金流量核算是一种重要的宏观经济分析工具,然而,国民经济资金流量表的编制却是一项十分庞大、复杂的核算工作。因为,编制资金流量表需要掌握大量的数据资料,而这些资料又需要使用各种各样的方法来搜集、甄别、推算、归纳和整理,工作量非常大,技术要求也很高。

1. 资金流量表的一般编制程序

编制资金流量表的具体步骤一般分为:第一步,把国民经济划分为几个机构部门,并确立具体的交易项目;第二步,为每一机构部门编制部门资金来源运用表;第三步,把所有部门资金来源运用表并列综合在一起,即为全社会的资金流量表。其中,编制机构部门资金来源运用表的通常作法有两种:一是直接法,即将直接获取的各部门资金来源和使用资料进行编制;二是间接法,即通过各部门的收益表和资产负债表测算各部门的资金流量状况,再进行编制。

2. 我国资金流量表的编制方式

根据我国现阶段的核算基础和条件,目前主要通过直接分解各种宏观经济流量的方式来编制资金流量表。其基本思路是:在现有核算的基础上,广泛搜集和充分利用有关专业的统计资料,以及财政、税收、工商、金融、外贸、外汇管理等业务部门的会计、统计和其他核算资料,依据资金流量核算的部门分类和交易分类要求,对有关各种核算资料进行审核和甄别、分解和归并、调整和整理、推算和补充,然后进行组装与平衡,最后编制成所需要的资金流量表。

其主要资料来源有:各种统计年报,包括增加值或国内生产总值年报、综合财政统计年报、国民财产统计年报、国际收支平衡表、劳动工资统计年报、农村经济统计年报、居民货币收支平衡表等;城镇住户和农村住户抽样调查资料;部分企业及政府部门资金来源与资金占用等会计报表,国有农、林、牧、渔场的年度会计决算表;财政预算决算表、预算外资金收支决算表,以及税收统计报表和税收会计年报表;人民银行、各商业银行及其他金融机构的业务状况报告表、损益表、专用基金表,保险公司会计报表;此外,还需要由证监会提供有关股票、债券发行的数据,由外经部门提供有关外资利用的情况和数据,等等。

从以上各种渠道搜集得到的资料,有些只要做相应的归并即可使用,有些则需作进一步的技术处理。利用这些数据,按照一定的部门分类和交易分类就可以组装成初步的部门资金流量表。但这样的资金流量表往往还比较粗糙,汇总后一般也不能平衡,需进行调整和加工。调整的总原则是:先平衡一级部门分类表,作为总控制数,再平衡二级部门分类表;先核定不存在派生流量的实物交易部分资料,再核定存在派生流量的金融交易部分资料。

§5.3 资金流量分析

### §5.3.1 资金流量的静态分析

资金流量表集中、系统、全面地描述一个国家的社会资金活动,清楚地反映国民经济的运行状况。通过资金流量分析,可以深入研究宏观经济运行的情况和问题,为实现经济宏观调控提供决策依据。下面以 2009 年中国资金流量表为例,简要介绍资金流量分析的内容。

1. 资金分配结构分析

(1)资金分配的部门结构分析

资金分配即资金流量的配置状况,包括社会资金初始流量、收入初次分配和再分配情况。2009 年中国资金流量分配的机构部门结构见图 5-1。可以看到,非金融企业部门是增加值的主要创造者,占增加值总额的 58%;其次为住户部门,占增加值总额的 27%;政府部门和金融机构部门创造的增加值较少。

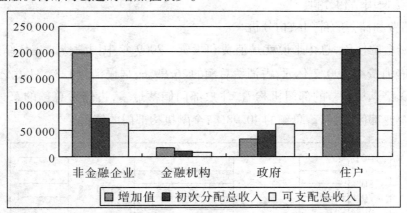

图 5-1　2009 年中国资金分配的部门结构

经过收入初次分配,增加值从非金融企业部门流向了住户和政府部门。非金融机构部门在支付了劳动者报酬、生产税净额和财产收入后,在初次分配总收入总额中所占的比重变为 21.5%;金融机构部门变化较小,在初次分配总收入总额中所占的比重约下降 2%;政府部门得到大量的生产税净额,在初次分配总收入总额中占的比重提高为 14.58%;住户部门得到大量的劳动者报酬和财产收入,成为最大的初次分配总收入占有部门,比重为 60.69%。

经过收入再分配之后,收入的部门结构没有发生较大变化。非金融企业和金融企业支付所得税后,在可支配总收入中的份额变为 18.74% 和 2.45%;政府部门在收到各部门缴纳的所得税后,在可支配总收入中的份额进一步提高到 18.28%;住户部门缴纳所得税与收到的经常转移基本相当,在可支配总收入中的份额变化不大。

(2)财产收入的部门结构分析

2009 年,各机构部门的财产收入为 63 322.0 亿元。从各部门的财产收入收支情况看,非金融企业部门是最大的财产收入支出部门,财产收入净额为 -11 461.2 亿元;金融机构部门的财产收支大体相当,规模都较大,财产收入净额为正值,仅占其财产收入的 0.64%;政府部门的财产收入收支额都较小,财产收入净额为负值;住户部门是最大的财产收入净获得部门,财产收入净额为很大的正值。

(3)住户部门的初次分配流量结构分析

初次分配过程的主要构成项目为劳动者报酬、生产税净额和财产收入。2009 年中国住户部门无论是从来源还是使用来看,劳动者报酬都是住户部门最主要的初次分配手段,在收支流量中的比重均在 90% 以上;财产收入在住户初次分配环节起的作用很小,在收入来源中的比重只有 6.4%,反映出中国目前的收入初次分配特征:以"按劳分配"为主体,财产收入分配只处于从属地位。

2. 资金使用结构分析

(1)消费和储蓄的部门结构分析

社会资金的使用,总体来说就是消费和投资。2009 年中国消费的主体结构是(见图 5-2):政府消费 45 690.2 亿元,占消费总额的 26.99%;居民消费 123 584.6 亿元,接近政府消费的 3 倍。从储蓄的部门机构看,住户部门储蓄最多,占储蓄总额的 53.46%;其次为非金融企业部门,占储蓄总额的 40.98%;金融机构部门的储蓄最少。

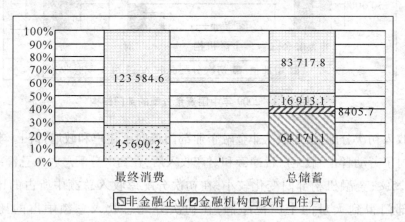

图 5-2　2009 年中国消费和储蓄的部门结构

（2）机构部门的消费和储蓄倾向分析

在可支配收入一定的情况下,总消费与总储蓄呈此消彼长的关系。由图5-2可以看到,政府和住户部门的消费均大于储蓄,其中政府部门的可支配收入中72.98%用于消费支出,27.02%用于储蓄;住户部门的可支配收入中59.62%用于消费支出,40.38%用于储蓄。同其他国家相比,中国居民的平均消费倾向偏低,这与传统的消费习惯、消费信贷滞后、居民对教育养老等预防性储蓄的偏好等有关。

（3）实物投资的部门和项目结构分析

实物投资包括固定资产投资和流动资产投资(即库存增加)。2009年中国的资本形成总额为164 463.2亿元。从实物投资的部门结构看,非金融企业部门形成的固定资产最多,占固定资产形成总额的67.08%;其次为住户部门,占固定资产形成总额的20.45%;政府部门和金融机构部门的固定资产形成较少。

从各部门的实物投资方式看,非金融企业、政府部门和住户部门中,资本形成总额的90%以上都是用于固定资本投资,用于流动资产投资比例较小;金融机构则全部用于固定资本投资,没有形成存货增加。

3. 资金融通结构分析

（1）金融投资的总体结构分析

2009年,中国国内各部门的金融资产净增加为326 391.0亿元。从部门分布来看,金融机构部门是金融资产净增加最大的部门,占金融资产净增加总额的52.36%,其次为住户部门和非金融企业部门,政府部门的金融投资所占的比重最低。国内金融投资以金融机构部门投资为主。

从金融资产的分布来看(见图5-3),中国金融投资以存款和贷款为主,占金融投资总额的73.53%,表明中国的金融结构仍以间接金融为主。在国际金融投资方式中,中国目前以贷款和直接投资为主,相比之下,采用其他投资方式的比重比较小,表明中国参与国际投资的方式有待多元化发展。

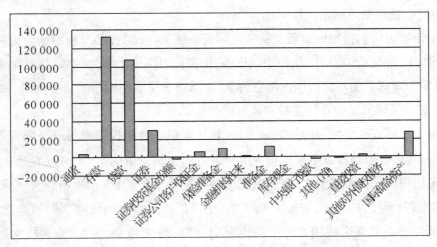

图5-3 2009年中国金融投资的资产结构

（2）非金融企业部门融资渠道分析

非金融企业作为国民经济中最重要的投资主体，其自身的储蓄远远满足不了投资的需要。因此，在社会金融融通中，它是最大的资金短缺部门。由图5-4可以看到，非金融企业部门融资的主要方式是贷款，占其融资总额的78.61%；其次为证券，占融资总额的16.75%；直接投资仅占5.32%。这表明非金融企业以间接融资方式为主，证券市场融资和国外直接投资也已成为非金融企业部门融资的重要途径。

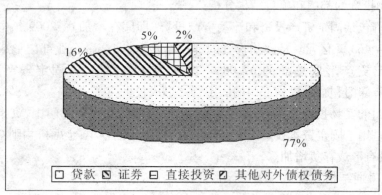

图5-4　2009年非金融企业部门的融资结构

（3）住户部门投资方式分析

住户部门是最大的资金盈余部门，是社会融资活动中最大的资金供给部门。住户部门投资的主要方式是存款，占其金融投资总额的70.99%；其次为保险准备金，占金融投资总额的13.81%；证券投资占7.41%。这表明住户部门以间接投资方式为主，同时，投保和证券投资也已成为住户部门金融投资的一种重要方式。

4. 资金循环渠道分析

（1）资金循环渠道的国内外对比

资金流量表中包括国内金融交易和国际资本往来，表明各部门利用国内国外两个渠道进行融资的情况。2009年，从使用角度看，中国国内融资比率为94%，国外融资比率为6%。说明中国资金循环仍以国内融资为主，国际资本往来使用不足。

（2）资金循环渠道的金融交易方式对比

金融交易有直接金融与间接金融之分，直接金融是最初投资者与最终融资者之间发生的交易，间接金融则是以金融机构为中介进行的交易。由图5-4可以看到，中国目前的金融市场仍以间接金融为主，所应用的金融工具主要是通货、存款和贷款，它们在资金使用和来源中所占的比重均较大。2009年，住户部门和非金融企业部门的通货、存款和贷款三项合计在其资金使用合计中占比分别为76.51%和88.34%，金融机构部门的通货、存款和贷款三项合计在其资金来源合计中占比重为65.14%。

### §5.3.2 资金流量的动态分析

1. 消费和投资倾向的变动分析

消费和投资是经济增长的重要因素,资金流量表中提供了消费和投资倾向的分析数据。消费率和投资率分别是指消费支出和资本形成占可支配总收入的比重。总体来说,中国的消费率高于投资率,同时,居民消费在总消费中占的比重大于政府消费。1998—2004年中国消费率下降而投资率上升(由1998年的38%上升至2004年的42.83%),2004—2009年中国消费率继续下降至49.43%,而投资率则上升至48.02%。投资率提高与我国的经济发展形势和既有的经济增长方式密切相关。

2. 实物投资方式的变动分析

资本形成总额包括固定资本形成和库存增加,从资金流量表中可以分析实物投资方式的变动。从1998—2004年的情况看,资本形成总额中用于固定资本形成的比重持续增加,1998年该比重为94%,至2004年资本形成总额中已有94.14%都用于固定资本形成;从2004—2009年的情况看,到2009年,资本形成总额中95.27%用于固定资本形成,说明中国实物投资的方式以固定资产投资为主,流动资产投资所占比重微乎其微。

3. 金融投资结构的变动分析

从金融投资的机构部门看,金融机构部门是金融资产净增加最大的部门。1998—2004年金融机构部门在资金使用总额中所占的比例由41%上升至57.47%,政府部门和住户部门在资金使用总额中所占的比例分别由10%和35%下降至2.2%和21.37%;至2009年,政府部门在资金使用总额中所占的比例略有上升,为5.91%,住户部门在资金使用中所占的比例继续下降,至18.63%。同时,金融机构部门在资金使用总额中所占的比例小幅下降为52.36%,表明国内金融投资仍以金融机构部门为主,其主体地位还是比较稳固。

4. 非金融企业部门融资渠道的变动分析

从非金融企业部门融资渠道的分析来看,贷款的比例从1998年的74.93%下降到2004年的63.37%,但是到2009年,该比例又上升至78.71%。而依靠证券投资筹集的资金比例从1998年的6.47%上升到2004年的7.21%,2009年,该比例进一步上升至16.75%。可见非金融企业部门主要的融资渠道仍然是贷款,而通过证券市场融资正在成为一种重要的融资途径。

5. 住户部门投资方式的变动分析

根据1998—2004年的数据来看,1998年,住户部门持有通货的比例为74.93%,2004年该比例基本保持不变,为6.74%,2009年该比例略降为5.52%;存款的比例略有增长但变化不大,1998年为74.26%,2004年为73.77%,2009年略降为70.99%;证券投资的比例出现明显的波动,从1998年的17.48%下降到2004年的2.40%,2009年又回升到

7.41%。从而可见住户部门的主要的投资方式依然是存款,证券持有比例的升降明显与我国股票市场价格的巨大波动有关,而持有通货比例的持续下降则在一定程度上反映了我国十余年来银行卡产业的迅速发展。

上面是以1998—2004—2009年三个年度的资金流量资料为基础,对资金流量的静态和动态分析方法的简单介绍。资金流量表中包含了丰富的内容,利用资金流量表还可以进行很多分析,包括专门对某个部门的资金流量进行系统分析,或者针对某个交易项目进行深入的统计研究,等等。

## 【本章小结】

1. 资金流量核算是以整个社会的资金运动过程作为研究对象的核算,它反映一定时期内各机构部门收入的形成、分配、使用、资金的筹集和使用以及各机构部门间资金流入和流出的情况。

2. 资金流量核算的范围有三种:一是只核算金融交易;二是除核算金融交易外,还核算总储蓄和实物投资;三是核算收入、分配、再分配、消费、投资的形成以及金融交易。我国的资金流量核算采用的是第三种核算范围。

3. 资金流量核算是以整个社会的资金运动过程作为研究对象的核算,主要反映生产结束后的收入分配、再分配、消费、积累支出和资金融通。生产活动形成的原始收入是资金流量核算的起点,然后经过收入的分配、再分配形成可支配收入。可支配收入扣除消费后形成储蓄,即各机构部门可用于实物投资的自有资金,各部门储蓄和资本转移净收入与实物投资之间会有差额,这个差额通过金融交易来调剂。资金流量核算反映了这样一个资金运动全过程。

4. 资金流量核算的核算原则包括:估价原则、记录时间原则与取净额和合并原则。

5. 资金流量表的表式结构有标准式和三维式。

6. 资金流量核算的主要指标包括收入初次分配、收入再分配、收入使用、资本交易和金融交易部分。资金流量表中的平衡关系分为内部平衡和外部平衡两种,体现在机构部门和交易项目两个方面。

7. 资金流量表的分析包括静态和动态。其中静态分析主要是指资金分配、资金使用、资金融通和资金循环渠道分析等,动态分析主要是指消费和投资倾向变动、实物投资方式变动、金融投资结构变动等。

**【思考题与练习题】**

5-1. 什么是经济交易？它有哪些基本分类？

5-2. 什么是资金流量？资金流量核算中的资金指什么？

5-3. 资金流量核算有哪几种范围？它们各有什么特点？

5-4. 资金流量的核算原理是什么？

5-5. 资金流量的核算原则是什么？

5-6. 试述金融资产在资金流量表中的分类。

5-7. 试述收入初次分配、收入再分配和收入使用核算的基本流程。

5-8. 资金流量表中的平衡关系有哪些？试用最近年份《中国统计年鉴》的资金流量表的数据进行说明。

5-9. 简述如何利用资金流量表进行资金流量分析。

5-10. 已知某企业：增加值180亿元，支付劳动报酬60亿元，支付生产税10亿元，政府生产补贴0.2亿元，上缴政府所得税30亿元，支付财产收入20亿元，补贴医疗、食堂、学校等非物质生产部门5亿元，支付灾区捐款0.1亿元，国库券兑现收入10亿元，利息收入1.3亿元。试计算该企业部门的原始收入和可支配收入。

5-11. 已知某部门：固定资产形成总额为420亿元，库存变化为25亿元，固定资本消耗100亿元，总储蓄363亿元，应收资本转移为21亿元，应付资本转移为28亿元，贵重物品净获得和土地及其他生产资产净获得都是0。试计算：

(1) 净储蓄、资本形成总额、净贷出或者净借入指标；

(2) 判断该部门是住户部门还是企业部门。

5-12. 已知企业部门：当期发行股票8000亿元，债券6000亿元，得到银行贷款5500亿元，在银行存款3000亿元；住户部门：购买股票1000亿元，购买债券600亿元，在银行存款10 000亿元，在银行贷款450亿元。试计算：

(1) 企业部门的负债总额；

(2) 住户部门的金融资产总额；

(3) 银行部门（金融机构）的净金融投资；

(4) 分析三个部门的资金余缺和融资情况。

# 第6章

## 国际收支核算

国际收支核算是对一定时期内常住单位与非常住单位之间交易的核算。通过国际收支核算，可以综合反映和研究对外经济关系和国际收支状况，不仅对一国宏观经济管理和决策具有重要作用，也是世界其他国家了解一国涉外经济发展状况的主要途径。对其国际收支核算的准确性、及时性和全面性的要求随着经济全球化进程的加快而不断提高。

## §6.1 国际收支核算的意义

### §6.1.1 国际收支核算的概念

国际收支核算,是一个国家或者地区,作为一个经济整体,同世界其他国家和地区在一定时间时期所发生的各项经济交易的系统记录。根据国际货币基金组织的定义,目前国际收支核算包括国际收支和国际投资头寸两方面的内容。

国际收支最早仅指一个国家的对外贸易收支,后来由于国际经济活动在内容和范围上不断扩大,国际收支被理解为一个国家的外汇收支。二次世界大战后,随着没有外汇收支的交易在国际经济活动中日趋重要,产生了广义的国际收支概念,即一定时期内常住单位与非常住单位之间由于进行各种经济往来而发生的收入和支出,既包括涉及外汇收支的经济往来,也包括不涉及外汇收支的经济往来。

在国际收支核算中,经济往来大量的指交易,即一方向另一方提供某种经济价值,再从对方得到同等价值的交换。除此之外,还有一些不是等价交换的特殊交易,如无偿援助,即一方把一定的经济价值无偿提供给另一方。

国际收支中的交易具有以下特征:第一,所有交易都必须具有经济价值,凡不能测定其经济价值的,在国际收支核算中不认为是交易;第二,交易必须在常住单位和非常住单位之间进行,否则,进行交易的双方即便使用外汇,也不能列入国际收支核算。具体包括货物和服务交易、初次收入交易、二次收入交易、资本和金融交易中的收支。

### §6.1.2 国际收支核算的原则

1. 记录时间原则

国际收支核算采用权责发生制原则记录各项交易。权责发生制在经济价值被创造、转换、交换、转移或消失时,记录流量。这意味着,反映经济所有权变更的流量是在所有权转移时记录,服务是在提供时记录。

在权责发生制原则下,货物交易按经济所有权发生变更的时间记录;服务交易在服务提供时记录;分配型交易在相关的债权发生时记录,例如,雇员报酬、利息、社会缴款和福利都在应付款发生时加以记录,股息在股票进入除息日的时刻记录;金融资产交易(包括现金支付)在经济所有权变更时记录,如证券交易在所有权变更时记录,债务的偿还在债务消失时记录;其他流量包括资产数量的其他变化和重新定值(重估价),资产数量的其他变化(包括重新分类)在这些变化发生时记录,重新定值通常在相关资产和负债被计值时的两个时点之间进行计算。

2. 估价原则

国际收支核算要求按实际成交的现行市场价格统一估价。所有的流量和交易以实际成交的市场价格为估价的基础,因此,交易一般是按交易者之间协议的实际价格估价,资产和负债存量按编表时点的市场价格估价。各个项目的具体规定是:

货物进出口,统一按边境的离岸价格估价。这种价格包括货物的价值和到达经济总体的边界的有关运输、销售服务的价值,还包括为进一步运输的装卸费。进口货物离开出口国以后,如果是由非常住单位提供运输和保险,运输费和保险费作为服务的进口处理,也就是说,到岸价格与离岸价格之差应该作为服务的进口。考虑到进出口货物的交货点有可能在出口国、进口国、甚至第三国或地区,国际运输费和保险费的支付情况也多样,不一定各种货物都能严格地分解出离岸价格,所以尽可能按离岸价格估价,同时保持按离岸价格估价的货物价值与记录在服务进出口中的运输费和保险费之和,等于按到岸价格估价的货物进出口的价值。以货易货的进出口,根据这些货物在市场上买卖的成交价格估价。

服务进出口,按实际协议的价格估价。国际保险服务按支付的金额估价;国际金融服务,除了包括明确的佣金和服务费外,还包括"间接计算的金融中介服务",即根据贷款或债务证券所收到的财产收入与存款所得到的利息之间的差额得出和估计价格。

原始收入的收支,按有关市场的现行价格估价。对投资人而言,这个价格不包括持有损益,它应该包括在重估价中。

转移,一般说来没有市场价格,可以按如果出售所能得到的基本价格虚拟估价。由于提供者和接受者对虚拟价值的看法可能大不相同。因而,作为一个实际经验,可以用提供者所指定的价值作为记录的基础。

金融项目,金融资产的变化按获得或处置的价格;在有组织的市场中进行的交易,按市场上确定的价格;对不在市场中进行的交易如通货、可转让存单等,把被指定用于某种目的的价值视为市场价格。对外金融项目的估价不包括任何服务费、手续费、佣金或收入,它们包括在货物和服务的进出口中。

资产和负债存量,按有关日期的现期市场价格。对外金融项目一般在企业或投资者的资产负债表中都有记录,其中基于现行市场价格的部分,与这里的估价是一致的,但是对基于历史成本的部分,应该作调整。

3. 记账单位和货币折算原则

非金融和金融交易的值,以及金融资产和负债头寸的值,在最初可能以各种货币或其他价值标准例如特别提款权表示,将这些值折算为基准记账单位是确保核算统一和具有分析意义的必要条件。

国际收支核算可以按本币记账,也可按另一种货币记账。按本币记账是为了与其他一些宏观经济和微观数据衔接。为进行全球或地区范围的汇总和方便国际比较,有必要

第6章

国际收支核算

使用标准计账单位或国际计账单位。这就提出把不同货币换算成统一货币的问题。

从原则上说,每笔交易都应采用该交易发生时的实际汇率进行折算。对每日交易采用日平均汇率通常能做出很好的估计。如果无法采用日汇率,则应采用最短期间的平均汇率。有些交易是在一段时间内连续发生的,例如:一段时间内的应计利息。因此,对于这类流量,应采用流量发生期间的平均汇率来进行货币折算。在官方多重汇率制度下,汇率中可能含有类似税金或补贴的成分,此时应该折算成单一汇率。单一汇率是对外交易的所有官方汇率的加权平均数。我国目前国际收支平衡表中使用的货币单位是美元,所采用的汇率是国家外汇管理局制定的《各种货币对美元统一折算率》。

4. 加总和取净值原则

金融资产和负债的交易、其他流量和头寸分类旨在获得总量数据,这些总量将类似项目归在一起,并将那些具有不同特点的项目分开。总量和分类密切相关,因为分类是为了获得非常重要的总量数据。

把同类项目的各项数据归并成总量称为加总。把一些项目的值与符号相反的同一项目值相互抵销,称为取净值,例如,买入外币和卖出外币相抵销后得出净额。

## §6.2　国际收支平衡表

### §6.2.1　国际收支平衡表的结构

国际收支平衡表是反映一定时期一国同外国的全部经济往来的收支流量表,它是对一个国家与其他国家进行经济技术交流过程中所发生的贸易、非贸易、资本往来以及储备资产的实际动态所作的系统记录,是国际收支核算和宏观经济分析的重要工具。通过国际收支平衡表,可综合反映一国从事对外经济往来的规模和结构、一国的国际经济地位及其参与国际经济竞争的能力。

国际货币基金组织《国际收支手册》第六版的国际收支平衡表的标准表式,依据复式记账原理与有关核算原理设计,其表式如表6-1所示。

在国际收支平衡表中,主栏包括经常项目、资本项目、金融项目和误差与遗漏共四个部分。宾栏设有:贷方、借方和差额三个项目。借方为常住单位对非常住单位进行支付的交易,贷方为常住单位从非常住单位获得收入的交易,差额等于相应项目的贷方与借方之差。

| | 贷　方 | 借　方 | 差　额 |
|---|---|---|---|
| 一、经常账户 | | | |
| 　货物和服务 | | | |
| 　　货物 | | | |
| 　　服务 | | | |
| 　初次收入 | | | |
| 　　雇员报酬 | | | |
| 　　利息 | | | |
| 　　公司的已分配收益 | | | |
| 　　再投资收益 | | | |
| 　　租金 | | | |
| 　二次收入 | | | |
| 　　对所得、财富等征收的经常性税收 | | | |
| 　　非寿险净保费 | | | |
| 　　非寿险索赔 | | | |
| 　　经常性国际转移 | | | |
| 　　其他经常转移 | | | |
| 　　养老金权益变化调整 | | | |
| 　经常账户差额 | | | |
| 二、资本账户 | | | |
| 　非生产非金融资产的取得/处置 | | | |
| 　资本转移 | | | |
| 　资本账户差额 | | | |
| 净贷出(_＋_)_/净借入(经常和资本账户) | | | |
| 三、金融账户 | | | |
| 　直接投资 | | | |
| 　金融衍生产品（储备除外）和雇员认股权 | | | |
| 　其他投资 | | | |
| 　储备资产 | | | |
| 　资产/负债变化总额 | | | |
| 　净贷出(＋)/净借入(－)（金融账户） | | | |
| 四、误差与遗漏净额 | | | |

　　我国的国际收支平衡表是根据国际货币基金组织《国际收支手册》第五版的国际收支平衡表的标准表式,结合我国的实际情况而设计的,其表式如表 6－2 所示。

第6章

国际收支核算

表 6 - 2 中国国际收支平衡表

| | 差 额 | 借 方 | 贷 方 |
|---|---|---|---|
| 一、经常账户 | | | |
| (一)货物和服务 | | | |
| a 货物 | | | |
| b 服务 | | | |
| 1. 运输服务 | | | |
| 2. 旅游服务 | | | |
| 3. 通讯服务 | | | |
| 4. 建筑服务 | | | |
| 5. 保险服务 | | | |
| 6. 金融服务 | | | |
| 7. 计算机和信息服务 | | | |
| 8. 专有权利使用费和特许费 | | | |
| 9. 咨询 | | | |
| 10. 广告．宣传额 | | | |
| 11. 电影．音像 | | | |
| 12. 其他商业服务 | | | |
| 13. 别处未提及的政府服务 | | | |
| (二)收益 | | | |
| 1. 职工报酬 | | | |
| 2. 投资收益 | | | |
| (三)经常转移 | | | |
| 1. 各级政府 | | | |
| 2. 其他部门 | | | |
| 二、资本和金融项目 | | | |
| (一)资本项目 | | | |
| (二)金融项目 | | | |
| 1. 直接投资 | | | |
| 1.1 我国在外直接投资 | | | |
| 1.2 外国在华直接投资 | | | |
| 2. 证券投资 | | | |
| 2.1 资产 | | | |
| 2.2 负债 | | | |
| 3. 其他投资 | | | |
| 3.1 资产 | | | |
| 长期 | | | |
| 短期 | | | |
| 3.2 负债 | | | |
| 长期 | | | |
| 短期 | | | |
| 三、储备资产 | | | |
| (一)货币黄金 | | | |
| (二)特别提款权 | | | |
| (三)在基金组织的储备头寸 | | | |
| (四)外汇 | | | |
| (五)其他债权 | | | |
| 四、净误差与遗漏 | | | |

## §6.2.2 国际收支平衡表的内容

1. 经常项目

经常项目是国际收支平衡表中最基本、最重要的项目。它是指常住单位与非常住单位之间关于货物和服务及有关要素的收支,包括货物、服务、收益以及经常转移4个部分。经常项目顺差等于国内供给与国内需求的差额,因此经常项目反映了一个国家的国际交往能力和在国际收支中的自主状况。

货物是经常项目的一个重要内容。货物包括我国海关进出口的所有货物,以及一些虽然不经过海关,但是属于我国和其他国家或地区之间经济交易的货物。后者包括我国运输工具,例如飞机、船只等在境外港口购买的货物、我国远洋渔船向其他国家出售其所有捕获的海产品、我国向周边国家或地区提供的电力、天然气以及淡水等。我国货物贸易数据以海关进出口统计资料为基础,以货物所有权变化为原则进行调整而成,均采用离岸价格计价,进口用海关统计的到岸价减去运输和保险费用;出口直接用海关的统计。此项目中还包括一些未经我国海关的转口贸易,商品退货也在此项目中进行调整。出口记在贷方,进口记在借方。

服务涉及的项目比较繁杂,涵盖了运输、旅游、通讯、建筑、金融、保险、计算机、信息、专利使用、版权、广告中介、专业技术服务、文化和娱乐等形式多样的商业服务以及一部分政府服务。贷方表示收入,借方表示支出。具体项目及其含义如下。

运输指与运输有关的服务收支。包括海、陆、空运输,太空和管道运输等。

旅游指对在我国境内停留不足一年的外国旅游者和港澳台同胞(包括因公、因私)提供货物和服务获得的收入,以及我国居民出国旅行(因公、因私)的支出。

通讯服务包括:①电讯服务,指电话、电传、电报、电缆、广播、卫星、电子邮件等;②邮政和邮递服务。

建筑服务指我国企业在经济领土之外完成的建筑、安装项目,以及外国企业在我国经济领土之内完成的建筑、安装项目。

保险服务包括各种保险服务的收支,以及同保险交易有关的代理商的佣金。

金融服务包括金融中介和辅助服务收支。

计算机和信息服务包括计算机数据和与信息、新闻有关的服务交易收支。

专利权使用费和特许费包括使用无形资产的专有权、特许权等发生的收支。

咨询包括法律、会计、管理、技术等方面的咨询服务收支。

广告、宣传包括广告设计、创作和推销;媒介版面推销;在国外推销产品;市场调研等的收支。

电影、音像包括电影、电视节目和音乐录制品的服务以及有关租用费用收支。

其他商业服务指以上未提及的各类服务交易的收支,驻华机构办公经费(不含使领馆)也在此项下。

别处未提及的政府服务指在前面分类中没有包括的各种政府服务交易,包括大使馆等国家政府机构的所有涉外交易。

收益项目是经常项目的第三项内容,它包括职工报酬和投资收益项目。

职工报酬指我国的个人在国外工作(一年以内)而得到并汇回的收入以及我国支付在华外籍员工(一年以内)的工资福利。

投资收益与资本和金融项目直接相关,包括直接投资项下的利润利息收支和再投资收益、证券投资收益(股息、利息等)和其他投资收益(利息)。

经常转移是经常项目的第四项内容,又称为单方转移,是不以获取收入或者支出为目的的单方面交易行为,包括侨汇、无偿捐赠和赔偿等项目,包括货物和资金形式。贷方表示外国对我国提供的无偿转移,借方反映我国对外国的无偿转移。其中:

各级政府指国外的捐赠者或受援者为国际组织和政府部门。

其他部门指国外的捐赠者或受援者为国际组织和政府部门以外的其他部门或个人。

2. 资本与金融项目

包括资本项目和金融项目。

资本项目记录的是资本性质的转移和非生产性非金融资产的获得或者出让。资本性质的转移包括生产设备的无偿转移、我国在外居住超过一年的个人向我国的赠款或者接受我国国内个人或机构对国外的赠款以及单方面债务减免等。非生产性非金融性资产的获得或者出让指的是专利、版权、商标等资产的一次性买断或者卖断。

金融项目包括我国对外金融资产和负债的所有权变动的所有交易。按投资方式分为直接投资、证券投资和其他投资;按资金流向构成的债权债务关系分为资产、负债,其中直接投资分为外国在华直接投资(视同于负债)和我国对外直接投资(视同于资产)。

直接投资是资本和金融项目最重要的分项之一。构成直接投资的投资行为必须具备三个要素:直接投资者、直接投资企业以及直接投资者对于直接投资企业的控制权。与一般投资行为不同的是,直接投资对于直接投资企业有长期的、持久的利益。直接投资包括对企业的原始投资,也包括直接投资者和直接投资企业以及其他关联企业之间的所有交易。直接投资的关键是控制权。为了保证判断标准的可操作性,国际组织,包括经合组织、国际货币基金组织以及联合国贸发会议确定,如果一个企业持有其他国家某一企业10%以上的股权或者控制权,就认定前者是直接投资者,后者是直接投资企业。它们之间是直接投资的关系。直接投资包括外国在华直接投资和我国在外直接投资两部分。我国把超过25%股权的投资视为外商来华直接投资。

我国在外直接投资借方表示我国对外直接投资汇出的资本金、母子公司资金往来的国内资金流出;贷方表示我国撤资和清算以及母子公司资金往来的外部资金流入。

外国在华直接投资贷方表示外国投资者在我国设立外商投资企业的投资,包括股本金、收益再投资和其他资本,总投资额数据来源于外经贸部(现为商务部);借方表示外商企业的撤资和清算资金汇出我国。

证券投资指一个国家的企业、个人、团体等对其他国家所发行的有价证券进行投资的行为。有价证券的范围包括股本证券和债务证券两类证券投资形式,如各类公司股票、债券、国债、票据、期货、期权等。例如,我国在外发行上市的 N 股等,在国内上市的 B 股中非居民持有的部分,也包括我国个人或者机构购买的美国国债以及其他有价证券等。

资产借方表示我国持有的国外证券资产增加;贷方表示我国持有的国外证券资产减少。

股本证券包括以股票为主要形式的证券。

债务证券包括中长期债券和一年期(含一年)以下的短期债券和货币市场有价证券,如短期国库券、商业票据、短期可转让大额存单等。

负债贷方表示当期我国发行的股票和债券筹资额,借方表示当期我国发行股票的回收和债券的还本。

股本证券包括我国在外发行上市的 H 股、N 股,我国境内上市 B 股中非居民持有的部分以及其他外资股。

债务证券包括我国发行的中长期债券和短期商业票据等。

其他投资是除直接投资和证券投资外的所有金融交易。分为贸易信贷、贷款、货币和存款及其他资产负债四种形式。其中长期指合同期为一年以上的金融交易,短期为一年及以下的金融交易。

资产借方表示资产增加,贷方表示资产减少。

贸易信贷借方表示我国出口商对国外进口商提供的延期收款额,以及我国进口商支付的预付货款;贷方表示我国出口延期收款的收回。

贷款借方表示我国金融机构以贷款和拆放等形式的对外资产增加;贷方表示减少。

货币和存款包括我国金融机构存款存放境外资金和库存外汇现金的变化。借方表示增加,贷方表示减少。

其他资产包括除贸易信贷、贷款、货币和存款以外的其他资产,如租赁本金的收回、其他投资形式。

负债贷方表示负债增加,借方表示负债减少。

贸易信贷贷方表示我国进口商接受国外出口商提供的延期付款贸易信贷,以及我国出口商预收的货款;借方表示归还延期付款。

贷款包括我国机构借入的各类贷款,如外国政府贷款、国际组织贷款、国外银行贷款和卖方信贷。贷方表示新增额,借方表示还本金额。

货币和存款包括海外私人存款、银行短期资金及向国外出口商和私人借款等短期资金。贷方表示新增额,借方表示偿还额或流出额。

其他负债是其他类型的对外债务。

### 3. 储备资产增减额

储备资产增减额指一国政府拥有的可以直接对外支付的储备资产的增减额。它是政府用来满足国际收支需要,弥补或调节国际收支,解决国际收支不平衡的工具。该项目是与国际收支总差额相对应的项目,两者在金额上相等,符号上相反。储备资产减少记录在贷方,储备资产增加记录在借方。储备资产主要包括以下指标:

黄金储备:指我国中央银行拥有的货币黄金的储备。贷方为本期黄金储备的减少额,借方为本期黄金储备的增加额。

外汇储备:指我国中央银行和国家外汇专业银行拥有的可以自由兑换的外汇资产及世界银行的债券。贷方为本期外汇储备的减少额,借方为本期外汇储备的增加额。

特别提款权:指我国在国际货币基金组织特别提款权账户的变化情况。贷方为本期持有的特别提款权的减少额,借方为本期的增加额。

在基金组织的储备头寸:指我国在国际货币组织中的资产,可以分为两部分:(1)我国向国际货币基金组织认缴的份额中,用特别提款缴纳的那部分份额;(2)国际货币基金组织可以随时偿还的我国对基金组织的贷款。贷方为本期我国用特别提款权认缴份额和我国对国际货币基金组织债权减少额;借方为本期我国认缴份额和我国对国际货币基金组织的债权增加额。

对基金信贷的使用:指我国在国际货币基金组织的储备头寸全部提取以后的其他提款,是我国对国际货币基金组织的负债。贷方为本期负债增加额,借方为本期负债减少额。

### 4. 误差与遗漏

根据复式记账原理,国际收支平衡表中收支总额应相等。但由于资料来源、统计时间、计价标准和汇率折算办法不一致等,都会造成核算过程中某个项目记录总额的不平衡,因此错误和遗漏无法避免。为了保持收支表的借贷双方相等,人为地设置一个平衡项目抵销这些错误和遗漏,用于平衡国际收支表中线下项目的差额。

误差与遗漏在指示国际收支平衡表准确性的同时,还具有重要的分析功能,如果该项目长期出现较大数额而得不到扭转,这意味着有重要信息没有被反映出来。例如,研究者经常利用该项目来分析一国的资本外逃或热钱涌入状况。

## §6.2.3 国际收支平衡关系

一个国家在对外经济往来中,国际收支总是不平衡的,在一定时期内国际收入可能大于支出,其差额称为顺差;而在另一时期国际收入可能小于支出,其差额称为逆差。但由于复式记账原理,国际收支平衡表总是平衡的,那么如何计算顺差和逆差? 在国际收支核算中,常用一条水平线将国际收支平衡表中的所有项目划分为两部分,即线上项目和线下项目。线上项目实际上是各国之间为获得某种目的而自发进行的各种交易,一般称为自发性交易,如货物的进出口等,而这种交易又总是不平衡的。线下项目的交易称为调节性交易,它是对自发性交易的反映。当自发性交易不能相抵时,就用这类交易来弥补其差额。一国的国际收支差额,指的是线上项目所有自发性交易收支相抵后的差额。由于对"自发性交易"的理解不同,对线上与线下的划分,世界各国的意见也不尽相同,但大多数国家都采用如下划分标准:线上项目包括经常项目和资本项目;线下项目就是储备资产增减项目。当线上项目的交易贷方大于借方,即为净贷——顺差时,线下项目也即储备项目为净借(储备资产增加),且净贷和净借金额相等;反之,当线上项目表现为净借——逆差时,线下项目就为净贷(储备资产减少),这样,就保持了平衡关系。从理论上讲,国际收支平衡表要保持平衡,应当是线上项目的国际收支差额与线下项目中的储备资产增减额完全相等。但是,在国际收支平衡表的编制中,由于种种原因,会产生统计误差,导致两种金额不相等,从而使国际收支平衡表出现不平衡。为了解决这个矛盾,专门人为地设置了误差与遗漏项目,这个项目一般放到线上项目中。当线上项目合计数与线下项目合计数不相等时,则调整线上项目,将两数差额作为统计误差列入"误差与遗漏"项目中相应的贷方或借方。这样调整后的线上项目的合计数,才是国际收支的总差额,它反映了一国在一定时期内国际收支不平衡的实际数量。根据以上内容可将线上项目与线下项目的差额关系表示如下:

货物和服务差额＝货物贸易差额＋服务贸易差额

经常项目差额＝货物差额＋服务差额＋经常转移差额

资本和金融项目差额＝资本项目差额＋金融项目差额

金融账户差额＝直接投资差额＋证券投资差额＋其他投资差额

储备资产变动差额＝货币黄金差额＋特别提款权差额＋外汇储备变动差额＋在基金组织的储备头寸差额＋其他债权差额

误差与遗漏＝－(经常项目差额＋资本和金融项目差额＋储备资产差额)

国际收支总差额＝经常项目差额＋资本和金融项目差额＋误差与遗漏差额

总差额,又叫官方结算差额,它是国际收支平衡表中最全面的差额。它反映了一个国家或地区通过使用储备资产来弥补国际收支平衡的差额有多大,它与储备资产有如下的关系:

国际收支总差额＝－储备资产增减差额

由于储备项目是国际收支平衡表中最可靠的项目,故这一差额的统计准确度较高,而且也是衡量货币当局对外汇市场的干预程度和国际收支状况最适宜的指标。

### §6.2.4 国际收支平衡表的编制

国际收支平衡表是根据会计中复式记账法编制的,按照有借必有贷,借贷必相等的原则将构成一项国际交易的两个方面都同时记录。下面通过实例,运用上述规则编制国际收支平衡表。假设某年我国对外经济活动有以下资料:

(1)法国向我国购买 100 万美元的纺织品,我方同时收到现汇 100 万美元。该交易表现为经常项目出口增加 100 万美元,记入经常项目贷方;另一方面资本项目中增加了金融资产 100 万美元,记入资本和金融项目借方。

(2)我国从美国购入机电设备,价值 1600 万美元,由纽约的中国银行的美元支票付款。此交易表现为经常项目货物进口增加 1600 万美元,记入经常项目借方;另一方面资本项目中的金融资产减少 1600 万美元,记入资本和金融项目贷方。

(3)我国收到华侨汇款 80 万美元,增加国家外汇储备。此交易表现为无偿转让收入增加 80 万美元,记入经常项目贷方;外汇储备增加 80 万美元,记入资本和金融项目借方。

(4)我国对约旦等国的劳务输出,获得外汇收入 500 万美元,存入所在国银行。该交易表现为经常项目中劳务承包收支增加 500 万美元,应记入经常项目贷方;另一方面表现为金融资产增加 500 万美元,记入资本和金融项目借方。

(5)我国动用外汇储备 70 万美元,从美国、加拿大等国购入小麦、玉米等粮食产品。该交易表现为外汇储备减少 70 万美元,记入资本和金融项目贷方;货物进口增加 70 万美元,记入经常项目借方。

(6)我国在日本发行 10 年期债券,价值 150 万美元,此款存入日本东京的银行。表现为负债增加 150 万美元,记入资本和金融项目贷方;另一方面金融资产增加 150 万美元,记入资本和金融项目借方。

(7)港澳同胞在内地旅游,花费 10 万美元,增加了我国外汇储备。此交易表现为经常项目中旅游收支增加 10 万美元,记入贷方;另一方面我国外汇储备增加 10 万美元,应记入资本和金融项目借方。

(8)我国向德国出口的轻工业品,以清偿对德国银行的短期贷款。该交易表现为货物出口增加 20 万美元,记入经常项目贷方;另一方面负债减少 20 万美元,记入资本和金融项目借方。

(9)一项进口由英国轮船公司承担,须付运费 5 万美元,由驻伦敦的中国银行支付。该交易表现为服务收入增加 5 万美元,记入经常项目借方;资产减少 5 万美元,记入资本和金融项目贷方。

(10)我国向国际货币基金组织借入短期资金 100 万美元,以增加我国外汇储备。该交易表现为负债 100 万美元,记入资本和金融项目贷方;外汇储备增加 100 万美元,记入资本和金融项目借方。

(11)我国向越南等国提供 15 万美元的工业品援助。该交易表现为货物出口增加 15 万美元,记入经常项目贷方;另一方面表现为无偿转让支出增加 15 万美元,记入经常项目借方。

（12）我国在泰国直接投资 40 万美元的机械设备。该交易表现为货物出口 50 万美元，记入经常项目贷方；资本增加 50 万美元，记入资本和金融项目借方。

（13）年底核算我国外汇储备实际动用了 2 万美元。

根据上述资料可编制国际收支平衡表草表：

表 6-2　　　　　　　　　　国际收支平衡表（草表）　　　　　　　　　单位：万美元

| | 借　方 | | 贷　方 | |
|---|---|---|---|---|
| 经常账户 | 货物进口<br>服务和收入<br>经常转移支出 | 1600 + 70 = 1670<br>5 = 5<br>15 = 15 | 货物出口<br>服务和收入<br>经常转移收入 | 100 + 15 + 20 + 50 = 185<br>10 + 500 = 510<br>80 = 80 |
| 资本和<br>金融账户 | 资产增加 | 100 + 500 + 150 + 50 = 800 | 资产减少 | 1600 + 5 = 1605 |
| | 负债减少 | 20 = 20 | 负债增加 | 150 + 100 = 250 |
| | 储备资产增加 | 10 + 80 + 100 = 190 | 储备资产减少 | 70 + 2 = 72 |
| 误差与遗漏 | 误差与遗漏 | 2 = 2 | 误差与遗漏 | |
| 合　计 | | 2702 | | 2702 |

表 6-3　　　　　　　　　　　　国际收支平衡表　　　　　　　　　　　单位：万美元

| | 差　额 | 借　方 | 贷　方 |
|---|---|---|---|
| 合　计 | 0 | 2702 | 2702 |
| 一、经常项目 | -915 | 1690 | 775 |
| （一）货物进出口 | -1485 | 1670 | 185 |
| （二）服务和收入 | 505 | 5 | 510 |
| （三）经常转移 | 65 | 15 | 80 |
| 二、资本和金融项目 | 1035 | 820 | 1855 |
| （一）资产 | 805 | 800 | 1605 |
| （二）负债 | 230 | 20 | 250 |
| 三、储备资产增减额 | -118 | 190 | 72 |
| 四、误差与遗漏 | -2 | 2 | — |

根据表中资料可知：

借方合计 = 贷方合计

2702 万美元（借方）= 2702 万美元（贷方）

经常收支差额 = -1485 + 505 + 65 = -915

资本和金融收支差额 = 1855 - 820 = 1035

国际收支总差额 = -915 + 1035 - 2 = 118

储备资产增减额差额 = -国际收支总差额 = -118

按照现行的《国际收支核算申报办法》，国际收支平衡表的数据来源主要来源于以下五个部分：第一，通过金融机构进行国际收支核算申报。国际收支核算申报办法规定："中国居民通过金融机构与非中国居民进行交易的，应当通过金融机构向国家外汇管理局或其分支局申报交易内容"。这项申报工作是国际收支核算工作的主体，涉及面广，内容繁多，它为经常账户和资本账户提供了主要数据来源，是编制国际收支平衡表的基础。第二，金融机构对境外资产负债及损益申报。第三，直接投资统计申报。该项申报提供了直接投资项下我国对外经济交往状况的准确信息，为宏观经济管理部门制定产业政策、金融政策提供可靠的依据。第四，证券投资统计申报。该项申报将对我国的资本项目管理提供基础的分析数据和决策依据。第五，汇兑业务统计申报。

目前，国际收支核算申报已经成为我国国际收支核算的主要数据来源。与此同时，搜集海关、商务部、国家旅游局、公安部、中国人民银行等部委资料来验证和补充国际收支申报数据。同时结合国家外汇管理局的抽样调查数据来编制中国国际收支平衡表。

### §6.2.5　国际收支平衡表的应用分析

1. 国际收支平衡状况分析

国际收支平衡状况分析，重点是分析国际收支差额，并找出原因，以便采取相应对策，扭转不平衡状况。

国际收支差额是进行平衡分析的基本工具。对于国际收支平衡表中的每一交易项目，都可以计算相应的"差额"指标。通过平衡表各项目的借贷对比，反映国际收支的平衡状况；对各项目差额进行对比，还可分析一国的经济状况和经济实力。此外还可以将平衡表中某些项目与别国的同类项目进行对比分析，以反映其差异程度。国际收支总差额是收入和支出的最终结果。谋求国际收支平衡是当前世界各国运用基金政策的目标之一。但是，任何国家的国际收支的平衡都是相对的，而不平衡是绝对的。一般说来，每个国家都期望保持国际收支顺差，以便不断增加国际储备资产，提高本国的经济实力。反之，连年出现逆差，会造成国际储备资产的减少，削弱本国的经济实力和竞争能力。

2. 国际收支结构分析

为了深入分析国际收支平衡状况，须对国际收支的结构进行分析。该项分析主要通过各类对外交易的流量水平，考察国际收支的结构特征；对国际收支结构进行分析，可以揭示各个项目在国际收支中的地位和作用，从结构变化中发现问题找出原因，以便对该时期的国际收支活动的性质特征作出定量判断，从而为指导对外经济活动提供依据。此外，通过国际收支各个指标之间以及国际收支指标与其他国民经济核算指标的对比，可以考察宏观经济运行的内在联系等。

3. 国际收支动态分析

在连续编制出不同年份国际收支平衡表的基础上，通过动态对比，可以观察国际收支在总量、结构和差额等方面的变动情况，进而探寻其影响因素，研究其变动趋势或规律，分析国际收支政策的实际效果,以便为未来的宏观经济管理与调控提供基础和依据,因此,对较长时期的国际收支平衡状况变动情况进行分析具有十分重要的意义。通过对不同时期的国际收支差额进行对比,可以分析国际收支的总趋势;通过计算,还可以分析哪些项目有加强的趋势,哪些项目有削弱的趋势。

## §6.3 国际投资头寸统计

### §6.3.1 国际投资头寸的概念

国际投资头寸是指常住单位拥有的国外资产存量、对外负债存量以及净头寸,国际投资头寸大体体现了各时期国际投资交易的积累结果。从国际收支核算所记录的投资交易看,尽管资本项目记录的是对外非金融投资,但由于这些交易属于所有权的变更,并不具有偿还性,无法形成国际投资存量,因此,国际投资头寸主要是指对外金融资产负债存量。通过国际投资头寸存量核算,可以反映在特定时点上一国拥有的国外金融资产和负债的总价值及其构成。

### §6.3.2 国际投资头寸表

国际投资头寸表是对外金融资产和负债存量的平衡表。用于记录一定时点一个国家的对外资产负债状况,以及一定时期内由于交易、价格变化、汇率变化和其他因素所引起的对外资产负债变化。

1. 国际投资头寸表的统计原则

根据国际货币基金组织发布的《国际收支和国际投资头寸手册》第六版,国际投资头寸表的主要统计原则除了遵循国际收支平衡表统计的一般原则外,还应遵循以下原则:

第一,按照市场价格来计价。原则上,构成国际投资头寸表的所有资产和负债均应按市场价格来计算。例如应按照股票、债券等金融资产的实际价格来计算;对于直接投资资产负债,可以参照投资企业与被投资企业的资产负债表进行估价。如果直接投资企业在股票市场上市,就可以按照市场牌价来计算其市值。

第二,按照时点记录,这是与国际收支平衡表的最大差别。

第三,国际投资头寸表不采用复式记账法。国际投资头寸表资产负债之间的差额,构成净资产或者净负债。

2. 国际投资头寸表的结构

国际货币基金组织颁布的第六版《国际收支和国际投资头寸手册》,分别给出了按职能和按金融工具表示的国际投资头寸表。合并的国际投资头寸表的表式结构如表 6 - 4

所示。其主栏反映常住单位对非常住单位的资产(债权)和负债(债务)。对外资产分为直接投资、证券投资、其他投资和储备资产;对外负债的分类除了没有储备资产外,其余与资产完全一样。对外资产与对外负债之差是一经济体的国际投资净头寸。宾栏反映这些对外债权和债务的动态平衡,把造成从期初到期末头寸变化的原因都包括在内:

期末头寸 = 期初头寸 + 交易变化 + 其他数量变化 + 汇率变化 + 其他价格变化

其中,交易变化指国际收支平衡表标准组成部分的交易,反映在金融账户上;其他数量变化指不属于交易但有引起投资头寸物量变化的各种其他因素,相当于 SNA 中的"资产物量的其他变化",包括特别提款权的分配或撤销引起的变化,黄金货币化或非货币化引起的变化,重新分类,债权人单方面取消债务,没收或不加偿还的占有等引起的头寸变化。价格变化和汇率变化称为重新定值。价格变化和汇率变化记录各个组成部分的计价变化。

表 6 - 4　　　　　　　　　　国际投资头寸表

| | 期初头寸(金额账户) | 交易变化 | 其他数量变化 | 汇率变化 | 其他价格变化 | 期末头寸 |
|---|---|---|---|---|---|---|
| 资产 | | | | | | |
| 　按职能类别 | | | | | | |
| 　　直接投资 | | | | | | |
| 　　证券投资 | | | | | | |
| 　　　金融衍生产品(储备除外)和雇员认股权 | | | | | | |
| 　　其他投资 | | | | | | |
| 　　储备资产 | | | | | | |
| 　按金融工具 | | | | | | |
| 　　股权和投资基金份额/单位 | | | | | | |
| 　　债务工具 | | | | | | |
| 　　　特别提款权 | | | | | | |
| 　　　货币和存款 | | | | | | |
| 　　　债务证券 | | | | | | |
| 　　　贷款 | | | | | | |
| 　　　保险、养老金和标准化担保计划 | | | | | | |
| 　　　其他应收/应付款 | | | | | | |
| 　其他金融资产和负债 | | | | | | |
| 　　货币黄金 | | | | | | |
| 　　金融衍生产品和雇员认股权 | | | | | | |
| 资产总额 | | | | | | |

表6-4(续)

| | 期初头寸（金额账户） | 交易 | 其他数量变化 | 汇率变化 | 其他价格变化 | 期末头寸 |
|---|---|---|---|---|---|---|
| **负债** | | | | | | |
| 　按职能类别 | | | | | | |
| 　　直接投资 | | | | | | |
| 　　证券投资 | | | | | | |
| 　　　金融衍生产品(储备除外)和雇员认股权 | | | | | | |
| 　　其他投资 | | | | | | |
| 　按金融工具 | | | | | | |
| 　　股权和投资基金份额/单位 | | | | | | |
| 　　债务工具 | | | | | | |
| 　　　特别提款权 | | | | | | |
| 　　　货币和存款 | | | | | | |
| 　　　债务证券 | | | | | | |
| 　　　贷款 | | | | | | |
| 　　　保险、养老金和标准化担保计划 | | | | | | |
| 　　　其他应收/应付款 | | | | | | |
| 　　其他金融资产和负债 | | | | | | |
| 　　　金融衍生产品和雇员认股权 | | | | | | |
| **负债总额** | | | | | | |
| **国际投资头寸净额** | | | | | | |

在国际投资头寸表中,各指标之间存在如下数量平衡关系:

资产 = 本国在国外的直接投资 + 证券投资 + 其他投资 + 储备资产

负债 = 外国在本国的直接投资证券投资 + 其他投资

净头寸 = 资产 - 负债

期末对外负债 = 期初对外负债 + 交易、其他数量变化、汇率变化、其他价格变化引起的对外负债变化

期末净头寸 = 期初净头寸 + 交易、其他数量变化、汇率变化、其他价格变化引起的对外负债变化

**3. 国际投资头寸表的编制方法**

国际上,国际投资头寸表的数据来源与国际收支平衡表数据来源基本一致,但在编制方法上略有不同。主要在于国际投资头寸表涉及存量,因此需要考虑价格变化、汇率变化以及其他调整等因素。我国国际投资头寸表的数据来源也基本上和国际收支平衡表数据来源一致。

总体而言,我国国际投资头寸表的编制主要以国际收支平衡表数据为交易变化基础,并根据汇率变化、市场变化以及其他调整,来编制期初期末国际投资头寸。具体表现为:

（1）在国外直接投资数据主要来自财政部对境外直接投资企业的年度资产负债调查以及金融机构自身资产负债损益申报。

（2）来华直接投资数据主要来自商务部直接投资统计,并根据外债数据以及国际收支核算申报数据进行相应调整。

（3）证券投资资产主要来自中国人民银行和国家外汇管理局国际收支核算申报中金融机构自身资产负债损益申报统计。

（4）证券投资负债数据通过证监会和外债统计监测系统获得,并予以相应调整。

（5）其他投资中贸易信贷主要依靠海关、国际收支核算申报数据为基础,并将逐步过渡到抽样调查;贷款、货币和存款以及其他资产数据根据中国人民银行统计数据、外债统计系统以及国际收支核算申报数据来编制。

（6）储备资产数据来自中国人民银行和国家外汇管理局资料。

## 【本章小结】

1. 国际收支统计又称为国际收支核算,是一个国家或者地区,作为一个经济整体,同世界其他国家和地区在一定时间时期所发生的各项经济交易的系统记录。广义的国际收支概念是指一定时期内常住单位与非常住单位之间由于进行各种经济往来而发生的收入和支出,既包括涉及外汇收支的经济往来,也包括不涉及外汇收支的经济往来。

2. 国际收支统计的原则包括记录时间原则、估价原则和记账与折算原则。

3. 国际收支平衡表是反映一定时期一国同外国的全部经济往来的收支流量表,是国际收支核算和宏观经济分析的重要工具。在国际收支平衡表中,主栏包括经常项目、资本和金融项目、储备资产变动项目以及误差与遗漏共四个部分。宾栏设有:借方、贷方和差额三个项目。借方为常住单位对非常住单位进行支付的交易,贷方为常住单位从非常住单位获得收入的交易,差额等于相应项目的贷方与借方之差。

4. 国际收支平衡表是根据会计中复式记账法编制的,按照有借必有贷,借贷必相等的原则将构成一项国际交易的两个方面都同时记录。

5. 国际收支平衡表可用于国际收支平衡状况、国际收支结构和国际收支动态等方面的分析。

6. 国际投资头寸是指常住单位拥有的国外资产存量、对外负债存量以及净头寸,用于记录一定时点一个国家的对外资产负债状况,以及一定时期内由于交易、价格变化、汇率变化和其他因素所引起的对外资产负债变化。

7. 国际投资头寸表主栏反映常住单位对非常住单位的资产(债权)和负债(债务)。宾栏反映这些对外债权和债务从期初到期末的动态平衡。

**【思考题与练习题】**

6-1. 国际收支包含哪些内容？

6-2. 说明国际收支平衡表的基本结构和主要特点。

6-3. 长期资本往来和短期资本往来各包含哪些内容？两者区分的意义何在？

6-4. 试说明国际收支差额的构成。各种差额分别具有什么意义？它们之间是怎样达到平衡的？

6-5. 说明国际投资头寸表的结构和主要特点。

# 第7章

## 资产负债核算

　　社会再生产活动总是在一定初始条件下进行的,这些初始条件表现为存量——期初和期末的资产与负债。资产负债核算是对经济存量的核算。国民经济的运行是一个从期初资产负债开始,经过当期的经济活动,如生产、分配、消费、积累等产生经济流量,未被使用的流量最终又转入存量,形成期末资产负债。期末资产负债作为下一期期初的存量,开始新一轮的经济活动。国民经济就是在经济流量与经济存量的周而复始的循环中向前发展的。国民经济核算是经济流量与存量核算的统一,将经济流量与存量有机地连为一个整体,才是对国民经济的完整核算。

　　资产负债核算全面反映某个时点上机构部门及经济总体所拥有的财力、物力的历史积累和与之对应的债权债务关系,反映一个国家或一个地区的资产负债总规模及结构、经济实力和发展水平。

## §7.1 经济存量与资产负债

### §7.1.1 经济存量的概念

存量指某一定时点的状况。经济存量指某经济主体在一定时点上拥有的资产和负债的状况,或者在一定时点上持有的资产和负债。这里的"经济主体",既可以是一个机构单位、一个机构部门、一个地区、一个国家;"一定时点",一般是年初、年末。

经济存量和经济流量之间存在着如下的关系:

期末存量 = 期初存量 + 期内增加的流量 − 期内减少的流量

期末存量 − 期初存量 = 期内增加的流量 − 期内减少的流量

= 本期流量净变化量

任何经济存量都是过去经济流量的沉淀和积累,而经济存量的变化又表现为某种经济流量的变化。

所有的经济存量都有相应的经济流量与之对应,但不是任何经济流量都有经济存量与之对应。无论哪种情况,经济流量与经济存量都有密切关系。如产品的生产量是流量,产品库存量是与之对应的存量;产品的进出口量是流量,却没有进出口存量,但是产品的进出口量会影响产品库存量。

经济存量和经济流量之间的这种联系,要求我们在开展国民经济核算时,既要使有关的经济存量和流量在核算内容、分类及核算方法上协调一致,又要使有关经济存量和流量的核算在经济主体的分类上尽量保持一致,或者至少能够相互匹配、相互转换。

### §7.1.2 资产负债的概念

资产是一定时点上的经济资产。所谓经济资产是指机构单位已经确定对它们的所有权,其所有者由于在一定时期内对它们的有效使用、持有或者处置,可以从中获得经济利益的那部分资产。所有的资产均要符合三条原则:①所有权已经确定;②在一定时期内可以进行有效使用、持有或者处置,即所有者能对其拥有的资产进行有效的控制;③可以在现在或可预见的将来获得经济利益。这三条原则也是确定资产负债核算范围的原则。

资产可以分为非金融资产和金融资产两大类。联合国等国际组织发布的 2008 年 SNA 对资产的具体分类(大类)是:

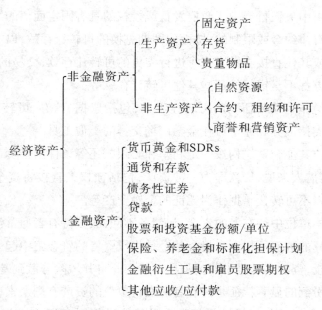

**图7-1　SNA中的资产分类**

生产资产指作为生产过程的产出而产生的非金融资产,包括固定资产、存货和贵重物品。

固定资产指那些在生产过程中使用超过一年的货物和服务。其中住宅、其他建筑和构筑物、机器设备、武器系统、培育性生物资源属于有形固定资产,无形固定资产则主要是指知识产权产品。

存货指生产者为了在以后销售或使用而持有的产生于现期或前期的货物和服务。具体包括:材料和用品、在制品、制成品、转售货物、政府持有的各种存货(如战略物资、谷物)。

贵重物品主要指贵金属、宝石、古董等。

非生产资产是通过生产过程以外的方式而产生的非金融资产。其中有形非生产资产主要是自然资源,包括土地、矿产和能源储量、非培育性生物资源、水资源、其他自然资源等,无形非生产资产则是由合约、租约和许可、商誉和营销资产等共同组成。

金融资产指金融债权性的经济资产,包括货币黄金、特别提款权以及在另一个机构单位有对等负债的各种金融债权(如通货、存款、债务性证券、贷款、股票、股票以外的证券、保险、养老金等)。

货币黄金是由货币当局(或受货币当局有效控制的其他机构)所拥有的,并作为储备资产而持有的黄金。

特别提款权(SDR)是由国际货币基金组织(IMF)创立并分配给会员以补充现有储备资产的国际储备资产。

通货指那些由中央银行或中央政府发行或授权的具有固定面值的纸币和硬币。

存款包括没有违约金或限制的,按面值即期兑换的可转让存款,以支票、汇票、直接转账单、直接借/贷或其他直接支付方式等进行支付的可转让存款,交易的一方或双方、债权人或债务人或双方都不是银行的那些其他可转让存款等。

债务性证券是作为债务证明的可转让工具,包括票据、债券、可转让存款证、商业票据、债权证、资产支持证券和通常可在金融市场交易的类似工具。

贷款是银行或其他金融机构按一定利率和必须归还等条件出借货币资金的一种信用活动形式,对于出借人来说,贷款即为一种资产,包括债权人直接将资金借给债务人时产生的金融资产及以不可转让单据作为凭证的金融资产等。

股权代表机构单位中持有者的资金,与债务不同,股权持有者通常没有获得预定数额或按固定公式计算的数额的权利。投资基金是将投资者的资金集中起来投资于金融或非金融资产的集体投,资购买基金份额的那些单位由此将其风险分散到基金的所有工具上。股权和投资基金份额的显著特征是持有者对发行单位的资产有剩余索取权。

保险、养老金和标准化担保计划都是金融机构进行财富调节或收入再分配的形式。其适用的准备金有五种:非寿险专门准备金、寿险和年金权益、养老金权益、养老金发起人的养老金债权和标准化担保代偿准备金。

金融衍生工具是与某种特定金融工具或特定指标或特定商品挂钩的金融工具,通过金融衍生工具,特定的金融风险本身就可以在金融市场上交易。金融衍生工具可分为期权合约和远期类合约两大类。雇员股票期权是雇主与雇员在某日(授权日)签订的一种协议,根据协议,在未来约定时间(含权日)或紧接着的一段时间(行权期)内,雇员能以约定价格(执行价格)购买约定数量的雇主股票。

其他应收/应付款包括提供给公司、政府、为住户服务的非营利机构、住户和国外的货物和服务的商业信用、在建工程或拟建工程的预付款等,但不包括商业信用融资贷款。

对于各种金融资产,机构单位个别或集体对其行使所有权,并且可以在持有或使用期间获得一定的经济利益。负债只有金融负债(债务),是金融资产(债权)的对应体,除货币黄金和国际货币基金组织的特别提款权外,一个机构单位或机构部门的金融资产必定是另一个机构单位或机构部门的金融负债,故大多数与金融资产有对称性。因为货币黄金和特别提款权不存在未偿还的负债,因此也没有与其对应的金融负债。

资产是资金的运用,负债是资金的来源,各种资产作为资金的运用,其来源可能是再生产的积累,也可能是某种形式的负债。

有关资产定义、分类的详细内容,可参见联合国等国际组织发布的《国民经济核算体系2008》(08SNA)中相关章节的介绍。受我国目前资产负债核算的资料来源和技术水平的限制,对非金融资产的核算不能完全按08SNA的分类进行,我国国民经济核算的资产分类如图7-2所示。

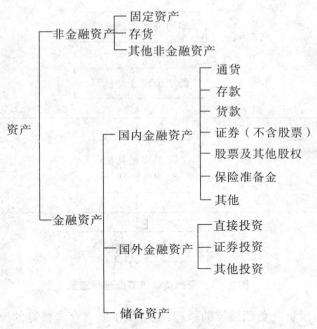

图 7 - 2　我国资产负债核算资产的分类

### §7.1.3　资产负债核算的原理和内容

1. 资产负债核算的原理

资产负债核算是对各个机构部门和经济总体一定时点上的资产和负债的核算。存量与流量是紧密相连的:资产负债作为社会再生产活动主要的初始条件,表现为期初资产负债的规模和结构,经过一段时间的生产、分配、使用活动,形成了经济活动的结果——期末资产负债的规模和结构。存量核算与流量核算可以依一定的方式构成相互适应、彼此衔接的有机整体。

期初资产负债是过去各个时期的产出和收入中未被消耗和消费的产品(流量)的积累和沉淀;一段时间里形成的资产负债,是这段时间的产出和收入中未被消耗和消费产品作为投资的部分和各个机构部门调剂资金余缺而进行的金融交易,这部分正是资金流量核算的内容;期初到期末,由于价格变化的原因,会使资产负债发生变化(用"重估价"衡量),由于诸如地下资源的发现或耗减、战争或其他政治事件的破坏、自然灾害的破坏、机构部门分类的变化等非交易因素引起的变化,还会使资产的数量发生变化(用"资产物量其他变动"衡量)。因此,期末资产负债核算与期初资产负债核算有图 7 - 3 所示的关系。

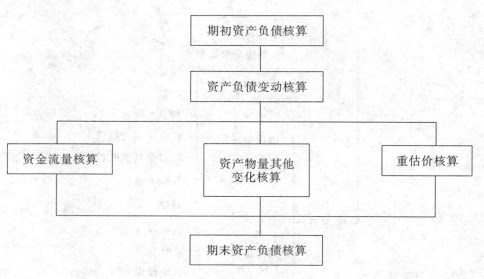

图 7-3　资产负债核算原理示意图

该图不仅表明了资产负债核算的原理,也表明了所有存量核算的原理,不仅适合用价值量表现的经济存量,也适合用实物量表现的存量,如:

期末资产 = 期初资产 + 期内净增加的资产 + 资产物量其他变动 + 重估价

期末负债 = 期初负债 + 期内净增加的负债 + 重估价

期末存款余额 = 期初存款余额 + 期内净增加的存款余额

期末劳动力资源 = 期初劳动力资源 + 期内净增加的劳动力资源

从以上分析中可以看出,国民经济的存量和流量相互依存、相互制约,期初资产负债等存量是国民经济运行的前提条件,存量的规模和结构与流量的规模和结构会相互影响,期初资产负债存量是历年流量的积累和沉淀,而期末资产负债等存量又是新一轮国民经济运行的起点。国民经济就是在存量和流量循环转化中不断向前发展的。

2. 资产负债核算的内容

(1)资产负债总量核算

资产负债核算中最重要的总量有资产总量、负债总量和资产净值(资产负债差额)。一个国家或地区的"家底"表现为经济资产和资产净值有多少、承担的债务有多大,这些都是重要的国情国力资料。搞清"家底"能正确评估国民的财产规模和分布状况,为政府进行宏观管理与调控、制定经济发展战略与步骤提供数量依据。

(2)资产负债构成核算

从图 7-1 和图 7-2 可以看出,资产负债核算对资产总量、负债总量和资产净值作了比较详细的分类,可以方便地进行资产、负债和资产净值的构成核算。通过各个项目的构成,可以分析生产能力和潜力、债权债务关系、在国际市场的经济实力等,为产业结构的调整、对外经济关系制定提供数量依据。

（3）各个机构部门资产负债总量和构成核算

国民资产负债核算分别按企业、金融机构、政府、住户和国外五个机构部门核算资产负债总量和构成。这不仅能摸清各个机构部门的"家底"及构成、债务偿还能力，还能反映一个国家或地区资产和负债的分布与配置状况、各个机构部门相互之间的债权债务关系和对整个国民经济的影响程度，为制定宏观产业政策提供数量依据。

### §7.1.4 资产负债核算的主体、记录时间和估价

1. 资产负债核算主体

资产负债核算的主体是一个国家或地区的机构单位。资产负债核算是对一个国家或地区经济领土上的所有机构单位或机构部门在某一定时点上的资产及与之对应的权益和债务关系的一种核算。这种核算既包括对非金融资产、金融资产和金融负债的核算，也包括对通过资产与负债之间差额所描述的权益状况的核算。①

2. 资产负债核算的方法和记录时间

资产负债核算遵循复式记账原则，采用 T 字形账户形式。账户的借方记录资产，贷方记录负债及资产与负债的差额。

机构单位或机构部门之间的资产负债核算的记录必须按照权责发生制原则，在同一时点计入相关的机构单位或机构部门双方各自的账户中。目前我国资产负债核算采用日历年初和年末两个时点，表明了资产负债核算的起点和终点。

3. 资产负债核算的估价

为了遵循国民经济核算的基本原则和与国内生产总值、投入产出、资金流量、国际收支等流量核算相衔接，资产负债核算的估价采用现期市场价格，即用核算时点的市场交易价格或类似的价格估计资产负债存量的价值。对可以在市场上买卖的资产和负债项目，以这些可观察到的现期市场价格估价；对于某些自行建造或不在市场上进行交易的资产，可以用近似的市场价格估价。这与会计采用历史成本价格是不同的，特别是在通货膨胀时，两种价格估价的资产负债差异会很大。

---

① 对整个国民经济所拥有的资产负债存量的总规模及结构进行的核算称为国民资产负债核算。以下如果没有特别说明，我们所提到的资产负债核算均指国民资产负债核算。

## §7.2　资产负债表

### §7.2.1　资产负债表的表式结构

资产负债核算是通过编制资产负债表来进行的。资产负债表是反映期末、期初资产、负债和资产净值存量的表格(账户),可以就机构单位、机构部门和经济总体编制资产负债表。将机构单位的资产负债表按机构部门合并,可以得到机构部门的资产负债表;将机构部门的资产负债账户合并,可以得到经济总体的资产负债表,即国民资产负债表。就机构单位、机构部门而言,资产负债表(账户)提供了以净值形式概括反映供其支配使用的金融资源和非金融资源;就经济整体而言,资产负债表提供了国民财产——非金融资产与国外净债权之和。

我国的资产负债表采用国际上通用的"资产负债指标×机构部门"表式(见表7-1和表7-2①),主栏是资产负债项目(指标),有四大项目,每一项包括若干层次的子项目,根据核算的需要,还可以对所有项目或者某些项目进一步细分。主栏项目的排列顺序是:先非金融项目,后金融项目;先有形项目,后无形项目;先国内项目,后国外项目。对于金融资产和金融负债项目,则是按变现速度的快慢排列的。第一项非金融资产,反映各个机构部门及经济总体的非金融资产的总规模、结构和分布。第二项金融资产与负债,反映各个机构部门自身的金融资产与金融负债状况,机构部门之间的债权债务关系,以及国内各个机构部门与非常住单位之间的债权债务关系,整个经济的储备资产的总规模和结构。第三项资产负债差额,反映各个机构部门及整个经济的财富和经济实力。第四项资产、负债与差额总计是各列的合计。

宾栏是核算的主体——非金融企业部门、金融机构部门、政府部门、住户部门和国外部门等机构部门,在每一个机构部门下设置来源方(贷方)和使用方(借方),与第5章介绍的资金流量表的主栏和宾栏分类一致,以便于存量核算与流量核算的衔接。其中使用项目记录资产,来源项目记录负债和资产负债差额。根据核算的需要,可以对某些机构部门作进一步分类。

资产负债表中非金融资产只在持有者的资产方即使用方反映。不同机构部门的金融债权与债务同时发生、数量相等、方向相反,某一机构部门或几个机构部门拥有的债权数额,必然与相应的另一机构部门或几个机构部门所承担的债务数额相等。因此宾栏有如

---

① 表7-2为1998年中国资产负债数据,中国尚未正式公布各年度资产负债数据,该表转引自国家统计局国民经济核算司编写的《中国国民经济核算》。

表 7 - 1

## 资产负债表

| | 代码 | 企业 | | 金融机构 | | 政府 | | 住户 | | 国内合计 | | 国外 | | 总计 | |
|---|---|---|---|---|---|---|---|---|---|---|---|---|---|---|---|
| | | 使用 | 来源 | 使用 | 来源 | 使用 | 来源 | 使用 | 来源 | 使用 | 来源 | 使用 | 来源 | 使用 | 来源 |
| 一、非金融资产 | | | | | | | | | | | | | | | |
| (一)固定资产 | | | | | | | | | | | | | | | |
| 其中:在建工程 | | | | | | | | | | | | | | | |
| (二)存货 | | | | | | | | | | | | | | | |
| 其中:产成品和商品库存 | | | | | | | | | | | | | | | |
| (三)其他非金融资产 | | | | | | | | | | | | | | | |
| 其中:无形资产 | | | | | | | | | | | | | | | |
| 二、金融资产与负债 | | | | | | | | | | | | | | | |
| (一)国内金融资产与负债 | | | | | | | | | | | | | | | |
| 通货 | | | | | | | | | | | | | | | |
| 存款 | | | | | | | | | | | | | | | |
| 贷款 | | | | | | | | | | | | | | | |
| 证券(不含股票) | | | | | | | | | | | | | | | |
| 股票及其他股权 | | | | | | | | | | | | | | | |
| 保险准备金 | | | | | | | | | | | | | | | |
| 其他 | | | | | | | | | | | | | | | |
| (二)国外金融资产与负债 | | | | | | | | | | | | | | | |
| 直接投资 | | | | | | | | | | | | | | | |
| 证券投资 | | | | | | | | | | | | | | | |
| 其他投资 | | | | | | | | | | | | | | | |
| (三)储备资产 | | | | | | | | | | | | | | | |
| 其中:黄金储备外汇储备 | | | | | | | | | | | | | | | |
| 三、资产负债差额(资产净值) | | | | | | | | | | | | | | | |
| 四、资产、负债与负债总额总计 | | | | | | | | | | | | | | | |

下的平衡关系：

各个机构部门的某项数值之和 = 全社会的某项数值总量

如：各个机构部门的非金融资产之和 = 全社会的非金融资产总量

各个机构部门的通货和存款之和 = 全社会的通货和存款总额

### §7.2.2 资产负债核算的主要指标

1. 非金融资产

非金融资产包括固定资产、存货和其他非金融资产三个第一层子项目，在建工程、产成品和商品库存、无形资产等第二层子项目。

（1）固定资产

固定资产是一定时点上，能保证国民经济各个部门生产经营、管理、生活正常进行，生产过程中能被反复使用或连续使用一年以上而保持原有形态、单位价值符合相应部门财务制度规定的实物资产。

固定资产包括住宅、其他房屋和构筑物、机器和设备、培育资产（种畜、役畜、反复或连续生产奶制品的产品畜、果园、重复生产林产品的经济林木等）、固定资产其他项（图书文物、家具用具等）。固定资产统计的内容有以下几项：

固定资产原值指机构单位在建造、购置、安装、改建、扩建、技术改造时支出的全部货币总额。

累计折旧指固定资产在使用过程中，通过逐步损耗而转移到产品成本或商品流通费用的那部分价值；累计折旧指从固定资产购置到核算时点为止的折旧累加额。

在建工程指机构单位各项未完工程和尚未使用的工程物资核算时点的余额。

固定资产清理指机构单位因出售、毁损、报废等原因转入清理，但在核算时点尚未完毕的固定资产净值，以及在清理过程中发生的清理费用与变价收入的差额。

待处理固定资产净损失指机构单位在清理财产中发现的尚待批准转销或作其他处理的固定资产盘亏、毁损扣除盘盈后的净损失的核算时点的余额。

（2）存货

存货是一定时点上退出或暂时退出生产过程，但未进入消费领域或还没有重新进入生产领域的物质资料储备，包括：原材料、在制品、产成品、商品库存、国家储备物资等。

并非所有的存货都是非耐用的，一些价值较低的小型的简单生产工具、武器、未完工的和未出售的耐用品（为自用或为特定用户生产的除外，因这一部分虽未完工也应作为固定资产），都具有耐用性，但他们属于存货。

（3）其他非金融资产

其他非金融资产指具有储藏价值的珍贵物品，土地、地下资源、非培育生物资源、水资源等有形资产，矿藏勘探、计算机软件、文学艺术原作、专利权、商标权、商誉等无形资产，开办费、融资租入固定资产的改良费等递延费用。我国目前还没有对珍贵物品和资源资产进行统计。

**2. 金融资产和负债**

金融资产和负债包括国内金融资产与负债、国外金融资产与负债和储备资产三个第一层子项目。国内金融资产与负债包括通货、存款、贷款、证券(不含股票)、股票及其他股权、保险准备金和其他第二层子项目;存款、贷款包括长期、短期等第三层子项目。国外金融资产与负债包括直接投资、其他投资等第二层子项目。

**(1)国内金融资产和负债**

金融资产是机构单位单独或共同对其执行所有权或处置权,并通过在一定时期内因持有或使用它们而可以获得经济利益的各种债权。金融负债是与债权相对应的债务。

通货指以现金形式存在于流通领域里的、通常用作支付的钞票和硬币,包括手持现金、库存现金、经费现金等,不包括未实际流通的纪念币。通货是持有者的资产,中央银行(金融机构)的负债,若持有的是外币,则是国外的负债。

存款指根据可收回原则,存入金融机构的货币,包括储蓄存款、银行汇票存款、银行本票存款、经费存款、财政存款、各种专项存款等。存款不超过一年的为短期存款,一年以上的为长期存款。存款是存款方的资产,吸收存款的金融机构的负债。

贷款指金融机构根据必须归还原则,借给机构单位和住户的货币。贷款也分为短期贷款和长期贷款;企业贷款、财政贷款、外汇贷款和其他贷款。贷款是金融机构的资产,受款单位或住户的负债。

证券(不含股票)即股票以外的证券,指由机构单位或住户承购或因销售商品而拥有的、可以在金融市场上交易的、代表一定债权的书面证明,包括政府债券、企业债券、可流通存款单、银行承兑汇票、商业汇票、支付固定收入但不提供法人企业残余价值分享权的优先股等。股票以外的证券是持有者或承购者的资产,发行机构或承兑机构的负债。

股票及其他股权指股票购买者或直接投资者,在债权得到抵偿后,对发行股票公司或其投资企业剩余价值有索取权的所有票据和记录。股票及其他股权是持有者和投资出资方的资产,发行者和投资接收方的负债。

保险准备金指住户对人寿保险准备金和抚恤金的净权益,和非人寿保险预付款和未决索赔准备金。主要包括未到期责任准备金、长期责任准备金、寿险责任准备金、长期健康险责任准备金等。保险准备金是投保人或机构的资产,保险机构的负债。

其他即其他应收/应付账款,指没有归入上述国内金融资产和负债的所有金融债权债务,主要包括提供给机构单位、住户和非常住单位的货物和服务的商业信用和对在建工程或拟建工程的预付款,以及各种赔款、罚金、备用金、租金、垫付款等。其他应收/应付账款是应收者、预付者的资产,应付者、预收者的负债。

（2）国外金融资产和负债

国外金融资产和负债是常住单位与非常住单位之间的债权债务。国外金融资产是常住单位的负债，国外负债是常住单位的金融资产。

直接投资指国外非常住单位和港澳台地区在经济领土内以独资、合资、合作及合作勘探开发方式进行的投资，这是国外金融资产；常住单位在国外和港澳台地区以独资、合资、合作及合作勘探开发方式进行的投资，这是国外金融负债。

证券投资指常住单位购买国外非常住单位和港澳台地区发行的股票、债券等有价证券，这是国外金融资产；常住单位对国外非常住单位和港澳台地区发行的股票、债券等有价证券，这是国外金融负债。

其他投资指国外非常住单位和港澳台地区与常住单位之间的贸易信用、贷款、货币、存款及其他资产与负债。

（3）储备资产

储备资产指政府为了以直接融资的方式弥补国际收支不平衡，或为了通过干预外汇市场以影响汇率等而控制的对外资产，包括货币黄金、特别提款权、在国际货币基金组织中的储备头寸、外汇储备，和中央银行之间或政府之间协议产生的不可流通的债权等。储备资产只由政府（通过中央银行）拥有、控制和管理。货币黄金和货币基金组织发行的特别提款权是没有金融负债的资产；其余的储备资产是常住单位的资产，非常住单位的负债。

（4）资产负债差额

资产负债差额指全部资产减去负债后的差额，是机构单位、或机构部门、或经济总体自身拥有的资产，是它们经济实力的体现，所以也称为资产"净值"。

### §7.2.3　资产负债表中的主要平衡关系

资产负债表反映了各个机构部门在一定时点上拥有的各种资产的数量、结构及平衡关系，各个机构部门之间的债权债务关系及平衡关系。主要的平衡关系有：

1. 来源方与使用方的平衡

由于资产负债表实际上是各个机构部门资产负债账户的综合表现形式，因此有来源合计等于使用合计，即：

非金融资产 + 金融资产 = 金融负债 + 资产负债差额

或：　　　　　　　　资产 = 负债 + 净值

如表 7 - 2 中的企业部门有：

172 763 + 95 146 = 212 313 + 55 596

267 909 = 267 909

表 7-2

## 经济总体及各个部门的期末资产负债表

| | 企业 | | 金融机构 | | 政府 | | 住户 | | 国内合计 | | 国外 | | 总计 | |
|---|---|---|---|---|---|---|---|---|---|---|---|---|---|---|
| | 使用 | 来源 | 使用 | 来源 | 使用 | 来源 | 使用 | 来源 | 使用 | 来源 | 使用 | 来源 | 使用 | 来源 |
| 一、非金融资产 | 172 763 | | 10 302 | | 24 506 | | 57 428 | | 264 999 | | | | 264 999 | 264 999 |
| 1. 固定资产 | 114 077 | | 4 001 | | 23 958 | | 46 722 | | 188 759 | | | | 188 759 | 188 759 |
| 2. 存货 | 41 285 | | | | 532 | | 10 463 | | 52 280 | | | | 52 280 | 52 280 |
| 3. 其他非金融资产 | 17 401 | | 6 301 | | 16 | | 243 | | 23 961 | | | | 23 961 | 23 961 |
| 二、金融资产与负债 | 95 146 | 212 313 | 146 767 | 151 747 | 40 473 | 15 844 | 85 019 | 472 | 367 405 | 380 376 | 33 542 | 20 571 | 400 947 | 400 947 |
| 1. 国内金融资产与负债 | 90 108 | 188 094 | 130 869 | 145 360 | 40 473 | 12 543 | 85 019 | 472 | 346 469 | 346 469 | | | 346 469 | 346 469 |
| 通货 | 1 681 | | 225 | 11 204 | 336 | | 8 962 | | 11 204 | 11 204 | | | 11 204 | 11 204 |
| 存款 | 40 509 | | | 102 464 | 3 812 | | 58 143 | | 102 464 | 102 464 | | | 102 464 | 102 464 |
| 贷款 | | 92 940 | 94 993 | | | 1 582 | | 472 | 94 993 | 94 993 | | | 94 993 | 94 993 |
| 证券（不含股票） | 77 | 677 | 8 396 | 5 121 | 31 | 10 466 | | | 16 264 | 16 264 | | | 16 264 | 16 264 |
| 股票及其他股权 | 20 847 | 60 757 | 7 318 | 8 575 | 35 050 | | | | 69 333 | 69 333 | | | 69 333 | 69 333 |
| 保险准备金 | 451 | | | 1 556 | | | | | 1 556 | 1 156 | | | 1 556 | 1 556 |
| 其他 | 26 543 | 33 720 | 19 937 | 16 440 | 1 244 | 495 | | | 50 655 | 50 655 | | | 50 655 | 50 655 |
| 2. 国外金融资产与负债 | 5 038 | 24 219 | 3 197 | 6 387 | | 3 301 | | | 8 235 | 33 907 | 33 907 | 8 235 | 42 142 | 42 142 |
| 直接投资 | 2 493 | 19 491 | | | | | | | 2 493 | 19 491 | 19 491 | 2 493 | 21 983 | 21 983 |
| 证券投资 | | 1 222 | 1 436 | | | 1 102 | | | 1 436 | 2 324 | 2 324 | 1 436 | 3 761 | 3 761 |
| 其他投资 | 2 545 | 3 506 | 1 761 | | | 2 199 | | | 4 306 | 12 092 | 12 092 | 4 306 | 16 398 | 16 398 |
| 3. 储备资产 | | | 12 701 | | | | | | 12 701 | | -365 | 12 701 | 12 337 | 12 337 |
| 三、资产与负债差额 | | 55 596 | | 5 321 | | 49 136 | | 141 975 | | 252 029 | | 12 606 | | 264 999 |
| 四、资产、负债与差额总计 | 267 909 | 267 909 | 157 069 | 157 069 | 64 980 | 64 980 | 142 447 | 142 447 | 632 404 | 632 404 | 33 542 | 33 542 | 665 946 | 665 946 |

这是资产负债表中最基本的平衡关系,它对应于资金流量表的内部平衡,一个机构部门在一定时期的资金来源与资金运用相等,在一定时点的余额也必然相等。这个平衡关系不仅适合各个机构部门,也适合全社会。如表 7 - 2 中有:

$$264\ 999 + 400\ 947 = 400\ 947 + 264\ 999$$

$$665\ 946 = 665\ 946$$

这个平衡关系也表明了记录规则:资产记录在使用方,负债和资产负债差额记录在来源方。

2. 金融资产与金融负债的平衡

由于金融资产与金融负债有对称性,所以有:

金融资产 = 金融负债

这个平衡关系对应于资金流量表的外部平衡,一种金融活动会同时形成一个机构部门的金融资产,另一个机构部门的金融负债;所有金融活动形成各个机构部门的金融资产之和必定是所有机构部门的金融负债之和,体现在一定时点上某个机构部门的金融资产必定是另一个机构部门的金融负债,所有机构部门(全社会)的金融资产之和必定是所有机构部门(全社会)的金融负债之和。该平衡关系只适合全社会,不适合各个机构部门。

表 7 - 2 中有:

作为金融资产的通货 = 作为金融负债的通货

$$1681 + 225 + 336 + 8962 = 11\ 204$$

$$11\ 204 = 11\ 204$$

全社会的金融资产 = 全社会的金融负债

$$400\ 947 = 400\ 947$$

3. 非金融资产、储备资产与实物资产净值的平衡

就全社会而言,有

非金融资产 + 储备资产 + 金融资产 = 金融负债 + 资产负债差额

和　　　　　　　　　　　　金融资产 = 金融负债

于是有:

　　　　　　非金融资产 = 资产负债差额

或:　　　　非金融资产 = 净值

显然,这个平衡关系只适合全社会,不适合各个机构部门。

如表 7 - 2 中有:

$$264\ 999 = 264\ 999$$

4. 国内金融资产(负债)与国外金融负债(资产)的平衡

金融交易的对称性不仅体现在国内各个机构部门之间,也体现在常住单位与非常住

单位之间,所以在一定时点上所有常住单位与非常住单位之间的金融资产和金融负债也有以下平衡关系:

国内净金融资产(负债) = 国外净金融负债(资产)

如表 7 - 2 中有:

380 376 - 367 405 = 33 542 - 20 571

12 971 = 12 971

## §7.3　资产负债分析

通过资产负债表得到的数据,可以计算一些反映国情国力的重要总量指标和资产负债变动、相互关系及对整个经济总体的影响比率分析指标。

### §7.3.1　国民资产负债总量分析

通过资产负债表,不仅可以掌握一个经济或各个机构部门拥有多少资产,承担多少负债,还可以计算出一个经济的国民财产。国民财产是一定时点上一个经济拥有的各种实物(非金融)投资和社会再生产成果的积累,反映一个经济的经济实力总水平。

国民财产 = 非金融资产 + 储备资产 + 对国外的净金融资产

其中:对国外的净金融资产 = 国外金融负债—国外金融资产

根据表 7 - 2 计算有:

国民财产 = 264 999 + 12 337 + (20 571 - 33 542) = 264 365

用一个经济总体的国民财产与其人口总数相比,可以得到人均拥有的国民财产数,结合其他资料,可以进行历史动态比较和不同国家的横向比较。

### §7.3.2　资产负债变动分析

资产负债变动分析主要是通过计算从期初到期末资产负债的绝对变化量和相对变化量来进行的。

资产(负债)净增减额 = 期末资产(负债)总额 - 期初资产(负债)总额

　　　　　　　　　　 = 期内新增加资产(负债) - 期内减少的资产(负债)

$$资产(负债)净增减百分数 = \frac{资产(负债)净增减额}{期初资产(负债)总额}$$

期初资产(负债)总额相对于期末资产(负债)总额是基期水平,所以资产(负债)净增减百分数就是期内资产(负债)的增长速度。

类似地,上述公式还可以就固定资产、存货、某一项金融资产或某一项金融负债等计算,为调整资产(负债)的结构提供依据。

### §7.3.3 资产负债比率分析

资产负债比率分析是通过计算一些相对数,来分析资产负债的内部比例和结构,以及资产负债的部门结构。这些分析主要有:

1. 非金融有形资产与金融资产的比率

这里的非金融有形资产指固定资产和存货,如果资产内部金融资产与固定资产和存货之和相比的比率越大,说明金融市场越发达,显示金融活动在国民经济中的地位与作用越重要。这个比率一般称为"金融相互关系比率",其计算公式为:

$$金融相互关系比率 = \frac{有形资产总额}{金融资产总额}$$

如根据表7-2计算经济总体的金融相互关系比率为:

$$金融相互关系比率 = \frac{188\ 759 + 52\ 280}{400\ 947} = 60.12\%$$

2. 负债与资产总额的比率

这个比率一般称为"负债比率",其计算公式为:

$$负债比率 = \frac{负债总额}{资产总额}$$

如根据表7-2计算经济总体的负债比率为:

$$负债比率 = \frac{400\ 947}{400\ 947 + 264\ 999} = \frac{400\ 947}{665\ 946} = 60.21\%$$

这个比率也可以就一个机构部门计算。

这个指标反映资产总额中有多少是举债获得的,与"净值比率(净值与资产总额之比)"呈互为消长的关系,通过它可以分析一个经济总体的债务负担程度和债务偿还能力,此比率越小,净值比率就越大,说明债务负担小,债务偿还能力强。

3. 流动资产与资产总额的比率

这个比率一般称为"流动资产比率",其计算公式为:

$$流动资产比率 = \frac{流动资产总额}{资产总额}$$

这个指标反映资产总额中流动性较强的资产所占比重的大小,通过它可以分析经济总体和各个机构部门短期偿债能力的强弱,比率低,短期债务的偿还可能会发生困难。这里的流动资产指存货、通货和存款、短期投资等。

4. 固定资产与存货的比率

这个比率的计算公式为:

$$\text{固定资产存货比率} = \frac{\text{固定资产总额}}{\text{存货价值总额}}$$

这个指标反映有形资产内部固定资产与存货的相互关系,通过它可以分析二者之间在数量上是否适应,从而为制定生产、流通和投资政策、节约资金等提供依据。

如根据表 7 - 2 计算经济总体的固定资产存货比率为:

$$\text{固定资产存货比率} = \frac{188\ 759}{52\ 280} = 3.61$$

这个比率也经常就一个机构部门计算。

5. 资产、负债、净值的部门构成

资产、负债、净值的部门构成可以就所有资产、负债、净值或某一项资产、负债、净值计算,计算公式为:

$$\text{某一机构部门资产的比重} = \frac{\text{该部门资产总额(或某项资产的价值)}}{\text{经济总体的资产总额(或某项资产的总额)}}$$

$$\text{某一机构部门负债的比重} = \frac{\text{该部门负债总额(或某项负债的价值)}}{\text{经济总体的负债总额(或某项负债的总额)}}$$

$$\text{某一机构部门净值的比重} = \frac{\text{该部门净值总额}}{\text{经济总体的净值总额}}$$

如根据表 7 - 2 计算非金融资产资产、负债、净值的部门构成为:

$$\text{企业的非金融资产所占的比重} = \frac{172\ 762}{264\ 999} = 65.19\%$$

$$\text{金融机构的非金融资产所占的比重} = \frac{10\ 302}{264\ 999} = 3.89\%$$

$$\text{政府的非金融资产所占的比重} = \frac{24\ 506}{264\ 999} = 9.25\%$$

$$\text{住户的非金融资产所占的比重} = \frac{57\ 428}{264\ 999} = 21.67\%$$

资产、负债、净值的部门构成反映各种生产能力、生产资源、债权债务的配置和分布状况,为产业结构的调整、资金的流向政策等提供依据。

### §7.3.4  资产负债经济效益分析

资产负债经济效益分析是利用资产负债表提供的存量数据,与有关的流量数据相对比,分析国民财产、资金等的使用效益。

国民财产使用效益常用"单位国民财产创造的国内生产总值"来反映,其计算公式为:

$$\text{单位国民财产创造的国内生产总值} = \frac{\text{国内生产总值}}{\text{国民财产总额}}$$

国民财产包括固定资产、存货和对国外的净金融资产,是进行生产活动的基本物质条件,而国内生产总值是生产活动的最终成果,所以单位国民财产创造的国内生产总值综合反映了国民经济生产技术水平、生产经营组织管理的经济效益,是综合性很强的国民经济效益指标。该公式分母中的国民财产可以以期初数据计算,也可以就期初、期末的平均数据计算。

类似地,分子还可以用利税额、分母还可以用固定资产、流动资产、金融资产、贷款总额等,计算单位固定资产、流动资产、金融资产、贷款等创造的国内生产总值、利税额等。

## 【本章小结】

1. 资产负债核算是以一个国家或地区经济资产与负债总存量为对象的核算。它反映某一特定时点上机构部门及经济总体所拥有的财力、物力的历史积累和与之相对应的债权债务关系,反映一个国家和地区的资产负债总规模及结构、经济实力和发展水平。属于存量核算的范畴。

2. 资产负债核算的资产指经济资产。经济资产必须同时具备以下两个基本条件:(1)资产的所有权已经确定;(2)其所有者能够在一定时间内持有、使用或处置它。

3. 资产负债核算作为当期经济活动的初始条件,表现为期初资产负债规模和结构,经过当期经济活动,如生产、分配、消费、积累等,形成当期经济活动的结果——期末资产负债的规模和结构。各部门期初资产加上期内的投资,或者期初的负债加上期内的举债,再经过必要的资产物量调整和重估价,就得到期末资产或负债。

4. 资产负债核算的原则包括:所有权原则、记录时间原则和估价原则。

5. 编制资产负债表的过程是搜集大量的经济存量基础资料,并对之审核、加工整理、填表平衡以及估价和重估价的过程。从本质上讲,编制资产负债表的基本方法也就是资产负债数据的调查方法、审核加工整理方法、填表调整平衡方法、估价方法、重估价方法的统一。总体来看,进行资产负债核算、编制资产负债表有两种基本方法:直接法和间接法。

6. 由于机构单位无法控制的外生因素或事件而导致的资产或负债的变化称为资产其他物量变化。相对于交易导致的资产负债存量变化来说,资产其他物量变化处于次要位置,但从国民经济核算体系的角度来看,对资产其他物量变化进行核算仍然具有重要的意义。

7. 资产负债表的应用包括国民资产负债总量分析、国民资产负债表结构分析、国民资产负债部门结构分析和国民资产负债的经济效益分析。

## 【思考题与练习题】

7-1. 什么是经济存量和流量？二者之间有何区别与联系？

7-2. 什么是资产？如何理解国民经济核算对资产及其核算范围的定义？

7-3. 简述资产负债核算的基本原理。

7-4. 试述进行资产负债核算时所遵循的基本原则。

7-5. 固定资产采用什么估价方法？其基本思想是什么？

7-6. 资产负债中的平衡关系有哪些？

7-7. 资产其他物量变化账户核算的内容有哪些？有何作用？

7-8. 重估价核算的内容有哪些？有何作用？

7-9. 论述资产负债表的应用。

7-10. 某国期初资产规模为 10 000 亿美元，当期固定资产增加 800 亿美元，存货减少 500 亿美元，新发现勘测可采石油储量价值为 200 亿美元，与某另一国政府签订的 50 亿美元贷款因某些原因而无需偿还，当期该国政府还由于进行了严格的金融控制，大批银行资本流入实业部门，致使企业部门资产增加了 300 亿美元。试计算该国期末的资产价值。

# 第8章

## 国民经济核算动态比较与国际对比分析

前面各章对国民经济核算的基本原理和框架做了比较系统的介绍，在此基础上，需要进一步了解的是如何利用既有的核算信息，将国民经济的运行状况同其他有关参照物进行对比，以评价该时期的国民经济状况，并为宏观经济政策的制定提供更为详实的信息支持。根据评价的需要，作为对比参照物的，一是历史时期水平，二是其他经济体水平，于是产生出国民经济核算的动态比较和横向对比。本章将系统介绍这两方面的内容，其中前面两节阐述动态比较的基本理论与方法，第三节阐述国际对比的理论方法。

## §8.1　国民经济中的价格形式

国民经济核算涉及一系列经济指标,包括各种经济流量和存量,其中大多数是以货币单位计量的价值指标。核算价值指标就有一个计价问题,包括计价标准和计价方式。计价标准和方式不同,所得到的指标数值以及据此进行的分析的意义也会有所不同。在国民经济核算中,对于不同的核算环节、不同的经济指标、不同的分析目的,往往需要运用不同的计价标准或计价方式,因此,计价标准或计价方式是国民经济核算与分析所必须考虑的重要问题之一。

### §8.1.1　国民经济核算的计价方式

所谓"计价方式(或估价方式)"一般指按照什么样的时间规定来确定价格水平,通常有现行价格和可比价格。

1. 现行价格

现行价格也称为当年价格,顾名思义,是经济活动发生时的实际价格。如:工业品出厂价格、农产品收购价格、商品零售价格等。用当年价格计算的价值量指标,如国内生产总值、工业总产出、农副产品收购总额、社会商品零售总额等,反映了当年的实际情况,使国民经济指标互相衔接,便于考察社会经济效益,便于在生产、流通、分配、消费之间进行综合平衡。

国民经济核算体系采用现行价格作为估价标准,无疑是为了对一定时期内国民经济的运行状况按照其本来面目进行最真实的描述和刻画。但按当年价格计算的以货币表现的指标,在动态对比时,因为包含价格变动的因素,不能确切地反映实物量的增减变动,使不同时期的现价核算资料不具有直接可比性。为了使国民经济核算资料更具有分析应用价值,便于研究不同时期的经济增长或经济波动、分析通货膨胀、分析生产率和进行经济发展水平的对比,必须消除价格变动因素,计算出有关总量指标的可比价数据,以真实反映经济发展动态。

2. 可比价格

可比价格是相对于现行价格而言的。现行价格会随着时间的推移而改变,但可比价格是与基期处于同一水平的固定不变的价格,因而也叫固定价格、不变价格,它是以某一固定时期的价格为基准,在一定时期内假定不变的价格。使用可比价格的目的是剔除价值量指标中包含的价格因素变化,反映经济活动所实际达到的物量水平。

### §8.1.2　国民经济核算的计价标准

所谓"计价标准(或估价标准)"是指按照什么样的价格构成来计算有关指标,通常分为完全价格和不完全价格两类。

经济研究表明,价格首先是商品价值的货币表现,其次还受到市场供求关系等因素的影响。因此,商品的市场价格实际上是随着供求关系等因素的变化而围绕其价值上下波动的。根据马克思的劳动价值理论,价值是凝结在商品中的社会必要劳动量,即"在现有的社会正常的生产条件下,在社会平均的劳动熟练程度和劳动强度下制造某种使用价值所需要的劳动时间"[①]。商品的完全价值是由物化劳动转移价值 $c$ 和活劳动新创价值 $v+m$ 构成的。其中,物化劳动(生产资料)的转移价值又分为劳动手段的转移价值 $c'$(固定资本折旧)和劳动对象的转移价值 $c''$(中间消耗),而活劳动的新创价值则包括必要劳动价值 $v$ 和剩余劳动价值 $m$。

在国民经济核算中,商品的完全价格包括价值构成的所有三个组成部分,即 $c+v+m$;而不完全价格则不包括其中的 $m$ 或 $m$ 的某一部分。它们各自又有不同的具体计价标准,形成了不同的价格范畴。

1. 不完全价格

成本价格是生产单位产品所直接支付的中间消耗、固定资产折旧和劳动者报酬之和,即 $c+v$,不包括作为生产税和营业盈余的 $m$。成本价格多用于企业核算。在国民经济核算中,对于特殊部门的产出指标也可以考虑采用成本价格进行计价。

要素价格是生产单位产品所直接和间接支付的要素成本的总和。要素成本(或要素费用)包括固定资产折旧、劳动者报酬和营业盈余。要素价格不仅要考虑产品生产过程中直接支付的要素成本,而且还要考虑通过各种产品之间的中间消耗链条的传递关系而逐次累计起来的所有间接支付的要素成本。例如,生产一吨铁,冶金企业首先要支付一定数额的要素成本(固定资产折旧、劳动者报酬和营业盈余);同时,在生产一吨铁所直接消耗的各种产品(如矿石、焦碳、电力和石灰石等)的价值中,也包括了一定数量的要素成本支付(第一次间接支付);再次,通过这些中间投入物而间接消耗的其他产品也含有类似的要素成本支付(第二次间接支付);以此类推,一吨铁的要素价格,就是各有关生产环节上支付的相应要素成本的总和,即:

要素价格 = 直接支付的要素成本 + 各次间接支付的要素成本

基本价格是生产单位产品所直接和间接支付的要素成本以及除产品税之外的其他生产税净额的总和。与要素价格相似,基本价格不仅要考虑产品生产过程中直接支付的要素成本和其他生产税净额,而且还要考虑通过中间消耗的传递关系而累计起来的各次间

---

① 马克思. 资本论:第 1 卷[M]. 北京:人民出版社,1975:52.

接支付的要素成本和其他生产税净额,即:

$$基本价格 = 直接支付的要素成本及其他生产税净额$$
$$+ 各次间接支付的要素成本及其他生产税净额$$

要素价格和基本价格是对产品生产的最后一个环节进行计算。"近似值"与"真实值"之差,就是通过各次中间消耗累计起来的产品税净额。如果税制规定对于作为中间投入的商品实行减、免税措施,则两者之间的差额就会很小。这两种价格的作用在于排除生产税中的产品税因素对于价格水平及其结构的影响。

2. 完全价格

生产者价格是生产单位产品所直接和间接支付的要素成本以及生产税净额的总和,计算公式为:

$$生产者价格 = \frac{直接支付的要素}{成本及生产税净额} + \frac{各次间接支付的要素}{成本及生产税净额}$$

$$= \frac{直接支付的}{最初投入费用} + \frac{各次间接支付的}{最初投入费用}$$

$$= 增加值 + 中间消耗$$

可见,生产者价格是完全的市场价格,其价值构成为 $c + v + m$,其水平取决于产品生产过程中的总投入费用。它与近似的基本价格和要素价格之间的关系是:

$$生产者价格 = 基本价格(近似值) + 产品税净额$$

$$= 要素价格(近似值) + 生产税净额$$

与生产者价格类似,购买者价格也是商品的完全市场价格。但是,前者是从生产者角度来观察的市场价格,后者则是从购买者或使用者的角度来观察的市场价格。相对于生产者价格,购买者价格还包含商品流通过程中的商业和运输等费用,即:

$$购买者价格 = 生产者价格 + 商品流通费用$$

购买者价格的价值构成也是 $c + v + m$。因为,构成商业和运输等费用的无非也就是 $c$、$v$ 和 $m$ 这样一些价值要素,它们追加到被流通的商品价格之上,只是增加了 $c$、$v$ 和 $m$ 的数量,并不改变价值要素的基本构成。

(3)五种计价标准的相互关系

归纳起来,以上五种计价标准的相互关系是:

$$购买者价格 - 商业费用 = 生产者价格$$

$$生产者价格 - 产品税净额 = 基本价格$$

$$基本价格 - 其他生产税净额 = 要素价格$$

$$要素价格 - 营业盈余 = 成本价格$$

§8.2 国民经济指数的编制

### §8.2.1 国民经济指数编制的意义

对不同时期的国民经济价值总量按时间先后顺序排列起来,可以形成国民经济价值总量时间序列,据此可以进行动态分析。但价值总量的动态变化通常受到物量和价格两个因素变动的影响,需要运用有关指数的方法,专门考察价值总量中的物量因素和价格因素的变动及其影响,揭示经济的"实际"变化。为此,需要了解有关物量和价格的概念,掌握物价指数和物量指数的方法理论。

1. 单一货物或服务的数量、价格与价值

对具有同质性的单一产品,其经济数量特征体现在数量、价格、价值三个方面。其中,数量体现为产量、消耗量、购买量等,用实物单位表示。数量这一概念只对单一同质产品才有意义,不同产品是不能相加的,即使计量单位相同,甚至同种产品,但规格、型号不同,相加也是没有意义的。单一货物或服务的价格为该单一产品的单位价值,价格高低变化与产品计量单位密切相关。单一产品的价值是单位价格与数量的乘积,即:$v = pq$,是用特定货币单位表示的价值额,价值可以将不同产品用统一的货币单位表现出来,因此,不同产品的价值是可加的。

2. 多种货物或服务的物量和价格

多种货物或服务的物量和价格是若干种货物或服务的综合。但这种综合不是单一产品数量或价格的简单代数和,而是借助于同度量因素将数量或价格转化为价值量后的可比概念。和单一产品的数量和价格不同,在多种产品的数量或价格综合为价值量以后,物量和价格就丧失了以绝对数值多少予以表述的形式,只能通过不同时期的比较才能显现出来。比如,针对钢材这种单一产品,可以用××吨以及××元/吨表示其数量和价格,但针对钢材、煤炭、粮食等构成的一组产品,虽然可以计算出这一组产品的价值××万元,但却难以分解出其中的物量和价格。如果我们从两个时期的比较角度去看,只要把价格固定在同一时期,这样计算的两个时期的价值量的比较就体现了产品物量的综合变动;同样的方法,把物量固定在同一时期,两个时期的价值量的比较就体现了产品价格的综合变动。因此,多种产品情况下,无论是物量或是物价的概念都带有一定的假定性,是在分别假定同度量因素固定或不变前提下,价值量的动态表现就是这些产品的物量或价格的动态表现,而且二者是对称存在的。可见,从多种产品角度考察,物量和物价的概念只有在不同时期比较时才有意义,这就是我们后面要讨论的物量指数和物价指数。

### §8.2.2　物量指数与物价指数的计算

国民经济核算的动态比较中,最基本的统计指数包括两类:一是物量指数,反映各种经济活动实物量在不同时间上的变化程度,比如生产量指数、消费量指数、资产物量指数等;二是物价指数,反映价格水平在不同时间上的变化程度,比如消费价格指数、工业品出厂价格指数等。

国民经济运行及其结果的动态特征,本质上是由物量来体现的,为了从物量上揭示国民经济宏观动态特征,必须对国民经济核算的价值数据剔除价格变化影响,分解出其中的物量变化。价格是国民经济状况的重要指示信号,价格水平变化本身就是宏观经济动态的重要组成部分。

1. 基本指数公式

为了进行指数分析,必须将国民经济核算中的价值总量分解为价格和物量两个因素。记物量因素为 $q$,价格因素为 $p$,下标 1 表示计算期,下标 0 表示基期,则基期的价值总量为 $\sum p_0 q_0$,计算期的价值总量为 $\sum p_1 q_1$,反映价值总量变动的"总值指数"为:

$$\frac{\sum q_1 p_1}{\sum q_0 p_0} \tag{8.1}$$

依据指数分析原理,为了考察总值中的物量或价格的综合变动程度,要将作为同度量因素的另外那个对应因素固定或保持不变,从而得到一般形式的物量指数和价格指数。当同度量因素固定在基期时,得到如下形式的拉氏指数:

$$L_q = \frac{\sum q_1 p_0}{\sum q_0 p_0}, \qquad L_p = \frac{\sum p_1 q_0}{\sum p_0 q_0} \tag{8.2}$$

当同度量因素固定在报告期时,得到如下形式的帕氏指数:

$$P_q = \frac{\sum q_1 p_1}{\sum q_0 p_1}, \qquad P_p = \frac{\sum p_1 q_1}{\sum p_0 q_1} \tag{8.3}$$

容易看出,在拉氏指数、帕氏指数和总值指数之间,存在着如下分析关系:

$$\frac{\sum q_1 p_1}{\sum q_0 p_0} = \frac{\sum p_1 q_1}{\sum p_0 q_1} \times \frac{\sum q_1 p_0}{\sum q_0 p_0} \tag{8.4}$$

$$\frac{\sum q_1 p_1}{\sum q_0 p_0} = \frac{\sum p_1 q_0}{\sum p_0 q_0} \times \frac{\sum q_1 p_1}{\sum q_0 p_1} \tag{8.5}$$

这表明:一个总值指数可以分解为拉氏物量指数和帕氏价格指数的乘积,也可以分解为帕氏物量指数与拉氏价格指数的乘积。利用这些关系,我们可以就总值的变动进行因素分析,还可据以进行指数的推算。实际经济中应用较多的是(8.4)式。

2. 指数检验与基本指数公式的改造

由于采用的方法和权数不同,指数往往会产生"型偏差"(type bias)或"权偏差"(weight bias),学者们认为,一个优良的加权指数计算方法能够通过"时间转换"检验和"因子转换"检验。所谓"时间转换"检验,指报告期对基期的指数与基期对报告期的指数相乘应该等于1。这种检验的目的在于判别各种指数计算方法,在时间的向前或向后上,步骤是否一致,若一致,就被认为是良好的指数。这个关系可以用公式表示为:$I_{t/0} \times I_{0/t} = 1$。$I_{t/0}$ 为以 0 期为基期的 $t$ 期的指数,$I_{0/t}$ 为以 $t$ 期为基期的 0 期的指数。如果同一种方法计算的 $I_{t/0} \times I_{0/t} \neq 1$,则认为该方法存在"型偏差"。美国学者布鲁斯·马捷特(Bruce D Mudgett)曾用 $E_t$ 来表示这种型偏差:$E_t = I_{t/0} \times I_{0/t} - 1$。若时间转换检验结果正确,则 $E_t = 0$;$E_t < 1$ 为下型偏差;$E_t > 1$ 为上型偏差。

所谓"因子转换"检验,指用一种方法计算的数量指标指数与质量指标指数相乘应该等于相应价值量指数,因为价值量是价格与数量的乘积。如果数量指标指数与质量指标指数相乘不等于相应价值量指数,则存在权偏差。若 $I_p \times I_q < \dfrac{\sum q_1 p_1}{\sum q_0 p_0}$,为下权偏差;$I_p \times I_q > \dfrac{\sum q_1 p_1}{\sum q_0 p_0}$,为上权偏差。

根据指数检验理论,拉氏指数和帕氏指数都既通不过"时间转换"检验,也通不过"因子转换"检验,二者既有"型偏误",也有"权偏误"。为了调和这种偏差,学者们提出对基本指数公式加以改造,常见的方法就是对不同指数计算某种形式的平均数,即进行指数的"交叉"处理。一种做法是对指数的不同权数(同度量因素)计算平均数,即所谓的"权交叉",其代表是马歇尔 — 埃奇沃斯指数(Alfred Marshall,1842—1924,英国经济学家;Francis Ysydro Edgewort,1845—1926,英国统计学家)。其价格和物量指数分别为:

$$M.E_p = \frac{\sum p_1 \left(\dfrac{q_0 + q_1}{2}\right)}{\sum p_0 \left(\dfrac{q_0 + q_1}{2}\right)} = \frac{\sum p_1 q_0 + \sum p_1 q_1}{\sum p_0 q_0 + \sum p_0 q_1} = \frac{\sum p_1 (q_0 + q_1)}{\sum p_0 (q_0 + q_1)} \qquad (8.6)$$

$$M.E_q = \frac{\sum q_1 \left(\dfrac{p_0 + p_1}{2}\right)}{\sum q_0 \left(\dfrac{p_0 + p_1}{2}\right)} = \frac{\sum q_1 p_0 + \sum q_1 p_1}{\sum q_0 p_0 + \sum q_0 p_1} = \frac{\sum q_1 (p_0 + p_1)}{\sum q_0 (p_0 + p_1)} \qquad (8.7)$$

另一种做法则是对不同的指数公式计算平均数,即进行指数的"型交叉",其著名的代表性公式就是 1901—1912 年间由美国经济学家沃尔什(G. M. Walsh)和庇古(A. C. Pigou)等人先后提出;后经美国著名经济学家和指数理论家费希尔(Irving Fisher,1867—1947)做了大量比较研究,确证其优良性质后被命名的"理想公式"(Ideal Formula):

$$F_p = \sqrt{\frac{\sum p_1 q_0}{\sum p_0 q_0} \times \frac{\sum p_1 q_1}{\sum p_0 q_1}} \qquad (8.8)$$

$$F_q = \sqrt{\frac{\sum q_1 p_0}{\sum q_0 p_0} \times \frac{\sum q_1 p_1}{\sum q_0 p_1}} \qquad (8.9)$$

这种指数公式是拉氏指数与帕氏指数的简单几何平均数,由于拉氏指数和帕氏指数偏误方向相反,绝对值十分接近,用几何平均法交叉,既无型偏误,也可使权偏误平均化,所以既能通过"时间转换"检验,也能通过"因子转换"检验。由于理想指数是拉氏和帕氏指数的折中,在理论上比拉氏或帕氏指数更接近真实指数;而且"时间转换"检验和"因子转换"是进行空间比较必须满足的条件,所以该指数在空间比较中被作为主要的指数方法。

### §8.2.3　我国主要的经济指数

1. 居民消费价格指数

居民消费价格指数是各国政府都非常重视的一种经济指数,在国外称为"消费者价格指数"(Consumer Price Index, CPI)。该指数反映一定时期内城乡居民购买各种生活消费品和服务项目价格的变动趋势和程度。利用居民消费价格指数,可以观察和分析消费品的零售价格和服务价格变动对城乡居民实际生活费支出的影响程度;可以为政府制定财政、货币、消费、工资、社会保障等政策,研究人民生活水平、监测社会稳定性、进行宏观经济分析和调控提供重要依据;可以用其增长率来测定通货膨胀,并可以其倒数作为货币购买力指数反映货币购买力的变动程度;还可以将价值量指标的名义值缩减为实际值,以消除价格变化的影响等等。

我国把居民消费分为食品、烟酒及用品、衣着、家庭设备用品及服务、医疗保健及个人用品、交通和通信、娱乐教育文化用品及服务、居住 8 大类,263 个基本分类,约 700 种代表规格品。数据采集覆盖了从全国抽选出的 226 个地区,包括 146 个城市和 80 个县。该指数每月编制并公布,具有较强的及时性;为了满足分层面分析的需要,不仅编制全国的,也编制分地区的、分城乡的居民消费价格指数。权数根据近 12 万户城乡居民家庭消费支出构成确定。

我国居民消费价格指数的计算从各个代表规格品的个体指数开始,逐级计算基本分类指数、中类指数、大类指数和总指数。计算方法分别为:

代表品的环比价格指数($G_t$) = 报告期平均价格除以基期平均价格,即:

$$G_t = \frac{\bar{p}_t}{\bar{p}_{t-1}} \qquad (8.10a)$$

基本分类环比价格指数($K_t$) = $n$ 个代表品的环比价格指数的简单几何平均数,即:

$$K_t = \sqrt[n]{G_1 \times G_2 \times \cdots \times G_n} \qquad\qquad (8.10b)$$

中类、大类和总的环比指数都是分别以 $W_{t-1}$ 为各级权数逐级环比指数的加权算术平均。如：

$$I_{t,\text{中类},\text{环比}} = \frac{\sum K_{\text{基本分类},\text{环比}} W_{t-1}}{\sum W_{t-1}} \qquad\qquad (8.10c)$$

各级分类指数和总指数的报告期定基指数($I_{t,\text{定基}}$)都等于相应报告期环比指数与上期定基指数的乘积：

$$I_{t,\text{定基}} = I_{t,\text{环比}} \times I_{t-1,\text{定基}} = \left(\frac{\sum I_{\text{类},\text{环比}} W_{t-1}}{\sum W_{t-1}}\right) I_{t-1,\text{定基}} \qquad\qquad (8.10d)$$

上式又称为计算定基居民消费价格指数的链式拉氏公式。

2. 工业品出厂价格指数

工业品出厂价格指数,也称工业生产者价格指数,用以反映不同时期全部工业产品出厂价格总水平的变动情况,是工业品价格统计中最重要的指数之一。

工业品出厂价格指数的编制也采用分层的方法,先计算代表品的价格指数,进而求出行业的价格指数,最后采用加权算术平均法指数公式计算出总指数。

3. 固定资产投资价格指数

固定资产投资价格指数是反映固定资产投资额价格变动趋势和程度的相对数。固定资产投资额是由建筑安装工程投资完成额、设备、工器具购置投资完成额和其他费用投资完成额三部分组成的。编制固定资产投资价格指数应首先分别编制上述三部分投资的价格指数,然后采用加权算术平均法求出固定资产投资价格总指数。

目前,我国固定资产投资价格指数按年度编制,主要用于了解固定资产投资价格动态,进行固定资产投资规模的核算。

4. 股票价格指数

股票价格指数是反映某一股票市场上价格综合变动程度的相对数,简称股价指数。股价指数的计算方法很多,一般采用综合法指数形式,以发行量(或流通量)为权数,权数可以固定在基期(拉氏公式),也可以固定在报告期(帕氏公式),大多数股价指数采用帕氏公式。股价指数通常以"点"为单位,将基期水平固定为 100 或 1000,股价比基期每变动百分之一或千分之一,就称变动了一点(一个百分点或一个千分点)。

我国的股价指数主要是上证综合指数和深证综合指数。二者均包括证券交易所的全部上市股票,以报告期发行量为权数,以正式开业日 1990 年 12 月 19 日为基期(深证指数基日选在 1991 年 4 月 3 日)。

# §8.3  总产出和国内生产总值指数

## §8.3.1  总产出指数

根据不同的研究目的,总产出可以就企业、产业、部门等分别计算,从整个国民经济角度看,所有常住单位的总产出之和就是社会总产出。为了从动态上考察生产规模的变动,可以分别从不同层次编制国内总产出、部门总产出和企业总产出指数,包括不同层次的总产出物量指数、总产出价格指数以及相应的价值量指数。

计算总产出指数一般采用上述综合法。总产出价值量指数采用(8.1)式计算。总产出物量指数通常采用拉氏指数形式: $L_q = \dfrac{\sum q_1 p_0}{\sum q_0 p_0}$ ,表明在基期价格水平和价格结构的基础上总产出物量的综合变动程度,反映在消除了价格变动的影响之后产出的实际增减变动程度,因而,通常也将这类物量指数简称为"生产指数"。总产出价格指数通常采用帕氏指数形式: $P_p = \dfrac{\sum p_1 q_1}{\sum p_0 q_1}$ ,表明在计算期产量水平和产量结构的基础上总产出价格的综合变动程度。

计算总产出指数也可以采用价格减缩法。将帕氏价格指数去除价值量指数来间接推算拉氏物量指数的方法称为价格减缩法。由于直接计算价格指数比直接计算物量指数更为容易,代价也更小,因此,在国民经济核算和一般经济统计中,最常见的做法就是用价格紧缩法间接求得物量值。这种方法的步骤:首先,由各级综合统计部门分别编制各地区、各部门乃至全国的产品价格指数,在编制这些价格指数时,可以充分运用代表性价格选样和比重加权的方法,简化编制工作,提高编制质量;其次,通过价格紧缩的方式推算出总产出物量指数。当需要作长期动态考察时,可以通过编制"连锁指数"替代相应的定基指数进行分析。这样,将能够适当兼顾分析的需要和操作的可能,大大提高指数编制的效率和实际分析的效果。

## §8.3.2  可比价国内生产总值及其指数

国民经济核算实践中,往往是从生产和使用两个角度先分别编制 GDP 价格指数,然后利用这些指数对现价 GDP 的生产或使用价值总量进行价格减缩,以便计算可比价 GDP,并以此为基础计算 GDP 物量指数。从生产的角度看,总增加值本质上是一种"追加"的价值,并不具有独立的实物形态,因而,要计算一个基层单位(企业、产业部门或机构部门)的不变价总增加值,反映总增加值所达到的物量水平,只能采用间接方式。实践中不变价 GDP 的计算主要有如下方法：

1. 双减缩法（double - deflation method）及 GDP 物量指数

双减缩法，是指先对两个相关的现价价值量指标分别用各自相关的价格指数去减缩，再用减缩得到的两个不变价格指标计算与此有关的第三个不变价指标。从生产法角度看，组成国内生产总值的各部门增加值，是各产业部门总产出减中间投入后的余值，从而价格对增加值的影响是双重的，其中既有产出价格变化的影响，也有中间投入价格变化的影响。而且二者的作用方向正好相反。因此，要得到不变价增加值，必须对总产出和中间投入分别做两次价格减缩，然后再相减得到不变价增加值。即：

$$
\begin{aligned}
\text{不变价 GDP} &= \sum \text{不变价增加值} \\
&= \sum \frac{\text{现价总产出}}{\text{产出价格指数}} - \sum \frac{\text{现价中间投入}}{\text{中间投入价格指数}} \\
&= \text{不变价总产出} - \text{不变价中间投入}
\end{aligned}
\tag{8.11}
$$

由于生产法 GDP 是各个产业部门增加值的总和，因此，价格减缩过程不是针对整个经济一次完成，而是按照不同产业部门分别进行后加总。

双减缩法 GDP 物量指数的具体做法是：首先，根据帕氏价格指数公式分别编制总产出和中间消耗的价格指数：

$$
\bar{I}_{(\text{总产出})p} = \frac{\sum Q_1 P_1}{\sum Q_1 P_0} \qquad \bar{I}_{(\text{中间投入})p} = \frac{\sum q_1 p_1}{\sum q_1 p_0}
\tag{8.12}
$$

式中，$P$ 和 $p$ 分别表示总产品和中间产品价格，$Q$ 和 $q$ 分别表示总产品和中间产品数量。

其次，利用总产出价格指数和中间投入价格指数分别对总产出和中间投入进行减缩，再利用生产法计算不变价 GDP：

$$
\text{不变价 GDP} = \frac{\sum Q_1 P_1}{I_{(\text{总产出})p}} - \frac{\sum q_1 p_1}{I_{(\text{中间投入})p}} = \sum P_0 Q_1 - \sum p_0 q_1
\tag{8.13}
$$

最后，依据上述资料编制 GDP 物量指数。在西方各国的核算实践中，双减缩法 GDP 物量指数的计算公式为：

$$
I_{(GDP)q} = \frac{\sum P_0 Q_1 - \sum p_0 q_1}{\sum P_0 Q_0 - \sum p_0 q_0}
\tag{8.14}
$$

GDP 价格指数可以按下式计算：

$$
\begin{aligned}
I_{(GDP)P} &= \frac{I_{(GDP)}}{I_{(GDP)q}} = \frac{\sum P_1 Q_1 - \sum p_1 q_1}{\sum P_0 Q_0 - \sum p_0 q_0} \div \frac{\sum P_0 Q_1 - \sum p_0 q_1}{\sum P_0 Q_0 - \sum p_0 q_0} \\
&= \frac{\sum P_1 Q_1 - \sum p_1 q_1}{\sum P_0 Q_1 - \sum p_0 q_1}
\end{aligned}
\tag{8.15}
$$

实践中,在不具备中间投入购买者价格指数的情况下,常常采用简化的方法进行价格减缩,以该产业部门的产出价格指数直接减缩其现价增加值。这就是所谓不变价增加值的单减缩法。我国可比价 GDP 计算目前主要依赖于价格指数单减缩法。

2. 单减缩法(single – deflation method)

单减缩法又称为直接减缩法,是将有关的现价价值量直接除以相关的价格指数,求出该指标的可比价数据。可比价 GDP 的计算公式可以表示为:

$$不变价 GDP = \frac{现价 GDP}{GDP 价格指数} \tag{8.16}$$

实践中,由于 GDP 价格指数很难直接得到,往往不得不采取若干近似方法。其一是假设 GDP 价格指数等于总产出价格指数,于是得到"总产出价格指数减缩法"公式:

$$不变价 GDP = \frac{现价 GDP}{总产出价格指数} \tag{8.17}$$

其二是假设 GDP 价格指数等于中间投入价格指数,于是得到"中间投入价格指数减缩法"公式:

$$不变价 GDP = \frac{现价 GDP}{中间投入价格指数} \tag{8.18}$$

从"单减缩法"的假定条件可以看出,"单减缩法"也可以理解为是"双减缩法"在某种假设之下的近似形式。在"双减缩法"公式中,如果假设"中间投入价格指数等于总产出价格指数",则"双减缩法"就退化为"总产出价格指数减缩法";如果假设"总产出价格指数等于中间投入价格指数",则"双减缩法"就退化为"中间投入价格指数减缩法"。

由于应用单减缩法的假定前提在实践中并非完全成立,以至于利用单减缩法计算的可比价 GDP 可能产生一定的偏差。当产出价格指数低于中间投入价格指数时,单减缩法会低估不变价 GDP 总量,反之则高估不变价 GDP 总量,高估与低估的程度取决于两个价格指数之间的背离程度。在动态分析中,如果二者差距过大,会导致不同年份不变价 GDP 数据不可比[①]。

3. 物量指数外推法

物量指数外推法又称系数推算法或外推法,是指在一定假设条件下,选用与需要估计其不变价数据的价值量指标密切相关的另一指标的物量指数作为系数,乘以该指标的基期价值量,得到按基期价格度量的报告期价值量。在核算实践中,可以分为产出物量指数外推法和投入物量指数外推法。若缺少中间投入和总产出等价格指数而仅有总产出物量指数,或者只能通过某些方法计算不变价总产出时,可以使用总产出物量指数对基期现价 GDP 进行外推,以计算报告期不变价 GDP,得到产出物量指数外推法公式如下:

$$不变价 GDP = 基期现价 GDP × 总产出物量指数 \tag{8.19}$$

---

① 赵红. GDP 核算中的价格指数及存在的问题研究[J]. 统计研究,2005(5).

从上面公式可以看出,该法暗含着增加值物量指数等于总产出物量指数的假定,其实质是假定基期和计算期每单位产出所提供的增加值(即增加值率)是相等的。

投入物量指数外推法是指根据投入的物量变化来估计不变价增加值的变化。其公式是:

$$不变价 GDP = 基期现价 GDP \times 投入物量指数 \tag{8.20}$$

该方法也暗含着一个假定,即在基期价格水平上,报告期和基期每单位投入的增加值相同。

用于估计产出物量变化的投入,既可以是总投入,也可以是劳动投入、中间投入。对市场和非市场服务部门,常使用固定工资率来计算雇员报酬变化的平均值,甚至仅仅用雇员人数或总工时的变化来估计不变价增加值的变化。例如:

$$不变价 GDP = 基期现价 GDP \times \frac{报告期雇员人数(或总工时)}{基期雇员人数(或总工时)} \tag{8.21}$$

不难看出,这种外推法隐含的假定是:报告期和基期单位劳动投入提供的增加值不变,即劳动生产率不变。这在短期分析中尚可成立,但从长时期来看,这一假定是不符合实际的。因此,该法不适宜于长期估计。

1993 年 SNA 认为,在进行 GDP 的物量核算时,首选方法当推双减缩法;当现有数据的可靠性和稳定性不足以允许使用双减缩法时,用总产出价格指数来减缩现价增加值或用总产出物量指数外推基年增加值以估计报告期不变价增加值,是一种次优选择。但是,对于建筑业、金融、商业服务、教育、国防等部门,不能得到总产出价格或物量变化的满意数据,这种情况下,只能从投入的物量变化入手,在基期增加值的基础上,通过投入的物量指数外推得到按基期价格计算的报告期增加值。

4. 支出法不变价国内生产总值及 GDP 物量指数

支出法国内生产总值是最终消费支出额、资本形成总额和净出口额的总和。据此,计算不变价 GDP,需要对上述各项分别采用相应的价格指数进行减缩,再将减缩后的各项相加得到。即:

$$不变价 GDP = 不变价最终消费 + 不变价资本形成 + (不变价出口 - 不变价进口)$$

$$= \frac{现价最终消费}{消费价格指数} + \frac{现价资本形成总额}{投资价格指数} +$$

$$\left( \frac{现价出口额}{出口价格指数} - \frac{现价进口额}{进口价格指数} \right) \tag{8.22}$$

资本形成总额包括固定资本形成总额和存货增加,因此,对资本形成总额的减缩也应该分别采用各自的价格指数进行减缩:

$$不变价固定资本形成总额 = \frac{现价固定资本形成总额}{固定资本形成价格指数} \tag{8.23}$$

$$不变价存货增加 = \frac{现价存货增加}{存货价格指数} \qquad (8.24)$$

对货物和服务净出口额进行减缩的方法为:

$$不变价净出口额 = \frac{现价出口总额}{出口价格指数} - \frac{现价进口总额}{进口价格指数} \qquad (8.25)$$

其中,出口和进口价格指数分别用以反映出口和进口价格水平的变动,是根据现价进出口货物和服务数据及基本产品价格指数,采用减缩法编制的。

上述各项减缩过程中所采用的价格指数,都是从购买者角度设定的,减缩的质量好坏很大程度上取决于价格指数与 GDP 各构成部分的吻合程度。实际上,最终消费、资本形成等指标仍然包含不同的组成部分,进行具体减缩时,如果具备相应数据,则应就不同组成部分分别选择相应价格指数进行减缩。

还需要特别补充说明的是,无论是生产法还是支出法,应用价格指数减缩法计算不变价国内生产总值都存在一个在何种层次上实施价格指数减缩的问题。价格指数是独立编制的,编制过程中每一指数中都包括不同层次的类指数,总指数是通过类指数层层加权平均得到的。较低层次的价格指数更加接近于初始价格的变动,可以更好地与 GDP 各构成项目对应,避免拉氏或帕氏价格指数中物量权重选择本身存在的问题。因此,为了提高不变价 GDP 数据的质量和精度,最好采用较低层次的价格指数在较细分类层次上进行减缩,然后再对减缩结果层层加总得到不变价 GDP 总量,对那些没有直接对应的价格指数,需借助相关价格指数予以替代的项目,降低减缩层次尤其必要[①]。

## §8.4 经济水平的国际对比方法

### §8.4.1 国际经济对比的基本方法评述

对国民经济的关键指标进行国际对比,考察一国的经济发展水平和经济实力,发现问题、找出差距,是国民经济核算资料开发运用的一个重要方面。

要进行某项经济指标的国际对比,就必须通过适当的调整或换算,使其指标的货币计价具有可比性。目前常用的方法主要有以下几种:

1. 国际比较的汇率法

汇率法是进行国际比较的常用方法,即通过不同货币之间的汇率换算有关国家的经济指标,并据以进行物量水平或价格水平的国际对比。由于美元是最主要的交易货币,因此国际比较在习惯上都是将各种非美元货币调整为美元,以美元作为国际比较的基准货

---

① 赵红. GDP 核算中的价格指数及存在的问题研究[J]. 统计研究,2005(5).

币。这样,世界各国采用汇率法计算的以美元表示的价值量指标,可以方便的进行多边比较。

利用现成的汇率数据对货币单位进行调整,资料容易取得,操作比较简单,这是用汇率法进行国际比较的主要优点。但是这种方法也有明显的不足,最主要的是其中隐含着一个很强的假定,即"购买力平价说"成立。

所谓"购买力平价说",是 20 世纪 20 年代瑞典经济学家古斯塔夫·卡塞尔(G. Cassel)提出的,它实质上是一种"汇率决定理论"。这种理论认为,由于套利行为的存在,汇率只有处于能使得套利行为不再发生的水平,才能达到均衡状态。根据这一理论,两国货币的兑换比率即"汇率"应该取决于它们在各自发行国内所具有的实际购买力,也即取决于两国的市场物价水平。由此可以推论,两国物价水平的相对比率决定着"均衡汇率即购买力平价",而物价水平的变化则导致汇率的相应变化。

如果上述理论成立,那么在多产品的背景下,汇率将是两国物价水平的比值,即我们要估计的综合比价指数,它将保证一单位的任一种货币在两国能够购买的物品是等量的,也即购买力相同。因此,以汇率为基础对用不同货币计价的经济指标进行调整,可以保证名义量和实物量的一致,可以保证相同美元值的背后具有相同的实物量,从而在国际对比中就完全可以通过汇率换算实现经济指标在货币形式和实际购买力方面的可比性,最终实现国际对比。但是,作为汇率决定理论的"购买力平价说",在现实经济生活中却面临着一系列问题。

由于交易费用的存在,汇率法的理论基础严重背离现实。购买力平价实际上是经济学中著名的"一价定律"在国际对比中的应用。所谓"一价定律",是指一种商品在所有地方都只按一种价格出售。但这在现实中是不可能的,交易费用的存在必然导致这一定律失效,而在国际经济领域,交易费用要远远大于一个地区内部,大量的运输费用以及信息费用都会造成套利行为无利可图,从而导致购买力平价理论不成立,一单位货币在两国所能够购买到的物品数量往往不同,甚至差别很大。

各国要素禀赋不同造成产品相对价格不同,可能使汇率法的比较结果不真实。在存在交易费用的情况下,世界远没有形成一个全球统一市场,各个国家和地区产品的价格在很大程度上还是主要取决于本国的供求状况。而各国要素禀赋不同,各种资源的稀缺程度不同,相应地产品的相对价格也就不同。汇率及其波动固然与货币购买力或物价水平有关,但主要还是受国际市场上货币购买力和物价水平的影响,与各国国内市场物价水平的联系相对并不紧密。在这种情况下,如果汇率偏离购买力平价水平,汇率法就不可能得到正确的国际比较结果。

汇率法假定所有产品都与国际市场相关,而事实并非如此,从而使汇率法产生系统偏差。事实上发展中国家的很多产品的生产和销售都还仅仅局限于国内甚至国内一个地区内,其价格是不与国际接轨的,同等质量的产品价格会较低。这种情况下使用汇率法,不可避免地造成发展中国家经济指标的低估。

汇率不仅取决于购买力,还受到外汇市场供求关系和汇率制度等因素的影响,从而使用汇率换算的经济指标也受到这些因素的影响。不同的国家,有不同的汇率制度,例如固定汇率制、浮动汇率制等。对于浮动汇率制,购买力平价最多只能决定汇率的平均水平;而对于固定汇率制,由于汇率受政府管制,其水平与购买力平价没有什么关系。外汇市场的供求关系、各国之间的各种国际资本往来或金融交易、各种心理因素和政策因素等等,也在很大程度上影响汇率,造成汇率的波动,导致汇率背离购买力平价,使得用汇率换算的经济指标不能反映实际情况。

最后,购买力平价理论以各国之间自由通商、各种货币自由兑换、市场汇率自由浮动为前提,但现实情况并非如此。世界各国由于经济水平和社会制度的差异,或明或暗的贸易壁垒和外汇限制比比皆是,一些国家还实行严格的官方汇率制度,其结果都使得货币汇率与其实际购买力相去甚远。

综上可以看出,汇率法充其量只在表面上解决了各国经济指标货币的可比性问题,并不足以正确测定和评价各国的实际经济水平。尽管一些研究机构也曾试图对简单汇率法进行局部的修补和改进,以避免短期汇率波动的不利影响,但方法本身的性质决定了其根本性缺陷。因此,在国际经济对比中,需要制定和运用较之汇率法更为有效的方法和工具。

2. 国际比较的购买力平价法

购买力平价法,是指通过构造并估算出各国间的购买力平价(Purchasing Power Parity,PPP)指数来调整经济指标,实现国际比较的方法。

由于国际经济对比所涉及的主要指标通常具有复杂的内容构成,并受到物量和价格两个因素的共同影响,故其对比方法常常可以归结为一大类经济指数问题。倘若通过适当的形式构造和编制出所需要的国际对比指数,就能够消除存在于不同货币形式的有关指标之中的不可比因素,得到适当的物量对比和价格分析结果。鉴于此,可以直接编制购买力平价指数并用于经济指标国际比较的调整。

购买力平价法相对于汇率法的优点,首先,面对产品相对价格不同的情况,购买力平价法不会使比较产生扭曲的结果;其次,即使部分产品市场化程度不高,不参与国际贸易,也不会对购买力平价法造成严重影响;最后,由于采取了依据价格直接编制指数的基本思路,汇率法理论基础背离现实以及汇率受若干其他因素影响和干扰的问题,在购买力平价法中不复存在。也就是说,购买力平价法比较全面地解决了汇率法的主要缺陷,是汇率法的一个升级。但是,购买力平价法没有汇率法那样现成的指标,数据计算工作量很大,用购买力平价法进行国际比较需要一个团队,要投入大量的资金和时间方能初见成效。其一般步骤是:确定对比的国家和对比的指标;确定用于比较的商品;选择具体的指数形式并确定权数;搜集并整理有关国家的各种对比资料(价格以及销售量信息);最后计算得到指数。

应用购买力平价法进行国际比较,需要分别双边比较和多边比较两个层次对相关方法进行讨论。由于国际经济联系本质上是多方面的,不难理解,多边比较问题具有更为重要的意义。双边比较常常是多边比较的基础,但后者不是前者的简单延续。

### §8.4.2　购买力平价法对指数的设计要求

20 世纪以来,指数的研究与应用取得重大发展,指数的形式日益多样。对于同一研究对象,可以构造多种不同的指数;不同形式的指数其计算结果也肯定不同,由此产生了指数的检验理论。在购买力平价法中,对指数的设计能否满足指数检验的要求,是选择和评价指数的重要标准。

1. 双边比较的设计要求

对于双边比较而言,比较指数通常要求能通过两种检验:基国不变性检验和因素反向检验。

(1)基国不变性检验

基国不变性检验又称为国家互换检验或双边对称性检验。由于国际比较指数所考察的两个国家原则上可以互为比较基准,因而有理由要求互换比较基准后的指数结论彼此协调一致;换言之,即要求指数编制后比较结果不因基国的变化而变化,它们应当具有空间上的"对称反演性"。用指数符号来表示,即:$I_{i/j} \times I_{j/i} = 1$,假定 $I_{i/j}$、$I_{j/i}$ 是独立计算出来的基国或对比国的价格或物量指数。

从指数的检验理论看,基国不变性检验即指数两种基本测验之一的"时间转换测验",只是将时间概念转换成了空间概念,要求互换比较基准后的两个指数互为倒数(或其乘积为1)。实际上,这一要求不仅对双边对比指数适用,对于多边对比指数也同样适用。

(2)因素反向检验

因素反向检验是一种一致性检验,要求各自独立计算出来的价格比率和物量比率的乘积等于支出比率,即:$(p_{mi}/p_{mj}) \times (q_{mi}/q_{mj}) = (V_{mi}/V_{mj})$,式中 $p_{mi}$,$p_{mj}$ 分别表示 $m$ 种商品在 $i$ 国和 $j$ 国的价格,$q_{mi}$,$q_{mj}$ 分别表示 $m$ 种商品在 $i$ 国和 $j$ 国的物量,$V_{mi}$,$V_{mj}$ 分别表示 $m$ 种商品在 $i$ 国和 $j$ 国的开支。

2. 多边比较的设计要求

对于多边比较,对比指数的设计除了双边对比中一些要求外,还特别有多边传递性和矩阵一致性要求。

(1)传递性

传递性表现为三个或三个以上国家中任何两国之间的价格或物量关系的指数,由其中两国直接得到的,与两国通过第三国间接比较得到的结果应该相同,或者说任何两个国家之间直接比较的结果都应与通过其他国家间接比较的结果相吻合,也即互相衔接的一系列双边对比指数之间应该具有"连续传递性"。用公式表示即：$I_{J/i} = (I_{j/k}/I_{k/i})$，式中 $I$ 为价格或物量指数，$i$、$j$、$k$ 代表国家。

就多边比较而言，传递性检验是最重要的。如果不能满足传递性检验，多边比较中指数体系的内部一致性将不复存在，不同的传递路径将得到不同的结果，这样显然无法实现多边比较的目标。

（2）矩阵一致性

矩阵一致性也称为相加一致性，在多国比较中，各国按价值表现的商品的支出数量通常可以排成一个 $m$ 个商品类横行和 $n$ 个国家纵列的矩阵形式。矩阵横行表示，任何一个类目的价值，国家之间是直接可比的。也就是说，一个国家与另一个国家的数量相比反映这两个国家对此类目支出的数量比。矩阵的纵列表示，任何国家的同一价值在各类目之间也是直接可比的。

### §8.4.3  双边国际对比的理想指数编制方法

购买力平价指数本质上是一种价格指数，只不过比较的是不同国家的价格。在双边比较中，购买力平价指数的构建思想并不复杂。以下标 1 代表对比国，下标 0 代表基准国，$m$ 为细类数量，则可得到如下拉氏价格指数：

$$L_P = \frac{\sum_{i=1}^{m}(p_{i,1}q_{i,0})}{\sum_{i=1}^{m}(p_{i,0}q_{i,0})} = \frac{\sum_{i=1}^{m}(\frac{p_{i,1}}{p_{i,0}}p_{i,0}q_{i,0})}{\sum_{i=1}^{m}(p_{i,0}q_{i,0})} = \sum_{i=1}^{m}\left[\frac{p_{i,1}}{p_{i,0}} \times \frac{p_{i,0}q_{i,0}}{\sum_{i=1}^{m}(p_{i,0}q_{i,0})}\right] \tag{8.26}$$

式中，等式右端第二个分式就是基准国第 $i$ 细类支出所占比重，若以 $w_{i,o}$ 记之，则上式可写成：

$$L_P = \sum_{i=1}^{m}\left(\frac{p_{i,1}}{p_{i,0}} \times w_{i,o}\right) \tag{8.27}$$

此时，$p_{i,1}/p_{i,0}$ 是指对比国与基准国之间的细类价格比而不是某代表规格品的价格比，为此需要将代表规格品价格比用几何平均法综合为细类价格比，公式为：

$$\frac{p_{i,1}}{p_{i,o}} = \sqrt[n_i]{\prod_{k=1}^{n_i}\frac{p_{i,k,1}}{p_{i,k,0}}} \tag{8.28}$$

式中，$p_{i,k,1}$ 代表对比国第 $i$ 细类第 $k$ 种代表规格品的价格，$p_{i,k,0}$ 代表基准国第 $i$ 细类第 $k$ 种代表规格品的价格；$n_i$ 为第 $i$ 细类所包括的代表规格品数。之所以用几何平均法而不是用算术平均法，是因为只有前者才能满足国家互换检验；之所以采用简单平均，是因为为了简化计算，可以假定细类内部各种规格品的价格比比较接近，不需要使用权数。

用类似的方法，可以推出帕氏指数形式的购买力平价指数：

$$P_P = 1/\sum_{i=1}^{m}\left(\frac{p_{i,0}}{p_{i,1}} \times w_{i,1}\right) \tag{8.29}$$

式中，$w_{i,1}$ 表示对比国第 $i$ 细类支出所占比重。

双边国际对比指数应该满足基国不变性要求，也即对比的结论不会因对比基准国的选择不同而发生实质性变化。很明显，拉氏指数和帕氏指数都不能满足上述要求。正如在纵向比较时，拉氏价格指数会高估价格变动幅度，而帕氏价格指数会低估价格变动幅度一样，在国际比较中二者也存在同样的问题。解决这一问题的常用方法就是计算二者的几何平均数。因此，双边国际对比一般采用"理想指数"公式形式：

$$PPP_{1,0} = \sqrt{L_p \times P_p} \qquad (8.30)$$

上式所得结果就是最终的针对 GDP 总量的购买力平价指数，将对比国 GDP 除以这一指数，可以剔除两国间价格差异的影响，就如同现价 GDP 除以价格指数以剔除价格影响一样，可以获得与基准国 GDP 具有可比性的 GDP 数据。

可以证明，(8.30)式所构造的理想指数可以满足国家互换检验及因素互换测验，但不能满足传递性检验。因此，理想指数比较适宜于双边对比，但不适宜于多边对比。

## 【本章小结】

1. 计价方式一般是指按照什么样的时间规定来确定价格水平。通常有现行价格和可比价格。计价标准是指按照什么样的价格构成来计算有关指标。通常有完全价格和不完全价格。

2. 单一货物或服务的数量用实物单位表示；价格是单一产品的单位价值；价值是单位价格与数量的乘积。多种货物或服务的物量和价格是若干种货物或服务的综合。

3. 物量指数反映各种经济活动实物量在不同时间上的变化程度；物价指数反映价格水平在不同时间上的变化程度。分别有拉氏指数和帕氏指数。一个总值指数可以分解为拉氏物量指数和帕氏价格指数的乘积，据以进行因素分析和指数的推算。

4. 总产出物量指数和价格指数通常分别采用拉氏指数形式和帕氏指数形式。总产出指数的价格减缩法是指用帕氏价格指数去除价值量指数来间接推算拉氏物量指数。

5. GDP 指数通常采用生产价格减缩法和支出价格减缩法对现价 GDP 的生产或使用价值总量进行价格紧缩。

6. 不变价 GDP 的计算包括双减缩法、单减缩法、物量指数外推法和支出价格减缩法等。

7. 国际经济对比的基本方法，包括国际比较的汇率法，国际比较的购买力平价法。

## 【思考题与练习题】

8-1. 如何理解国民经济核算的计价标准？什么是完全价格？什么是不完全价格？五种计价标准之间有怎样的关系？

8-2. 什么是国民经济核算的计价方式？有哪些具体表现形式？

8-3. 为什么从多种产品角度考察，物量和物价的概念只有在不同时期比较时才有意义？

8-4. 什么是拉氏指数和帕氏指数？如何利用拉氏指数和帕氏指数与总值指数之间的关系进行有关价值总量指标的动态分析？

8-5. 什么是指数的"型偏差"？"权偏差"？基本指数公式改造的实际意义是什么？

8-6. 简述我国居民消费价格指数编制的基本过程。

8-7. 不变价 GDP 的双减缩法和单减缩法有什么不同特点？实际应用中要注意些什么问题？

8-8. 国际比较的购买力平价法相对于汇率法有什么优点？应用购买力平价法进行国际比较需要分别什么层次？

8-9. 下表给出三种产品的产量和价格资料：

| 产品名称 | 计量单位 | 产　量 | | 产品价格（元） | |
|---|---|---|---|---|---|
| | | 基期 | 报告期 | 基期 | 报告期 |
| 甲 | 件 | 130 | 150 | 19 | 18 |
| 乙 | 台 | 260 | 260 | 52 | 59 |
| 丙 | 套 | 494 | 455 | 65 | 71 |

要求：（1）用拉氏公式编制三种产品的产量总指数和价格总指数；

（2）用帕氏公式编制三种产品的产量总指数和价格总指数；

（3）比较两种公式编制的产量总指数和价格总指数的差异。

8-10. 根据上表资料，试分别用马歇尔—埃奇沃斯指数公式和理想指数公式编制产量指数，并将其与拉氏指数和帕氏指数的结果进行比较，指出它们之间有什么关系？

8-11. 下表是国民经济三大产业总产出的有关资料（单位：亿元）：

|  | 按基期价格计算的<br>基期总产出 | 按报告期价格计算的<br>报告期总产出 | 按基期价格计算的<br>报告期总产出 |
| --- | --- | --- | --- |
| 第一产业 | 340 | 391 | 365 |
| 第二产业 | 765 | 867 | 833 |
| 第三产业 | 442 | 510 | 476 |
| 总　计 | 1547 | 1768 | 1674 |

试据以计算总产出指数、物量指数和价格指数,并进行总产出变动的因素分析。

8-12. 下表给出国民经济三大产业的有关产出、消耗和最终使用资料(单位:亿元),试填出空格数值。

| 项目 | 国内生产 | | | | | | | | | 最终使用 | | | |
| --- | --- | --- | --- | --- | --- | --- | --- | --- | --- | --- | --- | --- | --- |
| | 总产出 | | | 中间消耗 | | | GDP 或增加值 | | | 项目 | 当年<br>价格 | 上年<br>价格 | 价格指<br>数(%) |
| | 当年<br>价格 | 上年<br>价格 | 价格指<br>数(%) | 当年<br>价格 | 上年<br>价格 | 价格指<br>数(%) | 当年<br>价格 | 上年<br>价格 | 价格指<br>数(%) | | | | |
| 甲 | (1) | (2) | (3) | (4) | (5) | (6) | (7) | (8) | (9) | 乙 | (10) | (11) | (12) |
| 总计 | 1768 | | | 969 | | | | | | 总计 | 799 | | |
| 第一产业 | 391 | 107 | | 187 | | 106 | | | | 总消费 | 569.5 | | 106 |
| 第二产业 | 867 | 104 | | 578 | | 110 | | | | 总投资 | 178.5 | | 91 |
| 第三产业 | 510 | 107 | | 204 | | 112 | | | | 净出口 | 51 | | 88 |

8-13. 根据下表某地区国民经济统计资料编制该地区 GDP 价格指数:

|  | 现价总产出<br>(亿元) | 总产出价格<br>指数(%) | 现价中间投入<br>(亿元) | 中间投入价格<br>指数(%) |
| --- | --- | --- | --- | --- |
| 第一产业 | 1560 | 106 | 520 | 110 |
| 第二产业 | 3120 | 110 | 1300 | 106 |
| 第三产业 | 1560 | 120 | 260 | 112 |
| 总　计 | 6240 | | 2080 | |

8-14. 已知某国上年总产出和中间消耗分别为 2400 亿元和 1120 亿元,本年相关资料如下表,试编制该国的 GDP 物量指数和价格指数。

| 项目 | 总产出 | | 中间消耗 | |
| --- | --- | --- | --- | --- |
| | 当年价格(亿元) | 价格指数(%) | 当年价格(亿元) | 价格指数(%) |
| 第一产业 | 896 | 106 | 400 | 105 |
| 第二产业 | 1376 | 115 | 640 | 112 |
| 第三产业 | 640 | 110 | 240 | 111 |

8 - 15. 已知某国基期 GDP 为 2160 亿元, 报告期有关宏观经济统计数据如下表, 试据以编制该国有关 GDP 指数, 并对其变动进行因素分析。

| 项目 | 报告期现价 GDP(亿元) | 价格指数(%) |
|------|----------------------|-------------|
| 国内生产总值 | 4918.4 | |
| 居民消费支出 | 3187.2 | 205.36 |
| 政府消费支出 | 1040 | 222.60 |
| 国内总投资 | 664 | 212.82 |
| 净出口 | 27.2 | 58.62 |

# 第9章

## 国民经济速度和效益的分析

　　"又好又快"是我们国民经济健康发展的重要目标。"快"是要求国民经济总量增长要有较快的速度,"好"则是要求经济发展要讲究优质高效,经济效益的提高就是"好"的一个重要表现。所以,对国民经济速度和效益的分析,是国民经济统计分析中不可缺少的重要内容。

## §9.1 国民经济速度分析

### §9.1.1 测定国民经济速度的指标

国民经济的速度是指国民经济生产总成果的发展速度或增长速度。因此,凡是能够反映国民经济生产总成果的总量指标,都可以将其报告期和基期的数值对比来测定国民经济的速度。新中国成立以后,受不同时期的国民经济水平、统计理论和核算条件等因素的限制,我国曾经先后采用过工农业总产值、社会总产值和国民收入等总量指标来衡量国民经济的生产总成果,因此也就先后使用过这些总量指标的速度来测定国民经济速度。1992 年以后,我国一直是根据国内生产总值(GDP)来计算国民经济速度。

相比之下,用 GDP 的速度来测定国民经济速度最为合适。这是因为:首先,GDP 能够全面反映整个国民经济活动的成果,不仅包括了货物生产部门的产品,也包括服务部门的产品;其次,GDP 不包括中间投入,避免了不同企业和部门之间转移价值的重复计算,能够比较准确地反映国民经济的生产成果;最后,使用 GDP 更具有国际可比性,因为世界上绝大多数国家都是以 GDP 作为衡量国民经济总水平的基本指标,联合国和国际货币基金组织等国际性组织都是以人均 GDP 来衡量各个国家和地区的经济发展水平。

由于目的要求不同,根据 GDP 来计算的国民经济速度指标,可以是发展速度,也可以是增长速度;可以是环比发展(增长)速度,也可以是总速度即定基发展(增长)速度;可以是个别年份(或月份、季度)的发展(增长)速度,也可以是一段时间内的平均发展(增长)速度。

在比较不同空间或不同时间的国民经济速度时,从人民生活水平的变化程度来考察,通常还需要把 GDP 与人口数联系起来,计算人均 GDP 的速度。

$$人均 GDP 发展速度 = \frac{报告期人均 GDP}{基期人均 GDP} = \frac{GDP 发展速度}{平均人口数发展速度} \qquad (9.1)$$

$$人均 GDP 增长速度 = 人均 GDP 发展速度 - 100\%$$

$$\approx GDP 增长速度 - 平均人口数增长速度[1] \qquad (9.2)$$

此外,由于 GDP 是价值量指标,要受价格波动的影响,因此,国民经济速度还有名义速度和实际速度之分。根据现价 GDP 计算的发展(增长)速度为名义经济发展(增长)速度。例如,我国 1978 年、2010 年和 2011 年的现价 GDP 分别为 3645 亿元、401 513 亿元和

---

[1] 证明如下:以 $g,a,r$ 分别表示国内生产总值增长率、人均国内生产总值增长率和平均人口数增长率。由于 $(1+g)=(1+a)(1+r)=1+a+r+ar$,从而 $g=a+r+ar$。由于"$ar$"通常很小,可以忽略不计,所以有 $g \approx a+r$,从而有 $a \approx g-r$。

472 882 亿元,因此,2011 年比 2010 年的名义经济增长率为 17.8%,2010 年比 1978 年的名义经济增长速度为 128.7 倍。

根据可比价计算的 GDP 发展(增长)速度为实际经济发展(增长)速度。例如,2011 年比上年的实际经济增长率为 9.3%,2011 年比 1978 年的实际经济增长速度为 21.5 倍。

名义经济速度与实际经济速度之间存在下列关系:

$$实际经济发展速度 = \frac{名义经济发展速度}{价格总指数} \tag{9.3}$$

$$实际经济增长率 = \frac{1 + 名义经济增长率}{1 + 价格上涨率} - 1 \tag{9.4}$$

### §9.1.2 国民经济速度的因素分析

影响国民经济速度的因素很多,它们影响作用的方向和大小各不相同,因此有必要对不同因素的影响作用进行定量分析。这种定量分析可以从不同角度、利用不同的方法来进行。下面简要说明两种常见的国民经济速度的因素分析。

1. 劳动者人数和劳动生产率的变化对国民经济速度的影响分析

国内生产总值可分解为劳动者人数和劳动生产率两个因素的乘积,因此,可依据指数法进行因素分析的原理,来分析劳动者人数和劳动生产率两个因素的变动对 GDP 变动的影响,所依据的体系是:

GDP 发展速度 = 劳动者人数发展速度 × 按 GDP 计算的劳动生产率发展速度

GDP 增减量 = 劳动者人数变动的影响量 + 按 GDP 计算的劳动生产率变动的影响量

如果已知国民经济分组(分行业、部门或地区)的有关数据,可利用总指数体系来分析。设 $GDP_0$ 和 $GDP_1$ 分别表示基期和报告期的 GDP;基期和报告期的各组劳动者人数分别为 $q_{i0}$ 和 $q_{i1}$、基期和报告期的各组劳动生产率分别为 $p_{i0}$ 和 $p_{i1}$,则所依据的指数体系可表示为:

$$\frac{GDP_1}{GDP_0} = \frac{\sum\limits_i q_{i1}p_{i1}}{\sum\limits_i q_{i0}p_{i0}} = \frac{\sum\limits_i q_{i1}p_{i0}}{\sum\limits_i q_{i0}p_{i0}} \times \frac{\sum\limits_i q_{i1}p_{i1}}{\sum\limits_i q_{i1}p_{i0}} \tag{9.5}$$

$$GDP_1 - GDP_0 = \left( \sum\limits_i q_{i1}p_{i0} - \sum\limits_i q_{i0}p_{i0} \right) + \left( \sum\limits_i q_{i1}p_{i1} - \sum\limits_i q_{i1}p_{i0} \right) \tag{9.6}$$

如果只有国民经济整体的有关数据,基期和报告期的劳动者人数分别为 $q_0$ 和 $q_1$、劳动生产率分别为 $p_0$ 和 $p_1$。则所依据的指数体系可简化为:

$$\frac{GDP_1}{GDP_0} = \frac{q_1p_1}{q_0p_0} = \frac{q_1}{q_0} \times \frac{p_1}{p_0} \tag{9.7}$$

$$GDP_1 - GDP_0 = (q_1 - q_0)p_0 + (p_1 - p_0)q_1 \tag{9.8}$$

【例 9 - 1】根据表 9 - 1 的数据对国内生产总值的变动进行因素分析。

表 9 - 1　　　　　　　　　2010 年和 2011 年我国 GDP 及有关总量数据

| 年份 | GDP（亿元） | 平均劳动者人数（万人） | 按 GDP 计算的劳动生产率（万元／人） |
|---|---|---|---|
| 2010 | 401 513 | 75 966.5 | 5.285 396 |
| 2011 | 472 882 | 76 262.5 | 6.200 715 |
| 发展速度（%） | 117.78 | 100.39 | 117.32 |

根据公式（9.7）和（9.8）可计算出按 GDP 计算的劳动生产率和 GDP、平均劳动者人数、按 GDP 计算的劳动生产率的发展速度（见表 9 - 1）。

从 GDP 增长的绝对额看，2011 年比 2010 年相比：

GDP 的增长量 = 472 882 - 401 513 = 71 369（亿元）

其中，由于劳动者人数增加而增加的 GDP 为：

（76 262.5 - 75 966.5）× 5.285 396 = 1564.48（亿元）

由于按 GDP 计算的劳动生产率提高而增加的 GDP 为：

（6.200 715 - 5.285 396）× 76 262.5 = 69 804.52（亿元）

上述计算结果表明：2011 年 GDP 比 2010 年增长 17.78%，增加 71 369 亿元。这是由于劳动者人数增长 0.39%，使得 GDP 比 2010 年增长 0.39%，增加 1564.48 亿元；由于劳动生产率提高 17.32%，使 GDP 比 2010 年增长 17.32%，增加 69 804.52 亿元，二者共同影响的结果。它们之间的数量关系为：

117.78% = 100.39% × 117.32%

71 369 亿元 = 1564.48 亿元 + 69 804.52 亿元

由此可知，2011 年国民经济的增长几乎全是靠提高劳动生产率来实现的。由于劳动生产率提高而增加的 GDP 占 GDP 增量的 97.81%。

依据指数体系还可以分析社会总产出和增加值率变动对 GDP 发展速度的影响、资金占用量与资金产出率变动对国民经济速度的影响等等，也可以分析三个和三个以上因素变动对国民经济速度的影响。

2. 各产业部门经济增长率对国民经济增长率的影响分析

某一时期的国民经济增长总是各产业部门经济增长共同作用的结果。若用 $Y_0$ 和 $Y_1$ 分别表示基期和报告期的 GDP，用 $Y_{0i}$ 和 $Y_{1i}$ 分别表示基期和报告期第 $i$ 产业部门的增加值，$i = 1, 2, \cdots, n$。则国民经济增长率（GDP 增长率）与各产业部门增加值的增长率的关系如下：

$$\frac{Y_1 - Y_0}{Y_0} = \frac{\sum_{i=1}^{n} (Y_{1i} - Y_{0i})}{\sum_{i=1}^{n} Y_{0i}} = \frac{\sum_{i=1}^{n} \left(\frac{Y_{1i} - Y_{0i}}{Y_{0i}}\right) Y_{0i}}{\sum_{i=1}^{n} Y_{0i}} = \sum_{i=1}^{n} \left(\frac{Y_{1i} - Y_{0i}}{Y_{0i}}\right) \frac{Y_{0i}}{\sum_{i=1}^{n} Y_{0i}} \qquad (9.9)$$

上式表明,GDP 增长率等于各产业部门增加值的增长率的加权平均数,权数是基期各产业部门增加值占 GDP 的比重。各产业部门的经济增长有快有慢,其增加值占 GDP 之比重也有差别,它们对 GDP 增长的影响也就有大有小。各产业部门对 GDP 增长率的影响,通常可通过计算贡献百分点和贡献率两个指标来反映。

各产业部门对 GDP 增长率贡献的百分点的计算公式为:

$$\frac{Y_{1i} - Y_{0i}}{Y_0} = \left(\frac{Y_{1i} - Y_{0i}}{Y_{0i}}\right)\frac{Y_{0i}}{Y_0} \tag{9.10}$$

即各产业部门对 GDP 增长率贡献的百分点等于该产业增加值的增长量在基期 GDP 中所占比重,也就等于该产业增加值的增长率乘以其基期增加值占 GDP 之比重。显然,所有产业部门贡献的百分点之总和就等于 GDP 的增长率。

各产业部门对 GDP 增长率的贡献率的计算公式为:

$$\frac{Y_{1i} - Y_{0i}}{Y_0} \div \frac{Y_1 - Y_0}{Y_0} = \frac{Y_{1i} - Y_{0i}}{Y_1 - Y_0} \tag{9.11}$$

可见,各产业部门对 GDP 增长率的贡献率是指在 GDP 增长率中各产业部门的贡献所占的份额,它等于各产业部门对 GDP 增长率贡献的百分点除以 GDP 增长率,也就等于各产业增加值的增长量在 GDP 增长量中所占比重。显然,所有产业部门的贡献率之总和等于 100%。

【例 9 - 2】2010—2011 年我国 GDP 及其产业分组的数据如表 9 - 2 的第(1)~(3)栏所示。试分析三次产业对 GDP 增长率的影响。

表 9 - 2　　　　　　　　　2011 年我国各产业对 GDP 增长率的贡献

| | 2010 年增加值 | | 2011 年增加值(亿元) | 增长量(亿元) | 增长率(%) | 各产业对 GDP增长率的贡献 | |
|---|---|---|---|---|---|---|---|
| | 数量(亿元) | 比重(%) | | | | 百分点(%) | 贡献率(%) |
| | (1) | (2) | (3) | (4) | (5) | (6) | (7) |
| 第一产业 | 40 534 | 10.10 | 47 486 | 6953 | 17.15 | 1.73 | 9.74 |
| 第二产业 | 187 383 | 46.67 | 220 413 | 33 030 | 17.63 | 8.23 | 46.28 |
| 第三产业 | 173 596 | 43.24 | 204 983 | 31 387 | 18.08 | 7.82 | 43.98 |
| 合计(GDP) | 401 513 | 100.00 | 472 882 | 71 369 | 17.78 | 17.78 | 100.00 |

为了分析各产业对 GDP 增长率的影响,先要计算出各产业的增长量和增长率,计算结果分别见表 9 - 2 中的第(4)~(5)栏;再计算各产业增长率对 GDP 增长率的贡献的百分点和贡献率,计算结果分别见表 9 - 2 中的第(6)~(7)栏。其中,各产业的第(6)栏等于第(4)栏除以基期 GDP(401 513),或等于第(5)栏与第(2)栏的乘积;各产业的第(7)栏等于第(6)栏除以 GDP 增长率,也就等于第(4)栏对应的比重。

从表 9 - 2 的计算结果可知,我国 2011 年 GDP 比 2010 年增长了 17.78%,其中第一产业增长 17.15%,对 GDP 增长率的贡献是 1.73 个百分点,只占 GDP 总增长率的 9.74%;第二产业增长 17.63%,对 GDP 增长率的贡献是 8.23 个百分点,占 GDP 总增长率的 43.98%;第三产业增长 18.08%,对 GDP 增长率的贡献是 7.82 个百分点,占 GDP 总增长率的 43.98%。可见,对我国 2011 年 GDP 增长率贡献最大的是第二产业,这是因为第二产业增长率虽然不是最高但其基期规模最大。第一产业的贡献最小,这是由于第一产业增长率最低且基期规模最小。

上面只分析了三次产业对 GDP 增长率的贡献。至于不同行业或不同地区对 GDP 增长率的贡献,以及消费、投资和出口对 GDP 增长率的贡献,分析方法是一样的,恕不赘述。

### §9.1.3 国民经济速度的弹性分析

所谓弹性分析是指利用弹性系数来分析两个有联系的变量之间的相对变化关系,它是经济数量分析中的一种常用分析方法。

弹性系数是指一个变量对另一个有联系变量的相对变化的反应程度,通常用这两个变量的增长速度之比来测定。若用 $e$ 表示变量 $Y$ 对变量 $X$ 变化的弹性系数,则有如下的计算公式:

$$e = \frac{\Delta Y/Y}{\Delta X/X} \tag{9.12}$$

式(9.12)中,$\Delta Y$ 和 $\Delta Y/Y$ 分别是变量 $Y$ 的增量和增长速度,$\Delta X$ 和 $\Delta X/X$ 分别是变量 $X$ 的增量和增长速度。

弹性系数 $e$ 表示 $X$ 每增长 1% 相应地使 $Y$ 增长的百分比。例如,某商品需求量对居民收入的弹性系数为 1.2,表示居民收入每增长 1%,该商品需求量相应增长 1.2%。又如,某商品需求量的价格弹性为 -0.5,表示该商品价格上涨 1%,需求量相应减少 0.5%。

弹性系数 $e$ 的绝对值的大小表示 $Y$ 对 $X$ 变化的反应强弱。$|e|$ 越大,表示 $X$ 变化对 $Y$ 的影响越大,$Y$ 对 $X$ 变化越敏感,反之亦然。如生活必需品需求量的价格弹性较弱,$|e| < 1$;而奢侈品需求量的价格弹性一般比较强,$|e| > 1$。若 $e = 0$ 称为完全无弹性或绝对刚性,表示 $X$ 变量对 $Y$ 变量没有影响。

将国民经济速度与有关重要经济变量的变化速度联系起来做弹性分析,有助于从数量上研究国民经济增长与一些重要经济变量的关系。有关经济变量对 GDP 的弹性表示在其他条件不变的情况下,GDP 每增长 1%,有关经济变量相应增长的百分比。这类弹性系数主要有:

能源生产(消费)弹性系数 = 能源生产(消费)量增长率/GDP 增长率

电力生产(消费)弹性系数 = 电力生产(消费)量增长率/GDP 增长率

财政收入(支出)弹性系数 = 财政收入(支出)增长率/GDP 增长率

反之,GDP 对有关经济变量的弹性则表示,在其他条件不变的情况下,有关经济变量每增长 1% ,GDP 相应增长的百分数。这类弹性系数主要是各种产出弹性,指国民经济产出量对某一投入要素变化的反应程度,例如:

资本产出弹性系数 = GDP 增长率／资本增长率

劳动力产出弹性系数 = GDP 增长率／劳动力增长率

【例 9-3】我国历年能源生产量、能源消费量和 GDP 的增长率如表 9-3 的第(1) ～ (3)列所示。试分析能源生产和消费的弹性。

表 9-3　　　　　　　　　　我国历年能源生产和消费对 GDP 的弹性

| 年份 | GDP 比上年增长（%） | 能源生产量比上年增长(%) | 能源消费量比上年增长(%) | 能源生产弹性系数 | 能源消费弹性系数 |
|---|---|---|---|---|---|
| | (1) | (2) | (3) | (4) | (5) |
| 2000 | 8.4 | 2.4 | 3.5 | 0.29 | 0.42 |
| 2001 | 8.3 | 6.5 | 3.4 | 0.78 | 0.41 |
| 2002 | 9.1 | 4.7 | 6.0 | 0.52 | 0.66 |
| 2003 | 10.0 | 14.1 | 15.3 | 1.41 | 1.53 |
| 2004 | 10.1 | 14.4 | 16.1 | 1.43 | 1.59 |
| 2005 | 11.3 | 9.9 | 10.6 | 0.88 | 0.94 |
| 2006 | 12.7 | 7.4 | 9.6 | 0.58 | 0.76 |
| 2007 | 14.2 | 6.5 | 8.4 | 0.46 | 0.59 |
| 2008 | 9.6 | 5.4 | 3.9 | 0.56 | 0.41 |
| 2009 | 9.2 | 5.4 | 5.2 | 0.59 | 0.57 |
| 2010 | 10.4 | 8.1 | 6.0 | 0.78 | 0.58 |
| 2011 | 9.3 | 7.1 | 7.1 | 0.76 | 0.76 |

注:数据来自《中国统计年鉴 2012》。

能源生产弹性系数和能源消费弹性系数的计算结果见表 9-3 的第(4) ～ (5)列。

从表 9-3 的数据可见,在 2000—2011 年间,我国能源生产和消费的增长率的波动比较大,导致能源生产弹性系数和能源消费弹性系数有较大波动。除了 2003 年和 2004 年外,其余几年能源生产的增长率都低于 GDP 增长率。2007 年以前,除了 2001 年外,其他年份能源消费的增长都超过了能源生产的增长,导致能源消费弹性系数都大于能源生产弹性系数。2008 年起这种态势有所逆转。

弹性分析法简单易行,计算弹性系数所需要的数据不多,计算方法灵活,不受计量单位的影响,可以比较同一现象受不同因素的影响程度,或比较不同现象对同一因素变动的反应程度。需注意的是,这种分析方法只考虑一个因素的变动而假定其他条件不变,所示

第 9 章

国民经济速度和效益的分析

实际应用中还应该充分考虑其他因素变动的影响。

### §9.1.4 国民经济增长模型

1. 哈罗德 — 多马经济增长模型

哈罗德 — 多马经济增长模型是由英国牛津大学的哈罗德和美国麻省理工学院的多马两位经济学家不约而同提出的。他们认为有效需求不足是制约经济增长的关键。由于人们的消费习惯不容易改变,致使消费需求短期内变化不大,因此实现经济增长均衡的决定性因素在于投资需求的增加。

设 $Y$ 表示国内生产总值,$\Delta Y$ 表示国内生产总值的增加额,$g$ 表示 GDP 增长率;$S$ 表示储蓄总额,$s$ 表示储蓄率(储蓄总额占 GDP 的比重,即 $s = \frac{S}{Y}$);$I$ 表示投资总额,$k$ 表示资本系数(即每单位 GDP 增量所需的投资额,即 $k = \frac{I}{\Delta Y}$,其倒数 $\frac{\Delta Y}{I}$ 为投资效果系数,即每单位投资额所增加的 GDP)。

若当期储蓄全部转化为投资,即 $S = I$,则有:

$$g = \frac{\Delta Y}{Y} = \frac{S}{Y} \times \frac{\Delta Y}{I} \text{ 或 } g = \frac{s}{k} \tag{9.13}$$

式(9.13) 就是哈罗德 — 多马经济增长模型。该模型表示:在本期的储蓄总额全部转化为投资的前提下,经济增长率就等于储蓄率除以资本系数,或等于储蓄率乘以投资效果系数。

哈罗德 — 多马经济增长模型反映一定条件下储蓄、投资和经济增长率之间的关系。可用于在预定储蓄率和投资效果系数的条件下测算经济增长率,或用于根据既定的经济增长率确定所需的投资总额(即储蓄总额)。

【例 9 - 4】试根据哈罗德 — 多马经济增长模型测算:

(1)假如每 1 亿元投资可增加 0.3 亿元国内生产总值,预计报告期的储蓄率可达 32%,则报告期的经济增长率可达多少?

(2)假如基期国内生产总值为 25 600 亿元,报告期欲达到 27 500 亿元,预计每增加 1 亿元国内生产总值需要 3 亿元投资,则报告期的储蓄总额和投资总额应是多少?

(1)已知:投资效果系数 $\frac{\Delta Y}{I} = 0.3$,储蓄率 $s = \frac{S}{Y} = 32\%$,根据式(9.13)可得报告期的经济增长率 $g$ 可达:

$$g = \frac{S}{Y} \times \frac{\Delta Y}{I} = 32\% \times 0.3 = 9.6\%$$

(2)已知:$Y = 25\,600$ 亿元,$\Delta Y = 27\,500 - 25\,600 = 1900$ 亿元,因此预计经济增长率为:

$$g = \frac{\Delta Y}{Y} = \frac{1900}{25\ 600} = 7.42\%$$

又已知资本系数 $k = 3$，由哈罗德—多马经济增长模型可得储蓄率应为：

$$s = g \times k = 7.42\% \times 3 = 22.26\%$$

因此，储蓄总额应为：

$$S = Y \times s = 25\ 600 \times 22.26\% = 5698.56(亿元)$$

由于哈罗德—多马经济增长模型是以本期储蓄总额全部转化为投资为前提，所以也应有投资总额 $I = S = 5698.56$ 亿元。

2. 索洛经济增长模型

对经济增长速度的测定，一般还可以从生产函数出发，建立经济增长率与各种投入要素之间的数量关系。最常用的生产函数是柯布—道格拉斯生产函数，索洛经济增长模型是在柯布—道格拉斯生产函数之基础上建立起来的。

设国民经济活动的产出（GDP）为 $Y$，投入的劳动量为 $L$、投入的资本量为 $K$，它们之间的数量关系可表示为下列模型形式：

$$Y = AL^{\alpha}K^{\beta} \tag{9.14}$$

这就是柯布—道格拉斯生产函数。其中，$\alpha$、$\beta$ 为模型的参数，它们分别是劳动力产出弹性和资本产出弹性。若规模报酬不变，则有 $\alpha + \beta = 1$。$A$ 称为广义技术进步水平（或称综合要素生产率），通常假定其按固定速率 $e^{\lambda t}$ 随时间而变化，其初始水平记为 $A_0$，则（9.14）式可以写为：

$$Y = A_0 e^{\lambda t} L^{\alpha} K^{\beta} \tag{9.15}$$

由于 $Y$、$K$ 和 $L$ 都是随时间 $t$ 而变的量，将式（9.15）两边取对数并对时间 $t$ 求导得：

$$\frac{1}{Y}\frac{dY}{dt} = \lambda + \alpha\frac{1}{L}\frac{dL}{dt} + \beta\frac{1}{K}\frac{dK}{dt}$$

取 $dt = 1$，再用增量近似微分，则有：

$$\frac{\Delta Y}{Y} = \lambda + \alpha\frac{\Delta L}{L} + \beta\frac{\Delta K}{K} \tag{9.16}$$

（9.16）式就是索洛经济增长模型。式中的 $\frac{\Delta Y}{Y}$ 为产出量的增长率（可记为 $y$），$\lambda$ 为广义技术进步率，$\frac{\Delta L}{L}$ 为劳动量的增长率（可记为 $l$），$\frac{\Delta K}{K}$ 为资本量的增长率（可记为 $k$）。索洛经济增长模型一般简写为：

$$y = \lambda + \alpha l + \beta k \tag{9.17}$$

索洛经济增长模型表示，经济增长是由广义技术进步、劳动力和资本三大因素共同作用的结果，模型右端的三个部分（$\lambda$，$\alpha\frac{\Delta L}{L}$，$\beta\frac{\Delta K}{K}$）就是这三大因素对经济增长率的贡献百

第9章

国民经济速度和效益的分析

分点,它们分别除以经济增长率就是各因素对经济增长率的贡献率。

例如,某地区估计技术进步率为3%,劳动力增长率为1.5%,资本增长率为4%,$\alpha = 0.4$,$\beta = 0.6$,索洛经济增长模型可测算该地区的经济增长率为:

$$y = 3\% + 0.4 \times 1.5\% + 0.6 \times 4\% = 6\%$$

其中,技术进步率对经济增长率的贡献是3%(3个百分点),贡献率为50%(即3%/6%),劳动力增长对经济增长率的贡献是0.6个百分点,贡献率为10%(即0.6%/6%),资本量增长对经济增长率的贡献是2.4个百分点,贡献率为40%(即2.4%/6%)。

根据索洛经济增长模型测算经济增长率的关键是正确估计技术进步率$\lambda$及劳动力产出弹性$\alpha$和资本产出弹性$\beta$。一般可根据$Y$、$L$和$K$的时间序列数据利用最小二乘法来估计。

若求得了劳动力产出弹性$\alpha$和资本产出弹性$\beta$,则由索洛经济增长模型可得:

$$\lambda = y - \alpha l - \beta k \tag{9.18}$$

式(9.18)常常用来测算技术进步率及其贡献。它表示经济增长率中扣除劳动力增长的贡献和资本量增长的贡献,剩余部分就是技术进步的贡献。这种测算方法也称为索洛余值法。

## §9.2 国民经济效益分析

### §9.2.1 国民经济效益的有关概念

任何生产经营活动都需要消耗和占用一定的自然资源、人力资源和物力资源(投入),也应该产生一定的能够满足社会需要的劳动成果(产出)。生产经营活动中产出与投入比较而言的经济收益就是经济效益。若能够以较少的投入获得同样多的产出,或者以同样多的投入获得较多的产出,就意味着取得了较好的经济效益。

经济效益指标是反映经济效益的水平高低的统计指标。根据经济效益的涵义可知,经济效益指标应该是产出指标与投入指标的对比。而投入指标与产出指标的对比有下列两种方式:一是将二者相减,对比结果采用绝对数的形式,如以销售收入表示生产经营的产出成果,以成本费用表示投入量,则两者之差即销售利润就是一个经济效益指标。二是将产出指标与投入指标相除,对比结果采用相对数或平均数的形式,如销售收入与成本费用相除所得到的比率即成本费用率也是一个经济效益指标。

由于绝对数形式的经济效益指标受到生产规模和投入总量的影响,不同生产规模和投入总量所取得的经济效益绝对数缺乏可比性,不能反映出经济效益真实水平的高低。此外,相减的对比方式只能适用于投入指标和产出指标都用价值量表示的场合,无法利用实物量指标来反映经济效益的好坏。而相对数或平均数形式的经济效益指标就可以避免这些问题。因此，经济效益指标最普遍的形式就是将产出指标与投入指标相除，它又有正指标和逆指标两种形式：

$$经济效益的正指标 = \frac{产出指标}{投入指标} \qquad (9.19)$$

$$经济效益的逆指标 = \frac{投入指标}{产出指标} \qquad (9.20)$$

正指标表示每单位投入所获得的产出量，其数值越大表示经济效益越好。逆指标表示每单位产出所需要的投入量，其数值越大表示经济效益越差。

经济效益指标是对经济效益进行数量描述和分析研究的基础。设置经济效益指标须注意：

（1）经济效益指标必须是生产活动的产出与投入两方面指标的对比，二者缺一不可。只反映产出多少而没有考虑投入大小的指标，或只反映投入而没有联系产出的指标都不是经济效益指标。例如，国内生产总值及其增长率都只反映了产出而没有反映投入，不是效益指标；资产负债率反映的是偿债能力即经营风险的大小，也不是效益指标。

（2）投入指标与产出指标的计算口径要一致，即投入是指获得产出的过程中各种生产要素的占用或消耗，而产出是指这些投入所实现的产出。例如，将生产活动的总产出或国内生产总值与劳动者人数对比，所计算的劳动生产率就是一个经济效益指标，而由国内生产总值与人口总数对比得到的人均国内生产总值就不是经济效益指标。

根据不同的研究目的，对经济效益可以从多个不同角度来考察。从一个企业的角度来考察的经济效益称为企业经济效益，也称微观经济效益，它考察的是一个企业的生产经营活动中投入与产出之关系。从全社会或国民经济全局来考察的经济效益称为国民经济效益，也称为宏观经济效益，它是整个社会经济活动的投入与产出的综合比较。企业经济效益是国民经济效益的基础，没有企业经济效益的提高，就难以实现国民经济效益的提高。同时，国民经济效益的提高也将为企业经济效益的提高创造良好的外部条件。但有时二者之间也会出现矛盾，即整体利益与局部利益的矛盾。

对国民经济效益进行定量分析离不开国民经济效益指标。由于国民经济效益是相互联系的所有部门、所有单位、所有活动构成的整体的经济效益，是从社会再生产全过程包括生产、分配、交换和使用等再生产环节来考察的经济效益，不仅指当前的或短期的经济效益，还应该包括潜在的或长期的经济效益。所以对国民经济效益的描述和分析不是单个统计指标能够胜任的，这就需要指标体系。国民经济效益指标体系就是分别从不同角度、不同层次或不同环节来反映国民经济效益状况的一系列统计指标构成的一个有机整体。

构建国民经济效益指标体系应遵循下列原则：

（1）科学性原则。国民经济效益指标应该是国民经济效益内涵的具体化，首先必须符合经济效益质的规定性；其次要体现出国民经济效益的特点。国民经济效益指标与企业经济效益指标有些是相通的，但是二者的计算口径和表现形式等方面往往有所不同。例如，利润和税金都是剩余价值的组成部分，考察企业经济效益时，可以认为利润是企业所得，而税金是企业对政府管理服务的一种支付，并非企业所得；但考察国民经济效益时，税金是企业对社会的贡献，也是政府进行宏观管理的所得，因此应该作为宏观经济活动有效成果的一种体现。

（2）全面性原则。应该分别从不同角度、不同层次、不同侧面和不同再生产环节来设置国民经济效益指标，形成一个完整的指标体系，这样才能对国民经济效益进行全面的、综合的、多层次的评价和分析，才有助于研究人力、物力和财力的合理利用和各种资源的有效配置。例如，从投入的角度来看，既要有反映活劳动消耗的经济效益指标，也要有反映物化劳动消耗的效益指标，还要有反映资源或资金占用的效益指标。

（3）联系性原则。设置国民经济效益指标体系时，首先必须注意社会再生产的各环节、各层次、各要素之间的内在联系。同时，由于良好的生态环境是实现国民经济效益的保障，科技进步是促进经济效益提高的重要力量，因此，还应该把经济效益与环境效益、技术效益联系起来考察。此外，也要注意国民经济效益指标与微观经济效益指标之间的联系，以便将宏观与微观的经济效益联系起来进行考察和分析。

（4）实用性原则。实用性原则包括了可操作性和少而精两层含义。可操作性原则首先是要求指标涵义能够具体量化，其次是指标计算所需要的数据易于搜集，准确性和可靠性容易保证。少而精的原则要求抓住影响国民经济效益的主要方面和主要矛盾，便于综合评价和比较研究，也便于广泛采用。实用性原则要求国民经济效益统计指标的设计既要满足宏观管理或研究目的之需要，也要考虑到当前统计技术力量等客观条件的可能性。

（5）导向性原则。宏观经济管理工作在不同阶段往往有不同的特色和不同的工作重心。国民经济效益指标体系的设置应该充分体现出政府的导向，旨在通过国民经济效益的考核评比，引导全社会各企业、各地区和各部门对某些方面的重视，促进微观与宏观、短期与长期的经济效益的统一。如"节能"是我们当前和今后长时间内的一大任务，所以国民经济效益指标体系中就必然要包括相关的指标，如能源消耗系数等。

### §9.2.2 国民经济效益指标体系的构成

下面分别从社会再生产各环节 —— 生产、分配、流通与使用等方面来介绍国民经济效益指标体系的主要内容。

1. 生产方面的经济效益指标

生产环节的经济效益指标是生产活动中的各种投入与产出成果对比的结果。产出一般可采用国内生产总值、社会总产出、利税总额、商品销售收入等指标来表示。根据投入指标不同，生产方面的经济效益指标主要包括下列几方面：

（1）反映物化劳动消耗的经济效益指标

物化劳动的投入量可用中间投入、能源消耗量等指标来表示。反映物化劳动消耗的经济效益指标主要有社会中间投入率和能源消耗系数等。

$$社会中间投入率 = \frac{社会中间投入}{社会总产出} \qquad (9.21)$$

社会中间投入率也称为社会生产消耗率，表示单位总产出的中间消耗水平。中间消耗越小，同样多的投入所得到的成果就越多，经济效益就越好。

由于社会增加值率 = 1 - 社会中间投入率，二者呈现此消彼长的关系，所以社会增加值率虽然是两个劳动成果之比，但是也可以反映经济效益。显然，社会增加值率越大，经济效益就越好。

$$能源消耗系数 = \frac{能源消耗量}{国内生产总值} \qquad (9.22)$$

能源消耗系数表示生产单位国内生产总值所消耗的标准能源的数量。该指标越小，说明经济效益越好。有时也采用该指标的倒数——称为"能源利用系数"，表示单位标准能源所生产的国内生产总值。该指标越大，经济效益越好。

为了突出反映某种重要资源如水、电消耗的效益，还可将该资源消耗量与国内生产总值对比，计算该资源的消耗系数。

（2）反映活劳动消耗的经济效益指标

活劳动消耗一般可以用从业人员平均人数和劳动报酬两个指标来衡量。因此，反映活劳动消耗的国民经济效益指标主要有以下四个：

$$社会劳动生产率 = \frac{国内生产总值（或社会总产出）}{平均从业人员人数} \qquad (9.23)$$

$$劳动报酬产出率 = \frac{国内生产总值（或社会总产出）}{劳动者报酬} \qquad (9.24)$$

$$人均利税 = \frac{利税总额}{平均从业人员人数} \qquad (9.25)$$

$$劳动报酬利税率 = \frac{利税总额}{劳动者报酬} \qquad (9.26)$$

上述公式中，从业人员人数也称为"社会劳动者人数"，是指一定时期内从事一定社会劳动并取得劳动报酬或经营收入的全部劳动者的数量。劳动报酬是指劳动者从事生产活动而得到的各种形式的报酬，包括货币工资、实物工资、生产单位为劳动者利益而支付的社会保险、非职工经营者的纯收入。理论上讲，对活劳动消耗量的衡量，用劳动者报酬比用从业人员人数更合理，但是劳动报酬的准确数据比较难以统计，所以实际中，上述四个指标中，最常用的是社会劳动生产率和人均利税。

公式（9.23）中，社会劳动生产率有两个计算口径。最常用的是分子按国内生产总值来计算,它能比较真实地反映活劳动消耗的经济效益,因为国内生产总值不包括中间消耗。社会总产出虽然包括了中间消耗,但是它能够反映国民经济活动的总规模,因此,按社会总产出计算的劳动生产率也有一定的意义。两个口径的劳动生产率之间存在如下关系:

按 GDP 计算的劳动生产率

= 按社会总产出计算的劳动生产率 × 社会增加值率

= 按社会总产出计算的劳动生产率 × (1 − 中间投入率)

可见,按 GDP 计算的劳动生产率既反映了活劳动消耗的经济效益,也间接反映了物化劳动消耗的经济效益。

(3)反映全部劳动消耗的经济效益指标

生产经营活动中的全部劳动消耗通常用社会总成本来表示,包括物化劳动消耗(中间消耗和固定资本折旧)和活劳动消耗(劳动者报酬)。以社会总成本代表投入量所计算的经济效益指标主要有:

$$社会总成本增加值率 = \frac{国内生产总值}{社会总成本} \qquad (9.27)$$

$$社会总成本利税率 = \frac{利税总额}{社会总成本} \qquad (9.28)$$

社会总成本增加值率和社会总成本利税率,分别反映单位社会成本所提供的国内生产总值和利税额,从成本角度来说明增产节约、增收节支的经济效益。其数值越大,表示经济效益越好。

(4)反映资金占用的经济效益

社会再生产过程中的投入不仅要考虑劳动消耗,也应该考虑各种经济资源的占用。各种经济资源的占用综合体现为资金的占用,包括固定资金和流动资金的占用。考察资金占用的经济效益指标主要有:

$$资金产值率 = \frac{国内生产总值}{资金平均占用额} \qquad (9.29)$$

$$资金利税率 = \frac{利税总额}{资金平均占用额} \qquad (9.30)$$

上式中,资金平均占用额 = 固定资产平均净值 + 流动资产平均占用额。分母也可以只用固定资金平均值或流动资金平均占用额来计算。

资金利税率可以分解为资金产出率、产品销售率和销售利税率几个指标的乘积,即:

$$资金利税率 = \frac{利税总额}{资金平均占用额}$$

$$= \frac{总产出}{资金平均占用额} \times \frac{销售收入}{总产出} \times \frac{利税总额}{销售收入}$$

$$= 资金产出率 \times 产品销售率 \times 销售利税率$$

可见,资金利税率既涉及生产环节又涉及销售环节,所以它是一个综合性比较强的经济效益指标,是衡量经济效益的重要指标。

2. 流通方面的经济效益指标

说明社会再生产过程中流通环节的经济效益主要有商品流通费用率和流动资金周转速度。

$$商品流通费用率 = \frac{商品流通费用总额}{商品销售总额} \tag{9.31}$$

商品流通费用率表示单位商品销售收入所需要消耗的费用水平。流通费用率越低,经济效益就越高。

由于流通部门的流动资金占其资金总量的绝大部分,所以考察其流动资金的周转速度具有重要意义。通常流动资金周转速度指标有以下两个:

$$流动资金周转次数 = \frac{商品销售收入}{流动资金平均占用额} \tag{9.32}$$

$$流动资金周转天数 = \frac{流动资金平均占用额}{商品销售收入} \times 报告期日历天数 \tag{9.33}$$

存货是主要的流动资产,其周转快慢直接反映产品是否畅销,是影响经济效益好坏的重要因素。因此,还可以计算存货周转速度——把公式(9.32)的分母和(9.33)的分子改为存货资金平均占用额即可。

3. 使用方面的经济效益指标

对使用方面经济效益的考察主要在固定资产投资领域,此外也要考察进出口的经济效益。

(1) 固定资产投资的经济效益

固定资产投资的直接目的是通过投资形成固定资产,包括生产性固定资产和非生产性固定资产,以满足经济发展和人民生活的需要。固定资产投资的最终目的则是发挥出固定资产的使用效益,形成新的生产能力,增加社会生产成果,或者是提高人们生活质量,改善社会环境。固定资产投资的经济效益不仅涉及固定资产的投资建设过程,也涉及建成以后的使用过程。从投资活动的目的和经营管理的需要出发,投资效益统计指标可分为建设过程投资效益指标和使用过程投资效益指标两大类。

投资建设过程中的投入表现为投资,产出表现为以实物形式表示的新增生产能力和以价值形式表示的新增固定资产。从宏观角度反映建设过程投资效益的指标主要有固定资产交付使用率、项目建成投产率和建设周期。

$$固定资产交付使用率 = \frac{报告期新增固定资产}{同期完成固定资产投资额} \tag{9.34}$$

固定资产交付使用率也称为固定资产动用系数。其中新增固定资产是指通过投资活动形成的新的固定资产价值,包括已经建成投入生产、交付使用的工程价值和达到固定资产标准的设备、工具、器具的价值及应该摊入的费用。新增固定资产不仅包括本期投资形成的,也包括以前投资而在本期内形成的固定资产,与此相对应,(9.34)式的"同期完成固定资产投资额"既包括本期的投资,也包括期初在建工程的投资额。固定资产交付使用率越大,表明固定资产建成投入使用的速度越快,投资建设的效益越高,是衡量建设过程中投资效益好坏的一个综合性指标。

$$项目建成投产率 = \frac{报告期全部建成投入生产的项目个数}{同期正式施工项目个数} \quad (9.35)$$

该指标是从建设速度的角度来反映投资效益。其分母是指报告期内曾经进行建筑或安装施工活动的建设项目,包括报告期内新开工项目、报告期以前开工并跨入报告期继续施工的项目以及报告期施过工并在报告期全部建成投产或停工缓建的项目。

$$建设周期 = \frac{报告期正式施工项目计划总投资额}{同期投资完成额} \quad (9.36)$$

建设周期表示按照当年完成投资的水平来推算,完成全部施工项目计划总投资额需要多长时间。该指标从宏观的角度反映了目前正在建设的全部建设项目所需要的平均建设时间,是从建设速度方面反映投资宏观经济效益的重要综合指标。

从使用过程来考察,固定资产投资的最终产出常常用国内生产总值或利税总额来表示。因此,固定资产投资使用过程的效益指标主要有:固定资产投资效果系数和固定资产投资报酬率。

$$固定资产投资效果系数 = \frac{报告期国内生产总值增加额}{引起这一增加的固定资产投资额} \quad (9.37)$$

固定资产投资效果系数表示单位固定资产投资所增加的国内生产总值。该指标比较全面综合地反映了固定资产投资的最终经济效益。但使用该指标应该注意两点:首先,固定资产投资额与这些投资所引起的国内生产总值增长之间存在时滞,所以通常要考察投资额与时滞一年或二年的国内生产总值增长的关系;其次,国内生产总值的增长不完全是投资所形成的,还要受其他因素的影响。所以,该指标只能近似地综合反映固定资产投资的宏观经济效益。

$$固定资产投资报酬率 = \frac{报告期新增盈利额}{固定资产投资额} \quad (9.38)$$

固定资产投资报酬率也称为投资盈利率,表示一定时期内每单位投资所实现的盈利额,也是反映固定资产投资的最终经济效益的综合指标。

(2)进出口的经济效益指标

考察进出口的经济效益,主要是考察进出口商品的盈利程度、考察出口同样数量的商品换取外汇或换取进口商品的能力。因此,衡量进出口经济效益的指标主要有出口换汇成本、出(进)口盈亏率和进出口商品比价指数等。

$$出口商品换汇成本 = \frac{出口商品总成本(人民币)}{出口商品外汇收入(美元)} \quad (9.39)$$

出口商品换汇成本反映出口商品换取外汇的能力,即出口一美元商品需要花费多少人民币。它是反映出口商品经济效益的基本指标。出口商品的换汇成本越低,表明出口商品的经济效益越好。

$$出(进)口商品盈亏率 = \frac{出(进)口商品盈亏额}{出(进)口商品总成本} \tag{9.40}$$

出(进)口商品盈亏率是指出(进)口商品盈亏额与出(进)口商品总成本的比率,是反映出口商品(或进口商品)盈利或亏损的程度的重要经济效益指标。

4. 技术进步的经济效益指标

如何从宏观经济的角度综合衡量技术进步对经济增长的作用,一直是国内外都在不断探索的一个重要课题。实际应用中,反映技术进步经济效益的指标最常用的有:技术开发投资效益系数和技术进步对 GDP 增长的贡献率等等。

$$技术开发效益系数 = \frac{因技术进步而新增的 GDP(或利税总额)}{同期技术开发费用支出额} \tag{9.41}$$

如果能够测算出由于技术进步而增加的国内生产总值(或利税总额),可以计算技术开发投资效益系数。它表示每单位技术开发费用所增加的国内生产总值(或利税额)。该指标数值越高,表明技术开发所产生的经济效益越好。

$$技术进步对 GDP 增长的贡献率 = \frac{技术进步速度}{GDP 增长速度} \tag{9.42}$$

技术进步速度可以用索洛余值法计算得到。

### §9.2.3　国民经济效益的综合评价

评价国民经济效益的众多单个指标,往往会有不完全一致的评价结论。为了正确评价和分析国民经济效益的整体水平及变化趋势,就需要运用综合评价方法将众多单个效益指标的信息进行综合。综合评价的方法很多,各有所长。下面介绍在国民经济效益分析中比较简单和实用的几种综合评价方法及其应用。

1. 改进的排队计分法

改进的排队计分法首先将评价单位的各项评价指标依优劣秩序排队,并按如下公式计算各指标的具体得分:

$$f(x_i, k) = 60 + \frac{n - k}{n - 1} \times 40 \tag{9.43}$$

式中:$f(x_i, k)$——第 $i$ 项指标的得分

$k$——表示排队名次

$n$——参加评比的单位数

例如某省某年的全员劳动生产率为 23 859 元,排在 31 个省、市、自治区的第 23 位,人均创利税排第 22 位,资金利税率排第 18 位。三个指标的权数分别为 40%、30%、30%。

则该省各项指标得分分别为：

$$f(x_1,23) = 60 + \frac{31-23}{31-1} \times 40 = 60 + 10.67 = 70.67(分)$$

$$f(x_2,22) = 60 + \frac{31-22}{31-1} \times 40 = 100 - 12 = 72(分)$$

$$f(x_3,18) = 60 + \frac{31-18}{31-1} \times 40 = 60 + 17.33 = 77.33(分)$$

$$DF = 70.67 \times 0.4 + 72 \times 0.3 + 77.33 \times 0.3 = 73.067(分)$$

排队计分法具有简便易行,勿需再去另寻比较标准,省时省工等优点,易于在统计实践中推广使用。

2. 指数法

指数法是先确定各个评价指标的对比标准值(通常取该评价指标的总体平均数或基期数值),然后将单项指标值与对比标准值相除求得单项评价指数(个体指数),再对单项评价指数进行加权算术平均即得综合评价指数。其计算公式为:

$$\bar{K} = \frac{\sum (\frac{x_i}{x_{bi}})w_i}{\sum w_i} \tag{9.44}$$

式(9.44)中,$\bar{K}$表示综合评价指数,$x_i$为第$i$个评价指标的实际值,$x_{bi}$为第$i$个评价指标的对比标准值,$w_i$为第$i$个评价指标的权数。

运用指数法对国民经济效益进行综合评价时,若评价指标包含逆指标,通常可先进行同向化处理,将逆指标变换为正指标。这样,综合评价指数的数值越大,说明国民经济效益的整体状况越好。

国民经济效益的综合评价指数表示,从所有评价指标来看实际值相对于对比标准值的平均水平,其含义清晰明确、易于理解。当采用全国平均水平为对比标准值时,便于对不同地区和不同部门的综合经济效益水平进行横向对比;当采用固定的对比标准值时,则便于不同时期综合经济效益水平的纵向对比。

【例9-5】若有甲乙两个地区的经济效益指标如下表所示,试比较这两个地区的经济效益的优劣。

表9-4　　　　　　　　　　甲乙地区的经济效益指标和对比标准

| | 权数(%) | 对比标准值 | 甲地区 | 乙地区 |
|---|---|---|---|---|
| 社会劳动生产率(万元／人) | 15 | 2.8 | 3.26 | 3.55 |
| 资金利润率(%) | 27 | 10 | 13.5 | 12.8 |
| 增加值率(%) | 20 | 38 | 41 | 40 |
| 流动资金周转次数(次／年) | 18 | 2.3 | 2.5 | 2.3 |
| 生产总值能耗系数(吨标准煤／万元) | 20 | 1.1 | 0.84 | 1.76 |

解：表中地区生产总值能耗系数是一个逆指标，计算单项评价指数时须先转换为正指标，这里用倒数法来转换。所以，由综合经济效益指数的公式（9.44）可计算得：

甲地区的综合经济效益指数为：

$$\bar{K} = \frac{3.26}{2.8} \times 15\% + \frac{13.5}{10} \times 27\% + \frac{41}{38} \times 20\% + \frac{2.5}{2.3} \times 18\% + \frac{1/0.84}{1/1.1} \times 20\%$$

$$= 121.25\%$$

乙地区的综合经济效益指数为：

$$\bar{K} = \frac{3.55}{2.8} \times 15\% + \frac{12.8}{10} \times 27\% + \frac{40}{38} \times 20\% + \frac{2.3}{2.3} \times 18\% + \frac{1/1.76}{1/1.1} \times 20\%$$

$$= 105.13\%$$

可见，甲乙两个地区的综合经济效益指数都大于100%，表明这两个地区的综合经济效益都优于对比标准，甲地区比乙地区更好。

当指标较多时，可列表先计算出各单项评价指数，再乘以相应的权数计算各评价指标的得分，各项评价指标的得分加总就是综合经济效益指数。如表9—5所示。

表9—5　　　　　　　甲乙地区经济效益的评价指数和评价得分

| | 权数（％） | 单项评价指数（％） | | 单项评价得分（单项评价指数×权数） | |
| --- | --- | --- | --- | --- | --- |
| | | 甲地区 | 乙地区 | 甲地区 | 乙地区 |
| 社会劳动生产率（万元／人） | 15 | 116.43 | 126.79 | 17.46 | 19.02 |
| 资金利润率（％） | 27 | 135.00 | 128.00 | 36.45 | 34.56 |
| 增加值率（％） | 20 | 107.89 | 105.26 | 21.58 | 21.05 |
| 流动资金周转次数（次／年） | 18 | 108.70 | 100.00 | 19.57 | 18.00 |
| 生产总值能耗系数（吨标准煤／万元） | 20 | 130.95 | 62.50 | 26.19 | 12.50 |
| 合　计 | 100 | — | — | 121.25 | 105.13 |

根据表9—5的计算结果，不仅可以比较两个地区的综合经济效益，而且可以从单项评价指数和得分来观察各项评价指标对综合经济效益指数的影响作用。如本例中，乙地区经济效益差的主要原因在于其能耗系数太高。

3. 功效系数法

功效系数法的基本思路是：先确定每个评价指标的满意值和不容许值，然后利用功效函数计算单项评价指标的得分，最后将单项评价得分加权平均得到综合评价得分。

单项评价得分的计算公式为：

$$d_i = \frac{x_i - x_i^{(s)}}{x_i^{(h)} - x_i^{(s)}} \times 40 + 60 \tag{9.45}$$

式(9.45)中:$d_i$ 为第 $i$ 个指标的单项评价得分,$x_i$ 为第 $i$ 个指标的实际值,$x_i^{(h)}$ 为第 $i$ 个指标的满意值,$x_i^{(s)}$ 为第 $i$ 个指标的不容许值。

综合评价得分的计算可采用算术平均法也可以采用几何平均法。

一般情况下,$x_i^{(s)} < x_i < x_i^{(h)}$,从而有 $60 < d_i < 100$ 及 $60 < D < 100$。综合评价得分越大,说明综合经济效益越好。

功效系数法不需要将评价指标专门经过同向化处理,单项评价指标值一般在 60 ~ 100 之间,使某一单项评价值过高对综合评价值的影响有明显减弱。运用该方法的主要问题在于:须事先确定两个对比标准 —— 满意值和不容许值。许多综合评价问题中,理论上没有明确的满意值和不容许值。实际应用中的处理方法一般是:(1)分别以历史上的最优值、最差值来代替;(2)在评价总体中分别取最优、最差的若干项数据的平均数来代替(也可以只取最优值、最差值来代替)。

【例 9 - 6】若有甲乙两个地区的经济效益指标表 9 - 6,试比较这两个地区经济效益的优劣。

表 9 - 6 　　　　　　　　　　甲乙地区的经济效益指标和评价标准

| | 权数(%) | 满意值 | 不容许值 | 甲地区 | 乙地区 |
|---|---|---|---|---|---|
| 社会劳动生产率(万元／人) | 15 | 4.00 | 1.60 | 3.26 | 3.55 |
| 资金利润率(%) | 27 | 16 | 3 | 13.5 | 12.8 |
| 增加值率(%) | 20 | 45 | 30 | 41 | 40 |
| 流动资金周转次数(次／年) | 18 | 3 | 1.6 | 2.5 | 2.3 |
| 生产总值能耗系数(吨标准煤／万元) | 20 | 0.8 | 2.2 | 0.84 | 1.76 |

解:先根据式(9.45)计算出各评价指标的功效系数,再乘以相应的权数计算各评价指标的得分,各项评价指标的得分加总就是该地区经济效益的综合评价得分,如表 9 - 7 所示。

表 9 - 7 　　　　　　　　　甲乙地区经济效益的功效系数和评价得分

| | 权数 (%) | 功效系数(%) | | 单项评价得分 | |
|---|---|---|---|---|---|
| | | 甲地区 | 乙地区 | 甲地区 | 乙地区 |
| 社会劳动生产率(万元／人) | 15 | 87.67 | 92.50 | 13.15 | 13.88 |
| 资金利润率(%) | 27 | 92.31 | 90.15 | 24.92 | 24.34 |
| 增加值率(%) | 20 | 89.33 | 86.67 | 17.87 | 17.33 |
| 流动资金周转次数(次／年) | 18 | 85.71 | 80.00 | 15.43 | 14.40 |
| 生产总值能耗系数(吨标准煤／万元) | 20 | 98.86 | 72.57 | 19.77 | 14.51 |
| 合　计 | 100 | — | — | 91.14 | 84.46 |

由表9－7可见，甲地区经济效益的综合评价得分为91.14，乙地区经济效益的综合评价得分为84.46，所以甲地区综合经济效益较好。结合单项评价指标的功效系数的评价得分可知，乙地区经济效益差的主要原因在于其能耗系数太高。

## 【本章小结】

1. 国民经济速度是指国民经济生产总成果的发展速度或增长速度。测定国民经济速度最为合适的是 GDP 的速度或人均 GDP 的速度。国民经济速度有名义速度和实际速度之分。

2. 可以从不同角度、用不同方法对国民经济速度进行因素分析。我们介绍了两种方法，一是依据指数原理分析劳动者人数和劳动生产率的变动对 GDP 变动的影响；二是分析三次产业对 GDP 增长率的贡献。

3. 弹性系数是指一个变量对与其有联系的另一个变量的相对变化的反应程度，等于两个变量的增长速度之比。有关 GDP 的弹性系数主要有能源生产（或消费）弹性系数、电力生产（或消费）弹性系数、财政（或支出）弹性系数、资本（或劳动力）的产出弹性系数等等。

4. 测算国民经济增长速度常用的模型有：哈罗德—多马经济增长模型和索洛经济增长模型。前者反映一定条件下储蓄、投资和经济增长率之间的关系；后者表示经济增长是由广义技术进步、劳动力和资本三大因素共同作用的结果。

5. 经济效益指标是产出指标与投入指标的对比，通常表现为相对数或平均数，有正指标和逆指标之分。国民经济效益是从国民经济全局来考察的经济效益。构建国民经济效益指标体系应遵循科学性、全面性、联系性、实用性和导向性的原则。

6. 国民经济效益指标体系包括生产、流通和使用等再生产环节以及技术进步方面的经济效益指标。其中生产方面的经济效益指标是最基本的，又包括物化劳动消耗、活劳动消耗、全部劳动和资金占用的经济效益指标。

7. 对国民经济效益进行综合评价的方法很多，我们介绍了指数法和功效系数法两种，各有所长。

## 【思考题与练习题】

9－1. 为什么说 GDP 的速度是测定国民经济速度最为合适的指标？

9－2. 为什么要把 GDP 与人口总数的速度联系起来分析？怎么联系？

9-3. 什么是名义经济速度?什么是实际经济速度?名义经济速度与实际经济速度之间存在怎样的关系?

9-4. 国民经济增长率与各产业部门增长率之间存在什么样的关系?如何计算各产业部门对 GDP 增长率贡献的百分点和贡献率?

9-5. 弹性系数的含义是什么?如何计算弹性系数?试解释能源消费弹性和资本的产出弹性所表示的含义。

9-6. 哈罗德 — 多马经济增长模型的假定前提是什么?该模型有什么用途?

9-7. 什么是经济效益的正指标和逆指标?设置经济效益指标应注意一些什么问题?

9-8. 什么是国民经济效益指标体系?构建国民经济效益指标体系应遵循哪些原则?

9-9. 社会劳动生产率有哪两个计算口径?二者之间存在怎样的关系?

9-10. 为什么说资金利税率是一个综合性比较强的经济效益指标?

9-11. 基年和报告年支出法国内生产总值的各项数据(单位:亿元)如下表所示。试计算有关指标来分析报告年最终消费、资本形成总额及货物和服务净出口对 GDP 增长率的贡献。

| 年 份 | 国内生产总值 | 最终消费 | 资本形成总额 | 货物和服务净出口 |
| --- | --- | --- | --- | --- |
| 基年 | 188 692.1 | 97 822.7 | 80 646.3 | 10 223.1 |
| 报告年 | 221 170.5 | 110 413.2 | 94 103.2 | 16 654.1 |

9-12. 假设某地基期和报告期有如下资料:基期国内生产总值840 亿元,报告期国内生产总值944 亿元,基期年初资金占用量为2280 亿元,报告期年初资金占用量为2390 亿元,报告期年末资金占用量为2450 亿元。试从相对数和绝对数两方面分析资金占用量和资金产出率对国内生产总值变动的影响。

9-13. 已知我国电力消费的数量及GDP如下,试计算并分析2000—2008 年我国的电力消费弹性系数。

| 年份 | 国内生产总值(亿元) | 电力消费量(亿千瓦小时) |
| --- | --- | --- |
| 2000 | 99 214.6 | 13 471.4 |
| 2001 | 109 655.2 | 14 724.2 |
| 2002 | 120 332.7 | 16 470.0 |
| 2003 | 135 822.8 | 19 039.3 |
| 2004 | 159 878.3 | 21 971.4 |
| 2005 | 183 217.4 | 24 940.4 |
| 2006 | 211 923.5 | 28 588.0 |
| 2007 | 257 306 | 32 711.8 |
| 2008 | 300 670 | 34 502 |

9 - 14. 假如本期储蓄能够全部转化为投资,试测算:(1)若每增加一元国内生产总值需要 3.8 元投资,储蓄率可达 30%,则报告期的经济增长率可达多少?(2)若投资效果系数为 0.25,假如基期国内生产总值为 41 000 亿元,报告期欲达到 45 000 亿元,预计报告期的储蓄总额和投资总额应是多少?

9 - 15. 假设某地有如下资料:

| 指标名称 | 计量单位 | 指标数值 |
| --- | --- | --- |
| GDP | 亿元 | 982 |
| 中间投入 | 亿元 | 1248 |
| 利税总额 | 亿元 | 260 |
| 平均资金占用量 | 亿元 | 2500 |
| 期初社会劳动者人数 | 万人 | 198.5 |
| 期末社会劳动者人数 | 万人 | 201.5 |

试根据以上数据计算有关的经济效益指标。

9 - 16. 假设有甲乙两个地区的若干经济效益指标如下表:

| 指标名称 | 计量单位 | 权数(%) | 对比标准值 | 不容许值 | 满意值 | 甲地区实际值 | 乙地区实际值 |
| --- | --- | --- | --- | --- | --- | --- | --- |
| 按 GDP 计算的劳动生产率 | 万元/人 | 16 | 3.8 | 2.5 | 5 | 4.6 | 4.4 |
| 增加值率 | % | 20 | 40 | 30 | 48 | 38 | 43 |
| 总成本利税率 | % | 28 | 20 | 12 | 30 | 21 | 27 |
| 流通费用率 | % | 16 | 10 | 18 | 5 | 16 | 11 |
| 固定资产投资效果系数 | 元/百元 | 20 | 28 | 20 | 36 | 26 | 32 |

试利用指数法和功效系数法对甲乙两地的经济效益进行综合评价。